Facebook für Dummies

Facebook für Dummies – Schummelseite

Die blaue Leiste auf einen Blick

Die blaue Leiste im oberen Teil der Webseite erleichtert Ihnen die Navigation in Facebook. Hier ihre Funktionen – von links nach rechts auf einen Blick:

- **Das Facebook-Logo:** Ein Klick auf das Facebook-Logo bringt Sie immer zurück zur Startseite von Facebook.
- **Freundschaftsanfragen:** Mit einem Klick auf das Personen-Symbol, sehen Sie alle noch ausstehenden Freundschaftsanfragen und Vorschläge für neue Freunde.
- **Nachrichten:** Durch das Symbol mit den zwei Sprechblasen gelangen Sie an Ihr Postfach mit persönlichen Nachrichten von Freunden, Gruppen und Co.
- **Benachrichtigungen:** Hier finden Sie alle wichtigen Benachrichtigungen, zum Beispiel, wenn jemand etwas an Ihre Pinnwand oder in einer Ihrer Gruppen geschrieben hat.
- **Suche:** Hier können Sie innerhalb von Facebook nach Personen, Gruppen, Veranstaltungen, Anwendungen und vielen anderen Dingen suchen.
- **Ihr persönliches Profil:** Ein Klick auf Ihr Profilfoto oder Ihren Namen führt Sie zu Ihrem eigenen Facebook-Profil.
- **Freunde finden:** Durch einen Klick auf diesen Link gelangen Sie auf eine Seite, auf der Sie weitere Freunde finden können. Facebook schlägt Ihnen dort zum Beispiel Personen vor, die Sie kennen könnten.
- **Startseite:** Auch dieser Link bringt Sie immer wieder zurück zur Startseite.
- **Privatsphäre:** Ein Klick auf das Schloss-Symbol bringt Sie zu den wichtigsten Privatsphäre-Einstellungen. Hier können Sie festlegen, wer Ihre Inhalte sehen kann und wer Sie über Facebook kontaktieren darf und wer nicht.
- **Konto:** Über das Zahnrad-Symbol ganz rechts haben Sie Zugriff auf weitere Einstellungen, Sie können hier zum Beispiel die Sprache, Ihre E-Mail-Adresse oder Ihr Passwort ändern.

Facebook für Dummies – Schummelseite

Personen, die man kennt, auf Facebook finden

In der folgenden Tabelle finden Sie ein paar einfache Methoden, wie Sie Bekannte und Verwandte aufstöbern können, um sich mit Ihnen auf Facebook zu verknüpfen:

Was soll ich tun?	Wie mache ich das?
Sehen Sie nach, welche Personen aus Ihrem E-Mail-Adressbuch oder der Kontaktliste Ihres Instant Messengers auf Facebook sind.	Klicken Sie oben in der blauen Leiste auf das FREUNDSCHAFTSANFRAGEN-Symbol und dann auf FREUNDE FINDEN. Auf Facebook können Sie Namen aus einer Vielzahl beliebter E-Mail- und Instant-Messenger-Programme importieren.
Sehen Sie sich die Freunde Ihrer Freunde an.	Höchstwahrscheinlich kennen Sie diejenigen, mit denen Ihre Freunde befreundet sind. Um sich diese Personen anzusehen, besuchen Sie die Profile Ihrer Freunde und klicken Sie auf den FREUNDE-Link.
Sehen Sie sich die Vorschläge an.	Ausgehend von den Personen, mit denen Sie bereits befreundet sind, hat Facebook eine Vorstellung davon, wen Sie auch noch kennen könnten. Klicken Sie oben in der blauen Leiste auf das FREUNDSCHAFTSANFRAGEN-Symbol und dann ganz unten auf ALLE ANZEIGEN.
Behalten Sie Ihre Neuigkeiten im Auge.	Jedes Mal, wenn Ihre Freunde Freundschaften schließen, erscheint darüber eine Meldung in ihren Profilen und eventuell auch in Ihren Neuigkeiten. Da Sie wahrscheinlich oftmals viele dieser neuen Freunde kennen, sollten Sie Ihre Augen nach solchen Meldungen offen halten.

Auf Facebook mit Freunden kommunizieren

Auf Facebook gibt es verschiedene Methoden, um mit Ihren Freunden zu kommunizieren:

Was kann ich tun?	Was ist das?	Von wo aus und wie mache ich das?
Senden Sie eine Nachricht.	Sie ähnelt einer E-Mail, ist aber kurz und bündig, und Sie müssen sich keine E-Mail-Adressen merken.	Klicken Sie erst in der Leiste links auf das NACHRICHTEN-Symbol und danach auf + NEUE NACHRICHT. Tippen Sie den Namen Ihres Freundes in das AN-Feld und geben Sie im VERFASSE EINE NACHRICHT-Feld Text ein. Klicken Sie auf SENDEN, wenn Sie fertig sind.
Chatten Sie.	Sprechen Sie gleich hier und jetzt mit jemandem … vorausgesetzt, derjenige ist online. Sie können dort auch mehrere Unterhaltungen gleichzeitig führen.	Klicken Sie auf die CHAT-Leiste unten rechts. Ein grüner Punkt neben dem Namen Ihrer Freunde zeigt an, wer gerade online ist. Klicken Sie einfach auf den Namen und chatten los.
Schreiben Sie an Pinnwände.	Um mit Freunden öffentlich zu kommunizieren, schreiben Sie an deren Pinnwand. Alle Freunde dieses Freundes können sehen, was Sie geschrieben haben.	Besuchen Sie das Profil eines beliebigen Freundes und geben Sie oben im Herausgeber Text ein.

Leah Pearlman, Carolyn Abram und Sebastian Schroer

Facebook für Dummies

Übersetzung aus dem Amerikanischen
von Barbara Mistol

3. überarbeitete und aktualisierte Auflage

WILEY

WILEY-VCH Verlag GmbH & Co. KGaA

Bibliografische Information der Deutschen Nationalbibliothek
Die Deutsche Nationalbibliothek verzeichnet diese Publikation in der Deutschen Nationalbibliografie; detaillierte bibliografische Daten sind im Internet über http://dnb.d-nb.de abrufbar.

3. Auflage 2013

FSC www.fsc.org
MIX
Papier aus verantwortungsvollen Quellen
FSC® C006701

Coverfoto: istock/Lisa Blue
Korrektur: Karin Becker, Köln
Satz: Beltz Bad Langensalza GmbH, Bad Langensalza
Druck und Bindung: Ebner & Spiegel, Ulm

Print ISBN: 978-3-527-70953-3

Über die Autoren

Carolyn Abram: Carolyn Abram war eine der ersten Nutzerinnen von Facebook an der Westküste der USA. Sie machte 2006 ihren Abschluss in Anglistik an der Stanford University und beschloss, sie könne am besten Karriere machen, wenn sie sich dafür bezahlen ließe, den lieben langen Tag lang auf Facebook aktiv zu sein. Sie war von 2006 bis 2009 bei Facebook beschäftigt und studiert momentan Fiction Writing am California College of the Arts in San Francisco. Carolyn Abram, die ursprünglich aus Ardsley im Bundesstaat New York stammt, wohnt zurzeit in Kalifornien. In ihrer Freizeit wandert sie gerne, schreibt Texte, genießt die Sonne, veralbert ihre Freunde und spielt Ultimate Frisbee.

Leah Pearlman: Leah Pearlman machte ihren Abschluss in Informatik an der Brown University. Dort hat sie sich auch zum ersten Mal bei Facebook registriert, um den Namen eines Kommilitonen herauszufinden. So geht es vielen. Sie arbeitete zwei Jahre lang bei Microsoft und machte sich dort mit den Grundlagen des Produktmanagements vertraut, bevor sie schließlich Produktmanagerin bei Facebook wurde. Seit ihrer Einstellung dort hat Leah Pearlman an den unterschiedlichsten Projekten mitgewirkt. Dazu zählen unter anderem die Bereiche Nachrichten, Postfach, Neuigkeiten, Seiten und Anzeigen. Momentan ist sie bei Facebook in der Arbeitsgruppe »Interne Kommunikation« tätig. In ihrer Freizeit geht sie solch anspruchsvoll klingenden Tätigkeiten wie Yoga, Snowboard fahren, dem Schreiben von Texten und Ultimate Frisbee nach.

Sebastian Schroer ist bereits seit 2007 auf Facebook aktiv und nutzt das größte soziale Netzwerk seit dem beruflich und privat. Der studierte Betriebswirt berät Unternehmen und Organisationen in Marketing und digitaler Kommunikation. Er ist Geschäftsführer des Beratungsunternehmens Pilotwelle Kommunikation und darüber hinaus regelmäßig als Dozent tätig. Zuvor war Sebastian Schroer in führenden Positionen bei Agenturen und Medienunternehmen tätig und hat die »digitale Revolution« schon seit mehr als einem Jahrzehnt aktiv begleitet. Von seiner Heimatstadt Düsseldorf zog es ihn zum Studium in das noch geteilte Berlin. Heute wohnt und arbeitet er in Hamburg und läuft dort gerne viele Kilometer an der Elbe entlang, wenn er nicht gerade eine Kunstausstellung besucht.

Cartoons im Überblick

von Rich Tennant

Seite 25

Seite 69

Seite 165

Seite 213

Inhaltsverzeichnis

Kapitel 16 Zehn Fragen, die häufig gestellt werden 221

Einleitung

Facebook begegnet uns immer häufiger in dieser Zeit, unabhängig davon, ob wir selbst schon mitmachen oder nicht. Über Facebook wird in den Nachrichtensendungen berichtet. Die Zeitungen nehmen Facebook-Geschichten auf die Titelseiten. Dabei stehen immer wieder neue und immer wieder andere Aspekte im Vordergrund. Das größte soziale Netzwerk im Internet ist ein Medienthema geworden, über das regelmäßig berichtet wird. Mal ist es der Börsengang, mal die Mitgliederzahl von einer Milliarde Menschen. Oftmals stehen aber auch negative Aspekte wie der Datenschutz oder persönliche Schicksale von einzelnen Menschen im Vordergrund.

Facebook ist Gesprächsthema auf dem Schulhof und im Lehrerzimmer, bei der Arbeit und in der Vorstandssitzung, auf dem Sportplatz und in der Politik. Alle scheinen über Facebook zu reden und eine Meinung dazu zu haben. Manche haben aber auch eine klare Meinung zu Facebook, obwohl sie selbst kein Profil auf Facebook betreiben.

Eines steht auf jeden Fall fest. Facebook ist ein Massenphänomen geworden. In Deutschland nutzen bereits über 25 Millionen Menschen das soziale Netzwerk. Der Eine benutzt Facebook vor allem, um mit Freunden und Familie in Kontakt zu bleiben. Andere tauschen sich mit Gleichgesinnten über gemeinsame Interessen aus. Und wieder Andere nutzen Facebook ausschließlich als Informationsquelle für berufliche oder private Themen. Jeder dieser Nutzer macht seine ganz individuellen Erfahrungen mit Facebook.

Dieses Buch soll Ihnen dabei helfen, Facebook besser zu verstehen und selbst herauszufinden, wie Sie ganz persönlich davon profitieren können.

Über dieses Buch

In Teil I dieses Buches erfahren Sie alle Grundlagen, die Sie benötigen, um die Funktionsweise und Bedeutung von Facebook zu verstehen, auch wenn Sie selbst noch nicht aktiver Nutzer sind.

Teil II zeigt Ihnen ganz konkret, wie Sie bei Facebook mitmachen können. Schritt für Schritt werden Sie an Facebook herangeführt. Lernen Sie, wie Sie sich auf Facebook präsentieren und mit anderen Menschen über Facebook kommunizieren können.

Teil III zeigt Ihnen Nutzungsmethoden für Fortgeschrittene auf. Je nach Ihren individuellen Bedürfnissen, können Sie hier spannende zusätzliche Funktionen entdecken.

Und zu guter Letzt zeigen wir Ihnen in Teil IV unsere Lieblingsanwendungen und beantworten zehn wichtige Fragen, die Ihnen bestimmt auch auf den Nägeln brennen.

Sie können die folgenden Dinge mit diesem Buch anstellen:

- **Sich mit Personen, die Sie kennen, vernetzen und mit ihnen kommunizieren.** Bleiben Sie in Kontakt mit längst verloren geglaubten Freunden, Familienmitgliedern, Geschäftskontakten und Arbeitskollegen. Infomieren Sie sich über Prominente, Unternehmen und Marken.
- **Entdecken, wie Sie mit Hilfe von Facebook auch Ihre Beziehungen im wahren Leben vertiefen können.** Die Erstellung von Veranstaltungen und Fotoalben sowie direkte und indirekte Kommunikationsmöglichkeiten – all das ermöglicht es Ihnen, Ihre Beziehungen zu anderen Menschen mit Hilfe von Facebook zu organisieren und zu pflegen.
- **Herausfinden, wie Sie sich selbst auf Facebook präsentieren, und zwar zugeschnitten auf Ihre Kontakte im Netz.** Ihre Freunde mögen eine Seite von Ihnen sehen, Familienmitglieder oder Kollegen eine andere und Freunde von Freunden vielleicht eine ganz andere (oder auch gar keine).
- **Machen Sie Ihr Unternehmen oder Ihren Verein bekannt**. Sie können Ihre Kontakte nutzen und sehr zielgerichtet Neuigkeiten und Werbebotschaften platzieren.

Törichte Annahmen über den Leser

In diesem Buch gehen wir von Folgendem aus:

- Sie sind zwischen 13 und 99 Jahre alt.
- Sie möchten herausfinden, wie genau Facebook funktioniert.
- Sie wollen sich eine eigene Meinung über Facebook bilden, die nicht nur auf Gerüchten und Presseberichten basiert.
- Sie wollen herausfinden, wie Sie im privaten und beruflichen Umfeld von Facebook profitieren können.
- Sie wollen Antworten auf Ihre Fragen zum Thema Privatsphäre.

Konventionen in diesem Buch

Um die Lesequalität zu erhöhen, halten wir uns in diesem Buch an einige Konventionen. `Nichtproportionalschrift` zeigt Web- oder E-Mail-Adressen an. Sobald Sie ein Wort in *Kursivschrift* entdecken, halten Sie nach der in der Nähe aufgeführten Definition Ausschau. Seiten und Features von Facebook – wie etwa der Freunde-Link oder die Übersichtsseite über die Privatsphäre-Einstellungen – werden in KAPITÄLCHEN genannt. Nummerierungen führen Sie durch Aufgaben, die von oben nach unten abgearbeitet werden müssen. Aufzählungen hingegen können Sie aus jeder beliebigen Richtung bearbeiten (von oben nach unten oder von unten nach oben).

Und auch wir, die Autoren, teilen Ihnen im ganzen Buch häufig unsere persönlichen Ansichten mit. Wir sind seit Langem begeisterte Nutzer. Beim Schreiben dieses Buches haben wir aber durch die Brille »eines normalen Nutzers« geschaut, um Ihnen unsere Leidenschaft für diese Website objektiv vermitteln zu können.

Was Sie nicht lesen müssen

Die Möglichkeiten, die Ihnen Facebook bietet, sind zahlreich. Doch nicht alle Funktionen sind möglicherweise für Sie interessant. Sie werden Facebook auch dann mit viel Freude nutzen können, wenn Sie nicht alle Funktionen ausprobieren. Auch wenn Sie nur wenige Kapitel dieses Buches lesen, werden Sie bereits genug verstehen, um Facebook nutzen zu können. Lesen Sie nur die Kapitel, die für Sie interessant erscheinen. Einige der enthaltenen Informationen sind beispielsweise für Leser bestimmt, die Facebook für die Gründung oder die Erweiterung eines Unternehmens nutzen möchten. Falls Sie dieses Netzwerk hauptsächlich verwenden möchten, um mit Familienmitgliedern und Freunden in Kontakt zu bleiben, können Sie diese Abschnitte ruhig überspringen.

Wie dieses Buch aufgebaut ist

Die dritte Auflage von *Facebook für Dummies* besteht aus vier Teilen. Sie müssen das Buch nicht von vorn bis hinten lesen und ebenso wenig all die Abschnitte in jedem einzelnen Kapitel durchgehen.

Falls Sie sich nicht sicher sind, ob ein bestimmter Teil des Buches für Sie gedacht ist, lesen Sie am besten das jeweilige erste Kapitel. Und falls Sie bei einem bestimmten Kapitel verunsichert sind, entscheiden Sie sich am besten, nachdem Sie die dortige Einleitung überflogen haben.

Beachten Sie auch das Inhaltsverzeichnis und den Index. Diese Abschnitte können Sie nutzen, um schnell an die gesuchten Informationen zu kommen. Folgendes finden Sie in den einzelnen Teilen:

Teil I: Basiswissen Facebook

In Teil 1 lernen Sie Facebook kennen. Sie erhalten einen Einblick in die Erfolgsgeschichte des erfolgreichsten sozialen Netzwerkes von einer studentischen Initiative zu einem weltumspannenden Internetkonzern. Die grundsätzliche Funktionalität wird anschaulich erklärt. Sie werden nach dem Lesen dieses Teils des Buches auch besser verstehen, warum Menschen auf Facebook so viel Zeit verbringen und was das Unternehmen so erfolgreich macht. Möglicherweise werden Sie Ihre Meinungen und Vorurteile über Facebook überdenken. Denn von diesen gibt es fast so viele, wie Menschen auf Facebook.

Teil II: Mitmachen

In diesem Teil helfen wir Ihnen dabei, Ihr Profil zu erstellen und sich auf Facebook zu orientieren, damit Sie dort nicht verloren gehen. Wir erklären, wie Sie sich mit Ihren Freunden und Bekannten vernetzen und wie Sie eigene Inhalte und Fotos mitteilen, wenn Sie dies möchten. Damit Sie Facebook auch unterwegs nutzen können, wird in diesem Teil auch die Nutzung auf Smartphones anschaulich erklärt.

Viele Menschen sorgen sich um Ihre Privatsphäre bei der Nutzung von Facebook. In Teil 2 gehen wir daher auch auf die Möglichkeiten ein, die Einstellungen in diesem Bereich vorzunehmen, damit Sie sicher sein können, das nur diejenigen die Dinge von Ihnen sehen, von denen Sie dies möchten. Zu guter Letzt haben wir einige Benimmregeln für Sie zusammengestellt, denn auch auf Facebook gibt es ungeschriebene Regeln, die das miteinander Kommunizieren erleichtern.

Teil III: Intensiver mit Facebook arbeiten

In Teil III erfahren Sie, wie Sie weitere spannende Funktionen von Facebook nutzen können. Wenn Sie beispielweise Ihr Unternehmen oder eine Organisation vertreten, lernen Sie hier, eine eigene Präsenz auf Facebook anzulegen. Sie erfahren, wie Sie Ihren privaten oder beruflichen Lebenslauf in Form einer Chronik anlegen und die sogenannten Apps auf Facebook nutzen, um Spiele zu spielen oder mit Unternehmen zu kommunizieren.

Teil IV: Der Top-Ten-Teil

Hier stellen wir Ihnen einige besonders nützliche oder besonders unterhaltsame Seiten oder Anwendungen auf Facebook vor. Danach erhalten Sie die Antworten auf die zehn am häufigsten gestellten Fragen zur Nutzung von Facebook.

Symbole, die in diesem Buch verwendet werden

Was wäre ein ... *für Dummies*-Buch ohne Symbole, die Sie auf wertvolle Informationen aufmerksam machen, die Ihnen auf jeden Fall weiterhelfen werden? Unten beschreiben wir kurz die einzelnen in diesem Buch verwendeten Symbole.

Das Tipp-Symbol weist auf hilfreiche Informationen hin, mit deren Hilfe Sie wahrscheinlich noch bessere Erfahrungen machen werden.

Das Erinnerung-Symbol finden Sie bei interessanten und hilfreichen Dingen, die Sie vielleicht später angehen möchten.

Das Warnung-Symbol macht auf eine lauernde Gefahr aufmerksam. Mit diesem Symbol bitten wir Sie, genau aufzupassen und Vorsicht walten zu lassen.

Wie es weitergeht

Ob Sie Facebook nun schon seit Jahren nutzen oder ganz neu dabei sind, Sie werden in diesem Buch viele nützliche Informationen finden. Gerade Neulinge sind aber von der Komplexität oftmals abgeschreckt. Seien Sie beruhigt. Ein Einstieg bei Facebook ist viel schneller und leichter, als es scheint. Sie sollten also nicht erst das ganze Buch lesen, bevor Sie Facebook einfach einmal ausprobieren. Legen Sie Ihr Profil an und probieren Sie vieles aus, während Sie dieses Buch lesen. So können Sie schnell eigene Erfahrungen sammeln und Dinge ausprobieren, von denen Sie lesen. Das macht mehr Spaß und lässt Sie schneller erkennen, welchen Nutzen Sie von Facebook haben.

Eine kleine Anmerkung vorweg, bevor es dann aber wirklich losgeht. Auf Facebook gibt es häufig Neuerungen. Da zwischen dem Schreiben dieses Buches und der Veröffentlichung einige Zeit vergeht, kann es vorkommen, dass Sie nicht alle hier beschriebenen Stellen auf Anhieb finden oder es bereits neue Funktionen gibt, die hier nicht beschrieben sind.

Teil I

Basiswissen Facebook

The 5th Wave By Rich Tennant

»Ich weiß, dass Facebook super ist und du dabei sein möchtest, aber du bist meine Mutter – Du kannst nicht mein ›Freund‹ sein!«

In diesem Teil ...

... wollen wir Ihnen die wichtigsten Fakten und Informationen über Facebook näher bringen. So werden Sie Facebook besser verstehen. Wir beantworten Fragen wie zum Beispiel:

- ✔ Wie ist Facebook zu dem geworden was es ist?
- ✔ Wie genau funktioniert Facebook?
- ✔ Gibt es den typischen Facebook-Nutzer?
- ✔ Wie kann ich persönlich von Facebook profitieren?

All diese Fragen eignen sich hervorragend, um sich dem Phänomen Facebook zu nähern.

Die Facebook Erfolgsgeschichte

1

In diesem Kapitel ...

- Wie alles begann
- Wie kam es zu dem Namen »Gesichtsbuch«?
- Vom Studentenprojekt zur Weltmarke

An den Universitäten in den USA erhalten die meisten Erstsemester ein dünnes Büchlein überreicht, in dem die Namen und Gesichter aller Personen, die sich zur selben Zeit eingeschrieben haben, abgebildet sind. Diese Jahrbücher oder auch *Gesichtsbücher* eignen sich gut, um den Studenten, die man auf dem Campus gesehen hatte, die richtigen Namen zuzuordnen oder um Freunden bestimmte Leute zu zeigen. Doch die Gesichtsbücher weisen einige Schwachstellen auf. Falls jemand kein Foto eingereicht hatte, gibt es dort eine Lücke. Die Büchlein sind nach den ersten paar Jahren veraltet, denn viele Studenten veränderten in dieser Zeit ihr Aussehen drastisch. Außerdem sind diejenigen nicht enthalten, die an diese Hochschule gewechselt oder sich in einem anderen Jahr eingeschrieben haben. Und zudem sind darin auch nur wenige Informationen über den Einzelnen zu finden.

Im Februar 2004 startete Mark Zuckerberg als Student im 2. Studienjahr an der Harvard University die Online-Version eines »Buches«, in dem Studenten ihre Fotos und persönlichen Daten hochladen konnten. Dadurch wurden viele der Nachteile der gedruckten Gesichtsbücher gelöst. Die Fotos sind immer aktuell und es können mehr persönliche Informationen veröffentlicht werden. In einer früheren Version der Webseite namens `www.facemash.com` stand ein Bewertungssystem für das Aussehen der Studenten im Vordergrund. Teilweise wurden auch Bilder ohne Genehmigung der jeweiligen Studenten und Studentinnen hochgeladen. Dies wurde zwar nach Beschwerden geändert. Allerdings steht Facebook seit dieser Gründungszeit immer wieder in der Kritik von Datenschützern.

Innerhalb von nur einem Monat hatte mehr als die Hälfte der Harvard-Studenten ein eigenes Profil erstellt. Danach tat sich Mark Zuckerberg mit Dustin Moskovitz, Chris Hughes und anderen zusammen, die ihm dabei halfen, die Website auch auf weitere Hochschulen auszudehnen. Eine der Autorinnen dieses Buches, Carolyn Abram, war die erste Studentin außerhalb von Harvard, die ein Konto bekam. Im Sommer des gleichen Jahres zogen Mark Zuckerberg, Dustin Moskovitz und Andrew McCollum, ein weiterer Mitarbeiter, mit der Firma nach Palo Alto in Kalifornien um, wo sowohl die Website als auch das Unternehmen stetig wuchs. Im Dezember 2004 hatten sich auf der Website bereits über eine Million Studenten registriert. Jedes Mal, wenn Facebook für eine neue Bevölkerungsschicht freigegeben wurde – zunächst für Oberstufenschüler, dann Mitglieder von beruflichen Netzwerken und schließlich für jeden –, stieg der Anteil derer immer weiter, die sich auf der Website registrierten. Ende 2006 konnte Facebook mehr als zehn Millionen Nutzer verzeichnen. Das Jahr 2007 klang mit mehr als 50 Millionen aktiven Nutzern aus (*Aktive Nutzer* werden definiert als sogenannte »unique accounts«, die innerhalb der letzten 30 Tage auf ihr Facebook-Konto zugegriffen haben). Facebook gehört inzwischen zu den fünf am häufigsten besuchten Websites der Welt. In Deutschland liegt die Facebook Website sogar auf dem zweiten Rang, gleich hinter Google. Mehr als eine Milliarde Menschen weltweit und über 25 Millionen Deutsche nutzen inzwischen Facebook. Keine andere Website hat innerhalb von so kurzer Zeit derart viele Menschen erreicht. Bei aller ernstzunehmenden Kritik, die gerade auch in Deutschland an Facebook geübt wird, so muss man Mark Zuckerberg zugestehen, dass er mit Facebook ein Phänomen geschaffen hat, das aus der Internetwelt nicht mehr wegzudenken ist.

Im Februar 2012 ging Facebook an die Börse. Die Erwartungen der Marktteilnehmer waren sehr hoch. Nach dem Börsengang verlor die Aktie gegenüber dem Ausgabekurs deutlich an Wert, was sich auf die weitere Verbreitung von Facebook allerdings nicht negativ auswirkte. Einen schnellen Gewinn konnten die Erstkäufer der Aktie allerdings nicht machen.

Die Facebook Geschichte ist inzwischen sogar verfilmt worden. Am 24. September 2010 feierte der Film »The Social Network« Premiere. Im Mittelpunkt dieser filmischen Darstellung der Geschichte von Facebook stehen Mark Zuckerberg und seine Mitgründer in der Anfangsphase. Wenn Sie sich mit der Geschichte von Facebook auf unterhaltsame Weise beschäftigen möchten, sollten Sie diesen Film anschauen. Allerdings hält sich der Film nur eingeschränkt an die Wahrheit. Mark Zuckerberg selbst hat nicht an dem Film mitgewirkt. Er fühlte sich in der Geschichte zu sehr als jemand dargestellt, dem es nur darauf ankam, Frauen kennenzulernen.

Internationale Expansion

Facebook wurde in den USA zunächst an Universitäten gestartet und später auf weiterführende Schulen des Landes ausgeweitet. Von daher gab es bis zum Herbst 2006 (als Facebook bereits für die Allgemeinheit freigegeben worden war) auch keine Websites in anderen Ländern. Als Facebook sich schließlich nach Kanada und Großbritannien vorwagte, legte es dort ein sehr schnelles Wachstum hin. Viele sehen den Grund für die sofortige Beliebtheit in diesen Ländern darin, dass Kanadier und Briten (und hier und da auch einige Norweger) nicht dieselbe vorgefasste Meinung wie US-Amerikaner hatten: Facebook – das ist doch bloß was für Studenten. In den USA hatte man den Hype um Facebook bereits zwei Jahre lang beobachtet, ein Zeitraum, in dem es Studenten vorbehalten war. Dieser Makel erwies sich als enorme Hürde für Facebook beim erwünschten Wachstum bei älteren US-amerikanischen Bevölkerungsschichten. In den letzten Jahren ließ sich allerdings bei den Facebook-Nutzern aus der Gruppe der über 35-Jährigen das schnellste Wachstum feststellen, und die Vorstellung, Facebook sei doch nur etwas für Jugendliche und Studenten, gehört inzwischen der Geschichte an.

Den nächsten großen Sprung in Sachen Wachstum machte Facebook Anfang 2008, als sich Facebook auch für andere Sprachen öffnete. Zur Einführung von weiteren Sprachversionen nutzte Facebook zu dieser Zeit vor allem die eigenen Nutzer. Daher führte das Unternehmen die Anwendung FACEBOOK TRANSLATION APPLICATION ein. Dort kann jeder Nutzer, der zwei Sprachen (Englisch und eine andere) spricht, sich freiwillig melden, um Facebook in andere Sprachen zu übersetzen. Den Freiwilligen werden verschiedene englische Texte von der Website gezeigt und sie können dann entweder eine Übersetzung dazu liefern oder über von anderen vorgeschlagene Übersetzungen abstimmen.

Sobald für eine vorgeschlagene Übersetzung genügend Stimmen eingegangen sind, wird sie als Text online gestellt, den andere in dieser Fremdsprache bei der Benutzung sehen. Sie können sich auf der Website registrieren und dann die Sprache auf Deutsch umstellen. Anstatt dann die kompletten Texte auf Englisch vorzufinden, sehen Sie all die Texte, die die Deutsch sprechenden Freiwilligen vorgeschlagen und für gut befunden haben. Mit diesem System ist Facebook innerhalb von zwei Jahren bereits in 100 Sprachen übersetzt worden.

Die Datenschutzthematik

In Deutschland und Europa steht Facebook immer wieder in der Kritik aufgrund des zu lasch verfolgten Schutzes der persönlichen Daten. Dies liegt zum einen an den in der Europäischen Union herrschenden strengen Datenschutzrichtlinien im Vergleich zu denen der USA. Aber auch an dem höheren Sicherheitsbedürfnis der Menschen hier bei uns. Dies hat zu viel öffentlichem Druck auf die Verantwortlichen bei Facebook geführt. Medien und Politiker haben sich – auch in den USA – immer wieder dem Thema angenommen und Facebook teilweise auch zu Veränderungen bewegt.

Die Datenschützer in Schleswig-Holstein allerdings waren mit Ihrer Klage gegen die sogenannte »Klarnamenpflicht« allerdings nicht erfolgreich. Nach der Meinung der Datenschützer verstößt der Zwang seinen echten Namen bei Facebook anzugeben gegen das deutsche Telemediengesetz. Das Gericht fühlte sich allerdings nicht zuständig, weil das Unternehmen Facebook in Irland angemeldet ist und nicht in Deutschland. Auf europäischer Ebene wird nun versucht, eine rechtlich bindende Regelung zu definieren. Hier wird sicherlich weiterhin viel und kontrovers diskutiert werden.

Offen ist auch die Frage, inwieweit Facebook auf Webseiten von Unternehmen eingebunden werden darf. Hier wird unter anderem beanstandet, dass die Daten der Webseitenbesucher ohne deren Zustimmung an Facebook weiter gegeben werden können. Wenn Sie die weiteren Entwicklungen der Datenschutz-Diskussion verfolgen möchten, finden Sie auf der Webseite `www.netzpolitik.org` regelmäßig aktualisierte Informationen.

Sie sollten sich bei der Frage, ob und wie Sie Facebook nutzen wollen, über Ihre persönlichen Datenschutz-Präferenzen im Klaren sein. Wenn Sie grundsätzlich keine Informationen über sich im Internet veröffentlichen wollen, ist Facebook sicher nicht für Sie geeignet. Die Grundmotivation ist aber bei den meisten Menschen der Austausch mit Freunden und Familie. Sie können bei Facebook selbst bestimmen, wer welche Informationen, Texte und Fotos von Ihnen sieht. Im Kapitel 11 werden Sie lernen, Ihr Profil genau nach Ihren Präferenzen einzustellen.

Es gibt viele unterschiedliche Möglichkeiten, Facebook zu nutzen. So gibt es beispielsweise viele Menschen, die nur die Pflichtangaben bei Facebook machen, keine Fotos hochladen und nur zuschauen, was ihre Freunde schreiben. Andere wiederum hinterlegen in Ihrem Profil alle ihre Präferenzen, Interessen und ihren vollständigen Lebenslauf und dokumentieren alle wichtigen Ereignisse in ihrem Leben mit Fotos und Kommentaren.

Was hier deutlich werden soll: Es gibt keine richtige oder falsche Nutzung von Facebook. Jeder sollte seine eigene Antwort auf die Datenschutz-Fragen finden.

Wie Facebook funktioniert

2

In diesem Kapitel ...

- Die Funktionsweise verstehen
- Sich auf Facebook zurechtfinden
- Begriffe lernen

In diesem Kapitel machen wir Sie näher mit Facebook bekannt. Auch wenn Sie noch kein eigenes Profil auf Facebook haben, werden Sie verstehen, wie alles funktioniert. Wir erklären Ihnen die Begriffe, die rund um Facebook immer wieder genannt werden.

Sie können Facebook grundsätzlich als ein Werkzeug verstehen, das die alltäglichen *Aufgaben* zum reinsten Vergnügen machen kann. Mit Facebook können Sie Ihren Freundes- und Bekanntenkreis verwalten, pflegen und erweitern. Darüber hinaus kann Facebook eine Menge Dinge für Sie erleichtern. Überlegen Sie mal, wie Sie normalerweise die folgenden Aufgaben erledigen würden:

- ✔ Herausfinden, wo Ihre Freunde gerade sind und was Sie gerade tun.
- ✔ Eine Veranstaltung planen, die Gästeliste im Auge behalten und alle auf dem Laufenden halten, wenn es eine zeitliche Änderung gibt.
- ✔ Um Unterstützung für eine Sache bitten.
- ✔ Stolz die neuesten Urlaubsfotos vorzeigen.
- ✔ Freunden und Familienmitgliedern von Ihren Erfolgen berichten oder sie wissen lassen, dass Sie an sie denken.
- ✔ An alle Geburtstage denken.

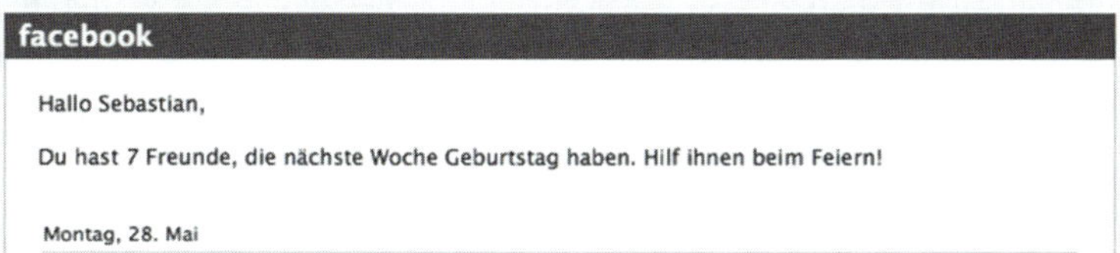

Abbildung 2.1: E-Mail-Benachrichtigung zu bevorstehenden Geburtstagen

Die oben stehende Liste stellt lediglich eine Auswahl der alltäglichen Aufgaben dar, deren Erledigung durch Facebook einfacher und angenehmer werden kann. Facebook fördert und verbessert Ihre sozialen Beziehungen – wir sind uns bewusst, dass diese Aussage erst mal starker Tobak ist. Fast ebenso unerhört wie die Aussage, es gäbe einen Mixer, der innerhalb von sechs Minuten ein 3-Gänge-Menü zaubern kann oder die sechs einfachen Schritte, die es braucht, um Millionär zu werden. Facebook unterscheidet sich davon allerdings in mindestens drei Punkten. Erstens behaupten wir nicht, dass es so einfach ist, dass es auch Ihr Dackel kann. Sich mit Facebook vertraut machen und sich einrichten, erfordert etwas Arbeit. Zweitens ist Facebook kostenlos und wenn es Ihnen nicht gefällt, können Sie sich einfach wieder abmelden. Und schließlich wird Facebook Ihr Leben *wirklich* verändern, mehr Spaß hineinbringen und viele Dinge vereinfachen, die ansonsten viel schwieriger zu erledigen wären.

Um was geht es bei Facebook eigentlich genau?

Denken Sie mal an all die Personen, mit denen Sie während des gestrigen Tages zu tun hatten. Morgens sind Sie vielleicht die Zeitung holen gegangen und haben dabei mit dem Nachbar geplaudert. Möglicherweise haben Sie Ihre Kinder gefragt, wann sie abends eintrudeln werden, oder mit Ihrem Partner ausgemacht, wer mit dem Abendessen machen dran ist. Eventuell haben Sie den Arbeitstag mit Kollegen verbracht und sich über Mittag ein bisschen Zeit genommen, um mit einem Freund, der gerade geschäftlich in der Stadt ist, essen zu gehen. Abends haben Sie vielleicht eine E-Mail an einen langjährigen Mitbewohner aus Unizeiten geschrieben, Ihre Mutter angerufen (es ist schließlich ihr Geburtstag!) und mit Ihren Kumpels verabredet, sich am Wochenende zu treffen. Am Ende des Tages haben Sie sich vor dem Fernseher entspannt und sich vom Nachrichtensprecher von verschiedenen Politikern, Sportlern, Geschäftsleuten und Prominenten berichten lassen, deren Leben Sie eventuell (oder auch nicht) interessiert. Sie haben tagtäglich auf einzigartige Weise mit so vielen verschiedenen Leuten zu tun. Sie tauschen Informationen aus: »Hast du heute Morgen die Nachrichten gesehen?« Sie genießen die Anwesenheit der anderen: »Wer hat einen guten Witz auf Lager?« Sie bereichern das Leben von anderen Menschen: »Ich habe heute in der Schule etwas für dich gebastelt.« Während des ganzen Tages werden die meisten Ihrer Entscheidungen und Ihrer Handlungen aufgrund von oder im Interesse von jemandem, den Sie kennen, getroffen oder ausgeführt.

Dies stellt sozusagen einen kleinen Kameraausschnitt der Welt dar, in der Sie der Mittelpunkt sind. Schwenken Sie die Kamera aus dieser altgewohnten Position zurück (und noch weiter … noch weiter … und noch ein bisschen weiter), und Sie werden sehen, dass alle Personen, mit denen Sie zu tun haben – Ihre Familienmitglieder, Ihre Freunde, der Zeitungsbote, die Mitarbeiterin aus der Kantine, Ihr Lieblingsmusiker und sogar diejenigen, die dieses Buch schreiben –, der Mittelpunkt ihrer eigenen Realität sind. Und ebenso verhält es sich mit allen Personen, die Sie wiederum kennen. Die Verbindungen zwischen jeder einzelnen Person auf der Welt sind verknüpft, stehen in Wechselwirkung und greifen ineinander und bilden auf diese Weise den so genannten *Social Graph*. Übersetzt bedeutet das »Soziogramm«. Eine kühne Behauptung: Dieses lebendige, pulsierende, sich wandelnde, wachsende Netz an menschlichen Beziehungen ist eine der tollsten und beeindruckendsten Erfindungen des Lebens.

Die Stärke des Social Graph besteht darin, wie schnell und (einigermaßen) zuverlässig Informationen unter Leuten, die miteinander in Verbindung stehen, verbreitet werden. Die Aufgabe von Facebook ist es, den Social Graph zugänglich zu machen, also dabei zu helfen, dass man Bekannte im Auge behalten und kontaktieren kann, sowie den Einzelnen dabei zu unterstützen, sich die Stärke des Graph zunutze zu machen, um mit jeder beliebigen, ihm vertrauenswürdig erscheinenden Person zu kommunizieren und Informationen auszutauschen.

Eine weitere beeindruckende Tatsache des Social Graph auf Facebook ist diese: Er bildet sich von alleine und hält sich selbst instand. Jedes Mitglied trägt dazu bei, seinen Platz im Graph zu definieren. Wenn Sie sich bei Facebook registrieren, fangen Sie erst mal damit an, die Profile von Ihren Bekannten zu suchen, und bauen eine virtuelle Freundschaft zu ihnen auf. Als Nutzer von Facebook liegt es in Ihrem eigenen Interesse, Ihren Anteil am Graph immer möglichst genau einzutragen – so schaffen Sie einen kompletten Satz an Beziehungen zu den Personen, die Sie kennen. Facebook kann zum einzigen Zugang zu den Ihnen bekannten Personen werden. Daher ist es auch sinnvoller, dass Sie darauf vertrauen können, genau denjenigen zu finden, nach dem Sie suchen. Aufgrund des Aufbaus von Facebook sind Sie nicht als Einziger dafür zuständig, sich mit jedem Ihrer Bekannten zu verbinden.

Nachdem Sie ein paar Freundschaften geschlossen haben, werden gemeinsame Freunde automatisch über Ihre Anwesenheit auf der Website informiert, und diese suchen dann nach *Ihnen*, um eine Freundschaft zu schließen. ***Vergessen Sie nicht:*** Es liegt ebenso im Interesse Ihrer Freunde, die eigene Liste mit Kontaktpersonen immer auf dem neuesten Stand zu halten. Und wenn Sie einmal zu einer Person keinen Kontakt mehr möchten, können Sie ihn oder sie auch wieder aus Ihren Kontakten entfernen.

Was man auf Facebook alles tun kann

Es gibt viele Dinge, die Sie mit Facebook anstellen können. Hier finden Sie die Wichtigsten.

Ein Profil erstellen

Wenn Sie sich bei Facebook registrieren, gehört das Erstellen Ihres *Profils* zu den ersten Dingen, die Sie tun. Ein Profil auf Facebook ist sozusagen ein Lebenslauf für ein soziales Netzwerk – eine Seite über Sie selbst, die Sie mit all jenen Daten, die andere von Ihnen wissen sollten, stets auf dem neuesten Stand halten. Sie entscheiden dabei selbst, welche Informationen Sie veröffentlichen und welche Dinge Sie für sich behalten wollen.

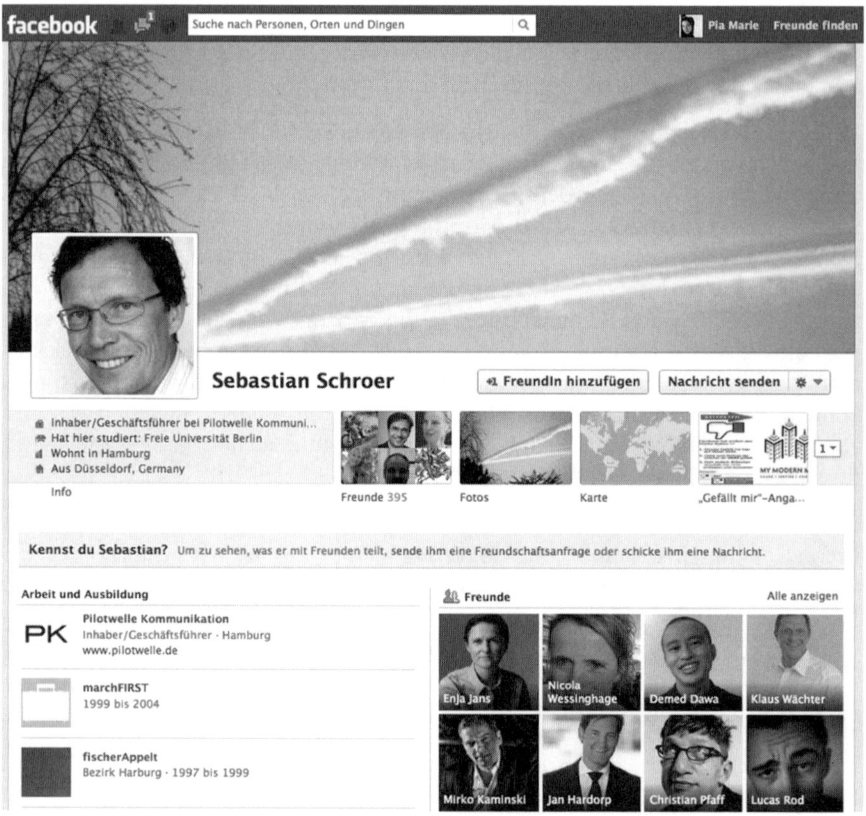

Abbildung 2.2: Sebastian Schroers Facebook-Profil

Sie zeigen unterschiedlichen Personen unterschiedliche Teile Ihres Lebens und Ihrer Persönlichkeit. Zu diesem Zweck gibt es bei Ihrem Profil alle möglichen Privatsphäre-Einstellungen, mit denen Sie angeben können, wer welche Daten sehen soll. Viele Leute sind sehr dankbar dafür, dass sie ihr Profil mit so vielen Informationen wie möglich ergänzen und dann jede einzelne davon mit Bedacht freigeben können.

Es gibt zwei verschiedene Gründe, weshalb man sich ein Profil auf Facebook anlegt. Erstens hilft es denjenigen, die man auch im wahren Leben kennt, einen über Facebook zu finden und darüber in Verbindung zu bleiben. Jeder von uns ist doch eifrig dabei, den Überblick über die Personen zu behalten, die er kennt (oder versucht zumindest eifrig, dabei zu sein). Falls Sie einen Allerweltsnamen wie etwa Hans Müller oder Sabine Schmidt haben, wird es für andere schwierig werden, Sie ohne zusätzliche Identifizierungsmerkmale aufzuspüren. Informationen über Sie wie etwa Ihre Heimatstadt, Ihr Bildungsweg oder Ihre Fotos können helfen, den richtigen Hans oder die richtige Sabine zu finden.

Der zweite (und viel coolere) Grund, sich ein genaues Profil bei Facebook zu erstellen, ist: Es erspart Ihnen Arbeit. Wenn Sie Ihr Profil stets mit relevanten Details füllen, erhalten Ihre Freunde und Familienmitglieder immer die neuesten Informationen darüber, wo Sie wohnen, wen Sie kennen und was Sie so treiben. Sie müssen Ihrem Gesprächspartner dann nicht mehr Ihre Telefonnummer vorlesen, während er hektisch nach einem Stift kramt. Sagen Sie ihm einfach: »Steht alles auf Facebook.« Falls ein Cousin Ihnen ein Geburtstagsgeschenk schicken möchte, muss er Ihnen nicht mehr die Überraschung verderben, indem er Sie nach Ihrer Adresse fragt. Wenn Ihr Profil auf dem neuesten Stand ist, können Gespräche, die sonst immer mit der offenen Frage: »Und was hast du so in letzter Zeit gemacht?« begonnen haben, gleich zum interessanten Teil übergehen: »Ich habe letzte Woche deine Fotos vom Österreichurlaub gesehen. Erzähl doch mal, wie es dazu kam, dass du diese Kuhglocke umhattest!«

Den Kontakt zu Freunden herstellen

Da Facebook immer umfangreicher wird, steigt auch die Wahrscheinlichkeit, dass Sie jeden, mit dem Sie sich gerne in Verbindung setzen möchten, erreichen können. Heute können Sie ziemlich sicher davon ausgehen, dass Sie denjenigen, den Sie gerade erst beim Abendessen bei Freunden kennengelernt haben, Ihren damaligen Professor von der Uni oder den Sandkastenfreund, mit dem Sie sich schon lange treffen wollten, finden können.

Nachdem Sie sich registriert haben, gibt es verschiedene Möglichkeiten Freunde und Bekannte zu finden:

- **Suche:** Diese Funktion hilft Ihnen dabei, Personen zu finden, die sich wahrscheinlich schon bei Facebook registriert haben.
- **Personen, die du vielleicht kennst:** Hier werden Ihnen die Namen und Fotos von Personen, die Sie wahrscheinlich kennen, in Form von Vorschlägen angezeigt. Diese Auswahl wird für Sie anhand verschiedener Faktoren wie etwa Ihrem Wohn- oder Arbeitsort oder der Anzahl der gemeinsamen Freunde getroffen.
- **Freundefinder:** Damit können Sie die E-Mail-Adressen in Ihrem E-Mail-Adressbuch durchsuchen, um herauszufinden, ob der Betreffende bereits auf Facebook präsent ist. Sie können sich dann diejenigen heraussuchen, mit denen Sie einen Kontakt herstellen möchten.

Nachdem Sie ein paar Freundschaften geschlossen haben, sollten Sie diese nutzen, um weitere Bekannte aufzuspüren. Durchsuchen Sie dazu den Freundeskreis Ihrer Freunde nach bekannten Namen. In Kapitel 9 erklären wir Ihnen genauer, wie man auf Facebook Bekannte findet.

Über Neuigkeiten informieren

Facebook kann für Sie wie eine Nachrichtenseite funktionieren. Ihre Startseite ist dabei für Sie so etwas wie ein Ticker, der Ihnen immer die aktuellen Neuigkeiten präsentiert. Die Neuigkeiten sind all die Dinge, die Ihre Freunde gerade schreiben oder empfehlen: Fotos, Links zu interessanten Artikeln oder ein Hinweis darauf, wo Sie sich gerade aufhalten. Zusätzlich finden sie hier Neuigkeiten der Unternehmen, Organisationen oder Medien, die Sie mit Hilfe des GEFÄLLT MIR-Knopfes abonniert haben. Die jüngsten Neuigkeiten von Ihren Freunden und interessanten Unternehmen stehen dabei immer oben. Wenn Sie weiter nach unten scrollen, finden Sie die älteren Nachrichten. So entsteht Ihr ganz persönlicher Nachrichtenstrom. Für viele Facebook-Nutzer ist dieser Nachrichtenstrom bereits ebenso wichtig geworden, wie die Tageszeitung oder die Nachrichtensendung im Fernsehen. Der wichtigste Unterschied ist die Möglichkeit, diese auch direkt zu kommentieren oder mit den eigenen Freunden zu teilen.

Bild

12,57 Millionen Zuschauer sahen am Sonntagabend Til Schweigers ersten „Tatort". Doch während der Schauspieler als Großstadt-Cowboy Nick Tschiller wild um sich ballerte, begab sich das deutsche Fernsehpublikum auf Spurensuche. Im Visier: Schweigers Mimik.

Dem 49-Jährigen wird vorgeworfen, er könne nur einen Gesichtsausdruck spielen. Stimmt das?

Zum Artikel >> http://on.bild.de/10zrA64

Gefällt mir · Kommentieren · Teilen · 159 91 11 · vor 30 Minuten ·

Abbildung 2.3: Beitrag der Bild-Zeitung mit 91 Kommentaren innerhalb von 30 Minuten

Gedanken mitteilen

Sie haben Interessantes zu berichten. Das sehen wir Ihnen geradezu an der Nasenspitze an. Vielleicht sind Sie ja stolz auf Ihre Fußballmannschaft oder freuen sich aufs Wochenende oder können immer noch nicht glauben, was Sie heute Morgen auf dem Weg zur Arbeit gesehen haben. Den ganzen Tag über passieren uns allen Dinge, bei denen wir am liebsten gleich zu unseren Freunden sagen würden: »Hast du schon gehört?« … »Ja, ganz genau …« Bei Facebook schenkt man Ihnen sozusagen Gehör und Sie finden ein dankbares Publikum vor. Wir erklären Ihnen in Kapitel 7, wie Sie kurze oder längere Beiträge über Dinge verfassen, die sich bei Ihnen ereignen, und wie diese Ihren Freunden auf bequeme und unaufdringliche Weise zugänglich gemacht werden.

Fotos vorzeigen

Seit der Erfindung der modernen Kamera ist man nur allzu gern bereit, »Cheese!« zu rufen. Fotos können sich hervorragend als Reiseführer eignen, um in Erinnerungen zu schwelgen. Doch nur, wenn wir daran denken, sie auch hochzuladen oder auszudrucken und ins Fotoalbum zu kleben. Viele der Erinnerungen verblassen, wenn die Bilder mit lächelnden Gesichtern in alte Schuhkartons verfrachtet oder die Fotos in irgendeinem Ordner auf der Festplatte vergessen werden.

Bei Facebook finden Sie drei starke Anreize, Ihre Fotos hochzuladen, zu verwalten und zu bearbeiten:

- ✔ **Facebook bietet Ihnen einen leicht zugänglichen Ort für all Ihre Bilder.** Es ist viel einfacher, jemanden, der sich dafür interessiert, auf Ihr Facebook-Profil zu verweisen, als einzelne Fotos per E-Mail zu versenden oder auf das Familientreffen zu warten, um dort stolz die Ach-sind-die-Kinder-groß-geworden-Schnappschüsse vorzuzeigen.
- ✔ **Jedes von Ihnen hochgeladene Foto kann mit den Profilen der abgebildeten Personen verlinkt werden.** Sie stellen beispielsweise Bilder von sich und Ihrer Schwester online und verlinken sie mit ihrem Profil. Jedes Mal, wenn jemand dieses Profil besucht, sieht er die Bilder. Eine tolle Sache, denn es verschafft den Fotos eine bisher nie da gewesene Langlebigkeit. Wenn andere das Profil Ihrer Schwester aufsuchen, können sie auch diese Bilder sehen. Ein Fotoalbum muss nicht mehr etwas sein, das man sich gleich nach einer Veranstaltung ansieht, sondern vielleicht erst wieder Jahre später.
- ✔ **Bei Facebook liegt es ganz in Ihrer Hand, festzulegen, wer Zugriff auf Ihre Bilder hat.** Jedes Mal, wenn Sie dort ein Foto hochladen oder ein neues Fotoalbum erstellen, können Sie – ganz nach eigenem Belieben – bestimmen, ob es jeder auf Facebook sehen soll, lediglich Ihre Freunde oder sogar nur eine Untergruppe Ihrer Freunde. So haben Sie immer die Kontrolle darüber, wer welche Fotos sehen darf.

Gruppen beitreten

Gruppen stellen im Grunde Treffpunkte für Gleichgesinnte dar. Die eine Gruppe kann aus einer ganz kleinen Runde, zum Beispiel aus den fünf besten Freunden, bestehen, die einige gemeinsame Unternehmungen planen. Eine andere könnte einen praktischen Nutzen erfüllen und zum Beispiel »Elternvereinigung der hessischen Grundschulen« heißen. Mit einigen Gruppen wie beispielsweise »AIDS kann jeden treffen« möchte man um Unterstützung für etwas werben. Andere wiederum sollen das Gemeinschaftsgefühl stärken. Mitglieder einer Gruppe, wie etwa

»Als ich in deinem Alter war, war Pluto noch ein Planet!«, können sich aufgrund eines gemeinsamen Interesses oder Ziels austauschen. Mitglieder können dort zum Beispiel Fotos oder Videos hochladen, Freunde zur Gruppe hinzufügen, chatten und sich gegenseitig über Neuigkeiten und Statusmeldungen informieren. In Kapitel 13 erfahren Sie mehr über die Facebook-Anwendung GRUPPEN.

Veranstaltungen planen

Veranstaltungen sind etwas Ähnliches wie Gruppen mit dem Unterschied, dass es hier um einen Termin geht. Anstatt beizutreten, antworten die Nutzer auf die Einladung, wodurch dem Veranstaltungsadministrator eine entsprechende Planung ermöglicht wird und den Eingeladenen Erinnerungen zugeschickt werden können. Dieser Bereich wird auf Facebook häufig für kleinere Veranstaltungen wie etwa ein gemeinsames Mittagessen oder auch für größere Veranstaltungen wie Demonstrationen genutzt. Manchmal sind die Themen auch eher theoretischer als praktischer Natur. Jemand könnte beispielsweise eine Veranstaltung mit dem Titel »Fahr heute mit dem Rad statt mit dem Auto zur Arbeit« erstellen und hoffen, dass die Einladung (durch Freunde und Freunde von Freunden) weit und breit bekannt wird und so die Sache selbst ins öffentliche Bewusstsein rückt. In Kapitel 9 erfahren Sie mehr darüber, wie Sie Veranstaltungen anlegen.

Für ein Unternehmen werben

Sie können sich auf Facebook nicht nur ein persönliches Profil anlegen, sondern auch weitere einrichten, um Unternehmen, Marken, Produkte, Dienstleistungen oder – falls es sich um Prominente oder Politiker handelt – sich selbst zu bewerben. Diese besondere Art von Profilen wird auf Facebook *Seiten* genannt. Seiten ähneln den Profilen der Nutzer und sollen Folgendes erreichen:

- ✔ Eine Präsentation des Unternehmens an dem Ort, ähnlich einer eigenen Website.
- ✔ Kunden, und solche die es werden, regelmäßig über Neuigkeiten informieren.

Seiten unterscheiden sich von Profilen dahingehend, dass die Beziehungen im Grunde einseitig sind. Wir mögen ja einen Bezug zu Starbucks haben, doch Starbucks hat eigentlich keinen besonderen Bezug zu uns. Daher gibt es eine Reihe von Unterschieden in der Funktion der Seiten. Auf diese Unterschiede gehen wir detailliert in Kapitel 13 ein und erklären Ihnen dort auch, welche Vorteile sich ergeben, wenn man das eigene Unternehmen über Facebook bewirbt.

Facebook bietet bei der Erstellung einer Werbeanzeige außerdem eine weitere Möglichkeit, Ihre Zielgruppe gezielt anzusprechen: das so genannte *Social Targe-*

ting. Bei vielen Produkten ist es oft sehr wahrscheinlicher, dass wir etwas kaufen, wenn wir andere kennen, die genau damit schon positive Erfahrungen gemacht haben, oder wenn uns der Anbieter bekannt ist. Wenn man bei Facebook eine Anzeige zu sehen bekommt, wird man darüber informiert, ob einer der eigenen Freunde bereits mit diesem Produkt, dieser Dienstleistung oder diesem Unternehmen zu tun hatte. Es ist sogar so, dass die Wahrscheinlichkeit, die gleiche Anzeige gezeigt zu bekommen, sehr viel höher ist, wenn man einen Freund hat, der bereits darauf reagiert hat. Bei Personen ohne solche Freunde sinkt die Wahrscheinlichkeit. Diese Art der kontextbezogenen Werbung ist sowohl für Unternehmer als auch für Verbraucher von Vorteil. Die Unternehmer können die Zielgruppe gezielter ansprechen und die Verbraucher werden eher auf Anzeigen für Produkte stoßen, die sie wirklich interessieren oder die ihnen zumindest einen Hinweis auf die Verbrauchsgewohnheiten ihrer Freunde liefern.

Entdeckungsreise auf der Startseite

Die Startseite ist diejenige Seite, die Sie direkt nach der Anmeldung auf Facebook sehen. Sie besteht aus drei Spalten mit Informationen und Links. Wir beschreiben diese in den folgenden Abschnitten.

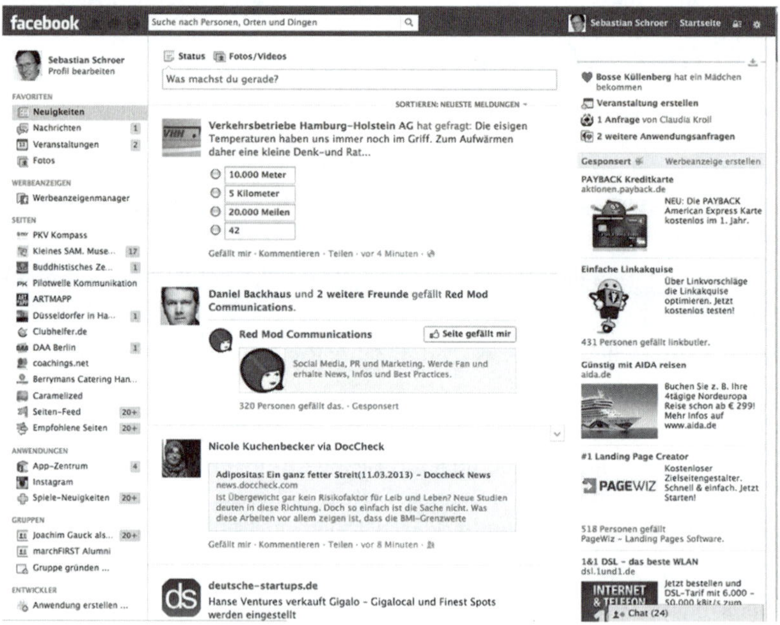

Abbildung 2.4: Die Facebook-Startseite

Die mittlere Spalte

In der mittleren Spalte finden sich alle aktuellen Neuigkeiten und die Möglichkeit eigene Beiträge einzugeben. Dies ist Ihr persönlicher Nachrichtenstrom. Dieser wird oft auch wie im Englischen als »News-Stream« oder »Timeline« bezeichnet.

Über den aktuellen Meldungen finden Sie das Eingabefeld für Ihre eigenen Beiträge mit der Frage: *Was machst du gerade?*

Sobald es etwas gibt, das Sie anderen mitteilen möchten – sei es eine kurze, aktuelle Meldung über Ihre momentane Beschäftigung, Ihren Aufenthaltsort oder wohin es Sie, gerade jetzt oder im Leben, zieht – Sie können es über dieses Feld veröffentlichen. Das sogenannte »posten«, also das Veröffentlichen von Beiträgen, hat sich inzwischen auch im Sprachgebrauch vieler Facebook-Nutzer festgesetzt. Ein einzelner Beitrag ist dementsprechend ein »Posting«.

Abbildung 2.5: Das Eingabefeld

Alles, was Sie hier eingeben, wird in Ihrem Profil angezeigt und ist für diejenigen dort sichtbar, die es sehen dürfen. Ihre Beiträge werden zusätzlich zur Veröffentlichung in Ihrem Profil auch noch in den Nachrichtenströmen derjenigen, die die Beiträge sehen können, auftauchen. Wenn Sie eine aktuelle Meldung mit dem Titel »Denkt daran, nächsten Sonntag wählen zu gehen!« für all Ihre Freunde verfassen, wird diese in all ihren Nachrichtenströmen veröffentlicht werden. Ob diese Freunde sie dann auch lesen, hängt davon ab, wie sie für gewöhnlich den Nachrichtenstrom verfolgen. Ein Beitrag funktioniert also nicht wie eine E-Mail, die jedem Empfänger persönlich zugestellt wird. Die eigenen Freunde müssen sich die Nachrichten aktiv abholen.

Wenn Sie für die ganze Familie mit Ausnahme Ihrer Großmutter den Beitrag »Denkt daran, Oma zu gratulieren!« hinzufügen, werden all Ihre Familienmitglieder – und eben nur sie – diesen in ihren Nachrichtenströmen sehen.

Ganz oben auf der dünnen Linie über den Beiträgen (und unter dem Feld mit der Frage *Was machst du gerade?*), finden Sie eine Auswahlmöglichkeit, mit der Sie den angezeigten Nachrichtenstrom beeinflussen können. Klicken Sie dazu auf

SORTIEREN. Anschließend können Sie auswählen zwischen HAUPTMELDUNGEN und NEUESTE MELDUNGEN. Unter NEUESTE MELDUNGEN wird alles aufgelistet, was Ihre Freunde veröffentlichen. Falls Sie viele Freunde haben, kann dort ganz schön viel stehen und Sie könnten einige wichtige Meldungen übersehen. Unter den HAUPTMELDUNGEN werden lediglich die beliebtesten Neuigkeiten aus Ihrem Freundeskreis gezeigt.

Solange Ihre Bekannten auf Facebook aktiv sind, können Sie über Ihre Facebook-Startseite über deren Leben auf dem neuesten Stand bleiben. Ein Freund veröffentlicht dort vielleicht Fotos von seiner letzten Geburtstagsparty. Ein anderer könnte eine Notiz über seinen neuen Arbeitsplatz schreiben. Und wieder andere antworten möglicherweise auf eine Einladung zu einer Weinprobe. All diese Dinge tauchen eventuell als Geschichten unter Ihren Neuigkeiten auf Facebook auf. Und die Neuigkeiten bieten sogar noch einen Zusatznutzen: Wenn Sie sehen, worüber sich Ihre Freunde unterhalten, können Sie sich oft schon allein darüber über aktuelle Ereignisse auf den neuesten Stand bringen lassen.

In Ihrem Nachrichtenstrom können sich verschiedene Arten von Neuigkeiten befinden:

- ✔ **Links zu anderen Webseiten.** Hier empfehlen Ihnen Freunde oder Unternehmen einen Link zu einer anderen Website, meist mit eigenen Kommentaren.
- ✔ **Fotos oder Fotoalben von Freunden.** Mit einem Klick gelangen Sie zu der Großbildansicht oder der Albumübersicht.
- ✔ **Aktivitäten von Freunden.** Sehen Sie, welche Seiten Ihren Freunden gefallen oder an welchen Veranstaltungen sie teilnehmen.
- ✔ **Reine Textbeiträge.**
- ✔ **Umfragen.** In Abbildung 2.6. sehen Sie eine Umfrage von den Hamburger Verkehrsbetrieben.
- ✔ **Gesponserte Beiträge.** Dies sind Empfehlungen von Beiträgen oder Seiten, also Werbung. Sollte Ihren Freunden diese Seite gefallen, werden diese mit angezeigt.

Unterhalb jedes einzelnen Beitrages befindet sich die Möglichkeit, auf GEFÄLLT MIR zu klicken, zu kommentieren oder zu teilen. Weiterhin die Angabe, wie vielen Menschen dieser Beitrag gefällt und der Zeitpunkt der Veröffentlichung. Das kleine Globus-Symbol in dem Beispiel oben ist ein Hinweis darauf, dass der Beitrag für jedermann sichtbar und nicht auf bestimmte Zielgruppen beschränkt ist.

Abbildung 2.6: Beispielhafter Beitrag einer Seite

Ihre persönlichen Beiträge können Sie ebenfalls so einstellen, dass der Beitrag auch in Ihrem Profil öffentlich für jedermann sichtbar ist, wenn Sie das möchten.

Die blaue Leiste ganz oben

Die blaue Leiste im oberen Teil der Webseite erleichtert Ihnen die Navigation in Facebook. In Abbildung 2.7 sehen Sie diese Leiste und was darauf zu finden ist.

Abbildung 2.7: Die blaue Leiste ganz oben: Ein Link nach dem anderen

Folgendes sollten Sie über die einzelnen Links auf der blauen Leiste wissen:

- ✔ **Facebook-Logo:** Das Facebook-Logo auf der linken Seite der blauen Leiste dient zwei verschiedenen Zwecken. Erstens erinnert es Sie daran, auf welcher Webseite Sie gerade sind. Zweitens führt es Sie – unabhängig davon, wo Sie vorher auf Facebook gewesen sind – beim Klick auf das Symbol zurück zur Startseite von Facebook.
- ✔ **Freundschaftsanfragen:** Neben dem Facebook-Logo befindet sich ein Symbol, das zwei Personen zeigt. Sie sollen Freunde darstellen. Wenn Sie auf das Symbol klicken, gelangen Sie zu all Ihren ausstehenden Freundschaftsanfragen. Über dieses Symbol erhalten Sie direkt Empfehlungen von Personen und Sie können auch zu den verschiedenen Methoden, Freunde zu finden, gelangen. Jedes Mal, wenn Sie neue Freundschaftsanfragen erhalten, wird deren Gesamtanzahl durch eine kleine, rote Ziffer ganz oben auf diesem Symbol an-

gezeigt. Sobald Sie sich die neuen Anfragen ansehen, verschwindet die rote Ziffer, egal, ob Sie darauf antworten oder nicht.

- **Nachrichten:** Über das Symbol mit zwei Sprechblasen können Sie auf das Postfach Ihrer Nachrichten zugreifen. Diese Nachrichten sind vergleichbar mit E-Mails und für viele Menschen ersetzen sie diese inzwischen. Beim Anklicken dieses Symbols werden Ihnen kurze Ausschnitte Ihrer fünf neuesten Nachrichten gezeigt und Sie sehen Links, über die Sie eine neue Nachricht verschicken oder zum Postfach gelangen können. Genau wie bei den Freundschaftsanfragen erscheint eine kleine, rote Ziffer, die anzeigt, wie viele neue Nachrichten Sie haben. Wenn Sie die Ziffer anklicken, sehen Sie diese Nachrichten und die Ziffer verschwindet wieder.

- **Benachrichtigungen:** Falls jemand auf Facebook etwas im Hinblick auf Sie oder Ihr Profil unternommen hat, werden Sie durch eine rote Ziffer oberhalb des nächsten Symbols, des Erdballs, benachrichtigt. Vielleicht hat derjenige Sie auf einem Foto markiert, an Ihre Pinnwand oder die Ihrer Gruppe geschrieben oder nach Ihnen einen Kommentar zu einem Beitrag geschrieben. Klicken Sie auf den Erdball, um die neuesten Benachrichtigungen sowie einen Link zu den restlichen sehen zu können.

- **Suche:** Kurz gesagt, können Sie mit der Facebook-Suche auf dieser Webseite nach Personen, Gruppen, Veranstaltungen, Anwendungen und vielen anderen Dingen suchen. Wenn Sie anfangen, einen Suchbegriff einzutippen, wird eine Liste mit Begriffen automatisch vervollständigt. Wenn Sie die gesuchte Person oder das gesuchte Thema vor sich sehen, scrollen Sie nach unten oder wählen Sie es mit Ihrer Maus aus. Durch das Drücken der Eingabetaste werden Sie automatisch zum obersten Ergebnis der Liste geführt. Sie können die Suche auch verwenden, um herauszufinden, was Ihre Freunde oder jemand anderes auf der Welt zu einem bestimmten Thema veröffentlicht hat. Sie können so Ihren lange verschollenen Freund aus der Grundschule, eine Spiele-Anwendung, Meinungen zur letzten Wahl, Meinungen über ein Produkt, das Sie kaufen möchten, oder sogar den aktuellsten Spielstand bei einer Sportveranstaltung finden.

Manche geben Suchbegriffe ein, die man über das Suchfeld nicht finden kann. Wenn Sie beispielsweise nach Facebook-eigenen Begriffen wie etwa Konto oder Privatsphäre suchen, werden Sie das Gewünschte nicht angezeigt bekommen. Um ein bestimmtes Facebook-Feature zu entdecken oder sich dorthin zu bewegen, klicken Sie besser den Hilfebereich an, der unter dem Zahnrad-Link ganz auf der rechten Seite der blauen Leiste zu sehen ist.

✔ **Ihr persönliches Profil:** Rechts neben der Suche sehen Sie Ihren Namen und Ihr Profilfoto. Dieser Link führt Sie zu Ihrem eigenen Facebook-Profil. Sie können aber auch dorthin gelangen, indem Sie auf Ihren Namen oder Ihr Foto unterhalb des Facebook-Logos klicken.

✔ **Freunde finden:** Durch einen Klick auf diesen Link gelangen Sie auf eine Seite, auf der Sie weitere Freunde finden können. Facebook schlägt Ihnen dort Personen vor, die Sie kennen könnten, zum Beispiel, weil Sie gemeinsame Freunde haben. Zusätzlich finden Sie verschiedene Optionen, um nach ganz bestimmten Personen zu suchen.

✔ **Startseite:** Dieser Link hat dieselbe Funktion wie das Facebook-Logo. Überall, wo Sie es auf der Website sehen, können Sie es anklicken und es führt Sie zurück zu der Bildschirmansicht, die Sie nach dem Anmelden sehen.

✔ **Privatsphäre:** Ein Klick auf das Schloss-Symbol bringt Sie zu den wichtigsten Privatsphäre-Einstellungen. Hier können Sie festlegen, wer Ihre Inhalte sehen kann und wer Sie über Facebook kontaktieren darf und wer nicht. Details zu den Privatsphäre-Einstellungen finden Sie in Kapitel 11.

✔ **Konto:** Über das Zahnrad-Symbol ganz rechts haben Sie Zugriff auf die meisten weiteren Einstellungen, die Sie auf Facebook vornehmen können. Wir zählen sie hier mal auf:

- *Facebook als Seite verwenden:* Wenn Sie gerade die ersten Schritte auf Facebook machen, werden Sie diesen Link wahrscheinlich nicht zu sehen bekommen. Falls Sie auf der Website schließlich später doch etwas mit dem Seiten-Feature (wird in Kapitel 13 beschrieben) bewerben, haben Sie an dieser Stelle die Möglichkeit, Ihre Identität zu wechseln und sich auf Facebook im Namen Ihrer Seite zu bewegen, kommentieren oder GEFÄLLT MIR zu klicken.
- *Werbeanzeigen:* Dieser Punkt wird angezeigt, um Ihnen die Möglichkeit zu geben, Anzeigen zu erstellen oder Ihre bereits geschalteten Anzeigen zu bearbeiten.
- *Kontoeinstellungen:* Hier können Sie unter anderem Ihren Namen, E-Mail-Adresse oder Passwort oder die gewünschte Sprachversion ändern. Auf dieser Seite können Sie auch Ihr Konto deaktivieren.

Etwas unscheinbar aber nicht minder interessant ist der Link innerhalb der Seite zu den allgemeinen Kontoeinstellungen. Dort können Sie die vollständigen Daten und Fotos, die Sie bisher auf Facebook gestellt haben als Zip-Datei herunterladen. So erhalten Sie ein persönliches Archiv Ihrer Aktivitäten auf Facebook, das Sie auf Ihrer Festplatte abspeichern können.

- *Privatsphäre-Einstellungen:* An dieser Stelle können Sie die Sichtbarkeit der Daten in Ihrem Profil einstellen (mehr dazu in Kapitel 11).
- *Hilfebereich:* Über diesen Link erhalten Sie schnelle Hilfe, wenn Sie einmal mit Facebook nicht weiterkommen und sich Fragen ergeben. Sie können Ihr Stichwort direkt innerhalb des Ausklappmenüs eingeben. Sollten Sie hier nicht weiterkommen, gibt es auf der separaten Hilfeseite `www.facebook.com/help/` ausführlichere Hilfefunktionen.
- *Abmelden:* Dadurch beenden Sie Ihre Zeit auf Facebook. Falls Sie sich den Computer mit jemand anders teilen, sollten Sie sich unbedingt immer abmelden, damit derjenige nicht auf Ihr Facebook-Konto zugreifen kann.

Sie können sich auch bei Facebook abmelden, indem Sie den Browser schließen. Falls Sie jedoch ein Häkchen beim Anmelden vor ANGEMELDET BLEIBEN gesetzt haben, werden Sie so lange nicht abgemeldet, bis Sie nicht wirklich auf ABMELDEN klicken. Durch die Option ANGEMELDET BLEIBEN bleiben Sie angemeldet, obwohl Sie den Browser geschlossen haben. Wir empfehlen Ihnen daher, diese Option nur bei Computern zu wählen, die Sie als Einziger benutzen.

Zu Ihrer Linken sehen Sie ...

In der linken Spalte Ihrer Startseite finden sich noch mehr der wichtigen Navigationselemente, die man nutzt, wenn man sich noch intensiver mit Facebook beschäftigt. Außerdem zeigt die linke Spalte an, welche Ihrer Freunde gerade online und auf Facebook aktiv sind. Wir listen Ihnen unten jeden Link, den Sie auf der linken Seite der Startseite sehen, mitsamt Erklärung auf:

***<Ihr Name>*/Mein Profil bearbeiten:** Ein Klick auf Ihren eigenen Namen führt Sie immer auf Ihr eigenes Profil. Über einen Klick auf PROFIL BEARBEITEN können Sie lediglich schneller an die Stelle zur Eingabe oder Bearbeitung Ihrer Daten gelangen.

Neuigkeiten: Durch einen Klick auf diesen Link wird Ihre Startseite zurückgesetzt und Sie sehen genau das Gleiche wie nach der Anmeldung: die Neuigkeiten über die Aktivitäten Ihrer Freunde. Die Neuigkeiten erinnern sich sozusagen daran, ob Sie zuletzt in HAUPTMELDUNGEN oder NEUESTE MELDUNGEN geschmökert haben, und behalten diese Einstellung bei.

Nachrichten: Jeder, der auf Facebook ist, kann Ihnen eine Nachricht senden, falls Sie die Privatsphäre-Einstellungen für diesen Bereich nicht geändert haben. Dieser Link stellt eine der Möglichkeiten dar, um diese Mitteilungen abzurufen. Die Anzahl der neuen oder ungelesenen Nachrichten in Ihrem Postfach wird neben dem Nachrichten-Link angezeigt. Wenn Sie auf den entsprechenden Link klicken, erscheint darunter die zusätzliche Option SONSTIGES. Über diese können Sie zu Aktualisierungen (Nachrichten der Seiten, deren Fan Sie sind, Benachrichtigungen von Ihren Gruppen oder Nachrichten von Facebook-Nutzern, mit denen Sie nicht befreundet sind) gelangen.

Veranstaltungen: Über die Anwendung VERANSTALTUNGEN können Sie mit einer Gästeliste, Erinnerungen und einer Fläche, um themenbezogene Kommentare und Fotos hinzuzufügen, Ereignisse aus dem wahren Leben verwalten. Klicken Sie auf VERANSTALTUNGEN. Auf der VERANSTALTUNGEN-Seite wird Ihnen Folgendes angezeigt: Veranstaltungen, Geburtstage und vergangene Veranstaltungen.

Fotos: Über diesen Link gelangen Sie direkt zu Ihren eigenen Fotos. Diese Anwendung verwenden Sie, um die neuesten Bilder Ihrer Freunde oder die, auf denen Sie selbst markiert sind, durchzusehen und um eigene hochzuladen. Weitere Einzelheiten zur Anwendung FOTOS finden Sie in Kapitel 8. Wenn Sie auf den Link FOTOS klicken, erscheint als zusätzliche Option die Möglichkeit, eigene Videos online zu stellen.

Werbeanzeigen: Hier verwalten Sie Ihre Anzeigen auf Facebook, insofern Sie diese Funktion nutzen.

Seiten: Hier finden Sie eine Liste der Seiten, die Sie selbst erstellt haben oder deren Administrator Sie sind. Der Link SEITEN-FEED aktualisiert Ihre mittlere Spalte, sodass hier nur noch die Meldungen von Seiten angezeigt werden, die Sie mit GEFÄLLT MIR markiert haben. EMPFOHLENE SEITEN zeigt Ihnen eine Liste von weiteren Seiten an, die Sie möglicherweise interessieren könnten, abgeleitet aus Ihren bisherigen GEFÄLLT MIR Angaben und den im Profil angegebenen Interessen.

Anwendungen: Dies sind die hauptsächlichen Funktionen von Facebook wie etwa die Daten des Profils, Freunde oder das Postfach. Klicken Sie den ANWENDUNGEN-Link in der linken Spalte an. Dort sehen Sie die bereits von Ihnen verwendeten Anwendungen, die Ihrer Freunde und einige, die von der Allgemeinheit auf Facebook bevorzugt werden.

Wenn Sie sich auf Facebook registrieren, enthält Ihr Konto bereits einige Standardanwendungen. Sie werden in der Nähe des ANWENDUNGEN-Links in der linken Spalte angezeigt. Einige davon werden Sie automatisch sehen, die restlichen erscheinen über einen Klick auf den MEHR-Link.

Spiele: Klicken Sie auf diesen Link, um zu einer Konsole mit den beliebtesten Spielen aller Facebook-Nutzer, Ihrer Spiele und der Ihrer Freunde zu gelangen.

Gruppen: Jeder Nutzer kann aus jedem beliebigen Grund auf Facebook eine Gruppe gründen. Gruppen sollen Menschen (virtuell) aufgrund eines gemeinsamen Anliegens oder Interesses vereinen. Der GRUPPEN-Link führt Sie auf eine Seite auf der Gruppen, denen Sie angehören, zu sehen sind. Sollten Sie bereits Mitglied in mehreren Gruppen sein, werden diese am linken Bildrand aufgeführt und Sie können die entsprechende Seite durch einen Klick direkt besuchen (mehr dazu in Kapitel 13).

Falls Sie Facebook schon eine ganze Weile nutzen, finden Sie eventuell zusätzlich ganz andere Anwendungen vor, als die von uns hier aufgelisteten. Es ist auch möglich, dass die Anwendungen in einer anderen Reihenfolge aufgelistet werden. Das könnte damit zusammenhängen, welche davon Sie in letzter Zeit verwendet oder was Sie in Ihrem Profil hinzugefügt oder entfernt haben. Die hier beschriebenen Anwendungen stellen lediglich die Standardanwendungen dar, die man bei der Registrierung erhält. Letzten Endes können Sie jedoch ganz allein darüber entscheiden, welche davon Sie auf Facebook nutzen möchten.

Jedes Mal, wenn Sie anfangen, auf Facebook eine neue Anwendung zu nutzen, erscheint dafür ein Link in der linken Spalte Ihrer Startseite. Sie können Links für jede von Ihnen genutzte Anwendung durch einen Klick auf das Bleistift-Symbol, das rechts daneben erscheint, verbergen.

Die rechte Spalte

Die rechte Spalte Ihrer Facebook-Startseite ist im Wesentlichen von Werbeanzeigen geprägt. Es gibt aber neben der Werbung noch drei weitere Bereiche, die Sie hier finden:

- ✔ **Kurzmeldungen:** Hier finden Sie die Dinge, die aktuell auf Facebook passieren. Hier sehen Sie, wer heute Geburtstag hat, welche Veranstaltungen gerade anstehen und die Beiträge und Aktivitäten Ihrer Freunde oder Unternehmen, für die Sie sich interessieren. Teilweise ist dies eine Dopplung der Beiträge, die Sie auch in Ihrem Nachrichtenstrom in der mittleren Spalte finden. Sie können den größten Teil der Kurzmeldung auch ausblenden. Ein Klick auf den kleinen Pfeil oben lässt die meisten Kurzmeldungen verschwinden, so dass nur noch Anfragen Ihrer Freunde, Geburtstage und Veranstaltungen sichtbar bleiben.

- ✔ **Chat:** Hier finden Sie eine weitere Möglichkeit, direkt einen Chat mit Ihren Freunden zu starten. Der grüne Punkt neben einem Namen zeigt an, dass diese Person Facebook innerhalb der letzten zehn Minuten genutzt hat. Personen ohne Punkt haben Facebook zwar geöffnet, aber eine Zeitlang nichts angeklickt. Auch hier öffnet ein Klick auf das Foto der jeweiligen Person ein Chatfenster. Mittels des kleinen Zahnrades am unteren Rand des Chatfensters, können Sie den Chat auch auf bestimme Freunde beschränken oder komplett deaktivieren.
- ✔ **Fußzeile:** In der Fußzeile unterhalb der Werbung finden Sie eine große Menge hilfreicher Informationen über Facebook. Hier lesen Sie die Datenschutzrichtlinien, das Impressum, die Nutzungsbedingungen sowie Informationen für Bewerber, Entwickler und Werbungtreibende. Interessant ist auch der Link COOKIES. Dieser führt auf eine Seite, auf der Sie ausführliche Informationen darüber finden, welche Daten Facebook für welche Zwecke auf Ihrem Rechner speichert.

Werbung auf Facebook

Die Werbung, die Sie in der rechten Spalte sehen, führt Sie entweder auf eine bestimmte Facebook-Seite, einen einzelnen Facebook-Beitrag oder eine ganz andere Webseite. Mit den Werbeanzeigen, die Sie in diesem Bereich sehen, wird Facebook finanziert. Facebook ist für Privatpersonen und sogar für Unternehmen kostenlos nutzbar. Die Anzeigen in der rechten Spalte und die gesponserten Beiträge im Nachrichtstrom in der Mitte sind die wichtigsten Einnahmequellen von Facebook.

Facebook testet allerdings immer wieder weitere Möglichkeiten, zusätzliche Einnahmen zu erzielen. So wurde kürzlich getestet, ob Nutzer bereit wären, Geld für zusätzliche Funktionen auszugeben. Sie konnten gegen Zahlung eines geringen Geldbetrags Nachrichten direkt an Nutzer schicken, mit denen sie nicht befreundet waren, z.B. auch an Mark Zuckerberg. Bisher ist diese Funktion nicht umgesetzt worden. Bereits eingeführt ist aber die Möglichkeit für Unternehmen, die Sichtbarkeit einzelner Beiträge einer Seite zu erhöhen. Gegen Zahlung eines Geldbetrages wird ein Beitrag häufiger im Nachrichtenstrom von Facebook-Nutzern angezeigt. Hier wird es sicherlich in der Zukunft weitere Veränderungen geben, mit denen Facebook versuchen wird, seine Einnahmen zu erhöhen. Es ist allerdings nicht davon auszugehen, dass für die normale private Nutzung Beiträge erhoben werden.

Im Gegensatz zu vielen anderen Orten, an denen Sie mit Werbung konfrontiert werden, haben Sie auf Facebook Einfluss darauf, welche Werbung angezeigt wird. Wenn Sie die Anzeige nicht interessiert oder durch ständige Wiederholung nervt, haben Sie die Möglichkeit, diese auszublenden. In der rechten oberen Eckt erscheint bei jeder Anzeige ein x, wenn Sie mit der Maus darüber gehen. Wenn Sie dies anklicken, erhalten Sie wie in Abbildung 2.8 eine Auswahl von drei Funktionen:

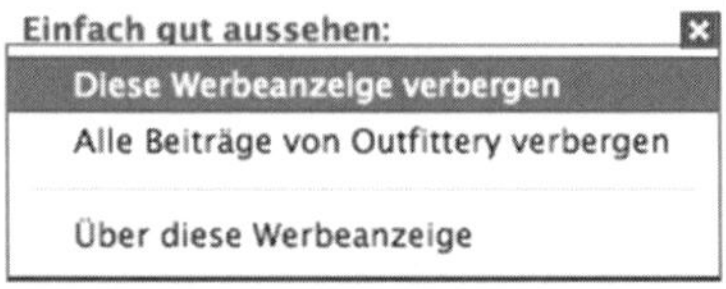

Abbildung 2.8: Werbeanzeigen verbergen

- ✔ **Diese Werbeanzeige verbergen:** Hier können Sie Facebook Ihre Gründe mitteilen, warum Sie die Werbung nicht sehen möchten. Sie könnten die Werbung unter anderem als anstößig, wiederholend oder irreführend markieren. Diese Anzeige wird Ihnen dann nicht mehr angezeigt. Sie können Facebook in einem weiteren Schritt auch mitteilen, welches Ihre Interessen sind. Dies macht für alle Beteiligen Sinn. Sie werden auf diese Weise voraussichtlich weniger unpassende Werbung sehen und die Unternehmen erreichen eher die Menschen, die sich auch für Ihr Produkt und Ihre Dienstleistung interessieren.
- ✔ **Alle Beiträge verbergen:** Mit dieser Funktion blenden Sie alle Anzeigen dieses Anbieters aus.
- ✔ **Über diese Werbeanzeige:** Hier gelangen Sie in den Bereich, in dem Sie lernen, wie Sie selber Anzeigen erstellen können.

Wer ist auf Facebook?

3

In diesem Kapitel ...

- Wer Facebook bereits nutzt
- Vom Schüler bis zum Rentner
- Was Eltern und Lehrer über Facebook wissen sollten

Facebook wurde ursprünglich erfunden, um Studenten einer bestimmten Hochschule beziehungsweise einer bestimmten Universität die Möglichkeit zu geben, sich gegenseitig finden und in Kontakt bleiben zu können. Bei Veröffentlichung des Netzwerks durften sich zu Beginn tatsächlich nur Personen registrieren, die nachweislich über eine E-Mail-Adresse einer Hochschule verfügten.

Nachdem sich das allein den Universitätsstudenten zur Verfügung stehende Modell als Erfolg erwiesen hatte, wurde Facebook auch für Oberstufenschüler in den USA freigegeben. Da dieser Schritt auch so ein großer Erfolg war, hat man danach Mitarbeitern von Unternehmen die Mitgliedschaft gestattet. Bei diesen Arbeitsnetzwerken ging man nach dem gleichen Prinzip wie bei Hochschulnetzwerken vor: Um dabei zu sein, musste man sich mit einer bestätigten E-Mail-Adresse – in diesem Fall der eines bestimmten Unternehmens – registrieren. Aus diesem Grund existierten Arbeitsnetzwerke lediglich für Konzerne wie etwa Microsoft, Apple, Amazon und andere, die groß genug waren, ihren Mitarbeitern eigene Adressen bieten zu können.

Anstatt sich Stück für Stück für weitere einzelne Gruppen zu öffnen, hat Facebook schließlich im Jahr 2004 sämtliche Beschränkungen im Hinblick auf die Mitgliedschaft aufgehoben. Heute kann sich jeder mit einer beliebigen privaten oder beruflichen E-Mail-Adresse registrieren und Teil der Facebook-Gemeinde werden.

Aufgrund dieser Geschichte von Facebook und der intensiven Nutzung bei jungen Menschen, besteht bei vielen noch immer die Vorstellung, bei Facebook würde es sich um ein Jugendphänomen handeln und Erwachsene wären eher selten auf Facebook zu finden. Dies gilt inzwischen gar nicht mehr. Die Mehrheit der Facebook-Nutzer ist inzwischen lange nicht mehr jugendlich, wie Abbildung 3.1 zeigt.

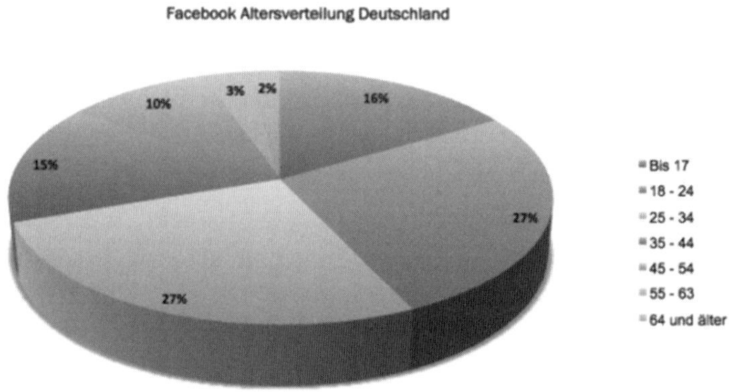

Abbildung 3.1: Altersverteilung in Deutschland im Februar 2012, Quelle: www.futurebiz.de

Inzwischen hat Facebook in der Altersgruppe der über 55-jährigen die höchsten Zuwachsraten. Das mag zwar daran liegen, dass fast alle Jugendlichen bereits auf Facebook sind, es zeigt aber auch, wie interessant Facebook für ältere Altersgruppen geworden ist.

Hier noch mehr interessante Fakten zur Verbreitung in Deutschland:

- ✔ Obwohl vermeintlich alle Jugendlichen bereits auf Facebook sind (ab 13 Jahren darf man mitmachen), sind die Volljährigen mit 86 % deutlich in der Mehrheit.
- ✔ Mehr als die Hälfte aller Nutzer sind über 25 Jahre alt.
- ✔ Insgesamt sind etwa 25 Millionen Deutsche auf Facebook registriert. Es gibt sogar Menschen, die mehrere Profile angelegt haben, zum Beispiel ein eigenes für ihr Haustier.
- ✔ In den Großstädten ist die Quote der Menschen mit einem Facebook-Profil besonders hoch. In Köln beispielsweise sind bereits 50 % der Einwohner dabei (inklusive Babys und Rentnern).
- ✔ In einer Befragung haben 20 % der Nutzer angegeben, dass Sie Facebook auch für berufliche Zwecke nutzen.

Im Folgenden stellen wir Ihnen einige der Personengruppen vor und wofür diese Facebook nutzen.

Studenten

Studenten haben Facebook einst gegründet. Weiterhin übt Facebook auf Studenten eine besondere Anziehungskraft aus. Studenten leben sozusagen in einer einzigartigen Umgebung, da die gemeinsame Zugehörigkeit zu derselben Hochschule schon ein gewisses Maß an Vertrauen schafft. Dieses Vertrauen sorgt dafür, dass die Studenten sich eigene Profile einrichten und ihre Daten, wenn sie es möchten, nur für Kommilitonen (und Personen, die sie manuell bestätigen) freigeben. Studenten spannen Facebook für alle möglichen amüsanten und praktischen Zwecke ein:

- ✔ **An Informationen kommen:** Studenten können ganz leicht den Kontakt zu Kommilitonen herstellen, die dieselben Vorlesungen besuchen. Der Kontakt zu Altersgenossen kann sich bei Folgendem als sehr nützlich erweisen: bei der (erlaubten) Zusammenarbeit bei Referaten, dem Herausfinden des Abgabetermins für schriftliche Arbeiten oder der Ausleihe eines Buchs zu Recherchezwecken.
- ✔ **Veranstaltungen planen:** Bei der Veranstaltungsplanung sind Studenten sehr engagiert. Nehmen wir mal an, das Studentenwohnheim Mühlenstraße möchte eine Veranstaltung auf die Beine stellen. Die Wohnheimleitung kann die Seite zur Veranstaltung auf Facebook erstellen und durch das Anklicken einiger weniger Schaltflächen jeden dazu einladen, den sie möchte. Sie kann angeben, ob die Einladung nur an die ursprünglich Eingeladenen, wie etwa die Bewohner des ersten Stocks verschickt werden soll, oder ob jeder dazu gebeten werden kann. Dies ist nur ein Beispiel, doch überall an Universitäten gibt es unglaublich viele Veranstaltungen.
- ✔ **Jemanden auf Fotos markieren:** FOTOS ist eine der beliebtesten Funktionen auf Facebook. Studenten beteiligen sich regelmäßig an allerhand unvergesslichen Aktivitäten wie etwa Discoabenden oder Spielen. Meist sind bei solchen Veranstaltungen viele Studenten und fast ebenso viele Kameras dabei. Wie wir gehört haben, geben viele von ihnen zu, dass in der Zeit, die sie brauchen, um den Bus nach Hause zu nehmen oder nach Hause zu wanken, bereits irgendjemand die Fotos der Veranstaltung bei Facebook hochgeladen hat. Kaum haben die Studenten den magischen Moment erlebt, da werden sie auch schon wieder daran erinnert.
- ✔ **Mit Freunden aus der Heimat in Kontakt bleiben:** Eine Hochschule kann – gerade für Studenten mit weiter Anreise – wie eine Welt für sich wirken. Durch eine Facebook-Freundschaft mit jenen, die sie *nicht* jeden Tag sehen, können sie leichter den Kontakt halten. Wenn sie Fotos vom Universitätsball

hochladen, können Freunde aus der Heimat ihnen daraufhin eine Nachricht wie etwa »Tolles Kleid!« oder »Wer ist denn dein Begleiter?« schicken. Durch eine Bitte um Zu- oder Absage zu einer Veranstaltung, zum Beispiel der Ehrung des besten Absolventen, sind die Freunde aus der Heimatstadt über ihre jüngsten Erfolge im Bilde. Und obwohl Studenten häufig ganz in den Sog des lebhaften Unilebens geraten, hören sie doch manchmal ein Lied oder lesen einen kurzen Text, der sie an einen Freund von zu Hause erinnert. Anstatt dann nach der E-Mail-Adresse zu suchen oder sich Zeit für einen Anruf zu nehmen, können sie einfach Facebook nutzen, um demjenigen einen »Denk an dich«-Pinnwandeintrag zu senden, ihn anzustupsen oder ihm eine Nachricht zu schicken. (In Kapitel 9 erfahren Sie mehr über diese Dinge.)

- ✔ **Flirten und Lästern:** Diesen Punkt hätten wir vielleicht als Erstes anführen sollen, weil er wahrscheinlich den größten Anteil an der lustigen, auf Facebook verbrachten Zeit einnimmt. Genau, lustige Zeiten auf Facebook. Im ganzen Buch lesen Sie von Nachrichten, Anstupsen und Chatten – also von Dingen, mit denen Studenten sich gegenseitig virtuell zuzwinkern … und so um die Lernerei herumkommen.

- ✔ **Beziehungsstatus dokumentieren:** Auf Facebook kann jeder in seinem Profil für andere angeben, wen er (Frauen, Männer oder beides) kennenlernen möchte. Wer sich bereits in einer Beziehung befindet, kann dies der Welt kundtun und einen Link zu seinem Lebensgefährten einfügen. Provokante *Pinnwandeinträge* (ein Freund kann auf der Pinnwand eines anderen Freundes eine für alle erkennbare Nachricht hinterlassen), das Hochladen faszinierender Fotos und ein geänderter Beziehungsstatus – all dies gibt Anlass für einen interessanten Tratsch, ohne den eine weiterführende Schule oder eine Hochschule doch einfach nicht auskommt.

Schüler

Ab dem Alter von 13 Jahren darf man sich bei Facebook anmelden. Dies ist in etwa das Alter, in dem die eigenen Freunde einen immer höheren Stellenwert bekommen. Die beste Freundin oder der beste Freund und die Clique, mit der man sich regelmäßig trifft, sind wichtige Bezugspunkte im Leben von Teenagern. Der regelmäßige Austausch mit diesen Menschen außerhalb der eigenen Familie lässt sich mit Hilfe von Facebook gut organisieren, insofern es nicht möglich ist, sich persönlich zu treffen.

Schüler nutzen Facebook für die Kommunikation mit ihren Freunden über die Nachrichten-Funktion. E-Mails werden in dieser Generation inzwischen kaum noch ausgetauscht. Diese Art persönliche Nachrichten auszutauschen, ist für viele auf Facebook zum Standard geworden. In ihren E-Mail Account schauen viele Schüler daher nur noch selten.

Der Austausch von lustigen Videos und Fotos über die Profile ist für viele Teenager zum beliebten Zeitvertreib geworden. Da Youtube-Videos von Freunden direkt innerhalb von Facebook angeschaut werden können, müssen sie Facebook für das Anschauen gar nicht mehr verlassen. Sie können Videos von interessanten Seiten teilen und kommentieren. So werden diese Videos wiederum von ihren Freunden gesehen.

Flirten und Lästern gehört, wie bei den Studenten, auch bei den Schülern zu den größten weiteren Spaßfaktoren.

Manche Schüler melden sich schon bei Facebook an, wenn sie noch nicht 13 Jahre alt sind. Dafür schummeln sie einfach bei der Registrierung mit ihrem Geburtsdatum. Das wiederspricht den Nutzungsbedingungen von Facebook und ist nicht erlaubt. Aufgrund der sehr offenen Struktur und der Möglichkeit, von diversen Menschen gefunden und kontaktiert werden zu können, ist es auch nicht unbedingt sinnvoll.

Für alle Eltern ist es unabhängig vom Alter ihrer minderjährigen Sprösslinge wichtig, sich über die Möglichkeiten und Risiken bei der Nutzung von Facebook zu informieren. In der Regel sind die Dinge, die Schüler auf Facebook tun, unbedenklich. Trotzdem macht es Sinn, den Kindern ab und an über die Schulter zu schauen. Es gibt darüber hinaus einige Regeln, die Schüler von Anfang an beachten sollten:

- ✔ Kommuniziere nur mit Menschen, die du auch persönlich kennst.
- ✔ Akzeptiere keine Freundschaftsanfragen von Unbekannten.
- ✔ Informiere bei Fällen von Mobbing immer die Lehrer oder Eltern.
- ✔ Es gibt ein Leben außerhalb von Facebook. Triff deine Freunde auch im realen Leben und vernachlässige nicht deine schulischen Pflichten und Hobbies.

Eltern sollten auch kontrollieren, dass die Privatsphäre-Einstellungen sehr streng eingestellt sind, sodass wirklich nur die Freunde auf die Beiträge sowie persönliche Daten und Fotos zugreifen können. So können sie eine gewisse Sicherheit herstellen. Wenn Eltern selbst auf Facebook sind, können sie auch ihre Kinder als Freunde anfragen, um mitzubekommen, was ihre Kinder dort so tun. Oftmals wollen die Kinder dies aber nicht. Diesen Wunsch nach Privatsphäre sollten die Eltern dann auch respektieren.

Eltern und Großeltern

Wer Kinder und Enkel hat, die nicht am gleichen Ort wohnen, hat über Facebook eine gute Möglichkeit mit ihnen in Kontakt zu bleiben und mitzubekommen, was sie gerade so treiben. Für viele Großeltern, die ich kenne, war dies die Hauptmotivation sich ein Profil bei Facebook anzulegen. Auch wenn sie selbst nichts schreiben oder Bilder hochladen, so können sie doch sehen, was die Familie in anderen Städten oder Ländern gerade tun, wo sie sind und mit wem sie zusammen sind. Überhaupt ist Facebook sehr gut geeignet, um entfernte Verwandte in anderen Ländern aufzuspüren, zu denen man vielleicht länger keinen Kontakt hatte. Insbesondere in den USA und im nördlichen Europa ist die Chance sehr hoch, diese lang vermissten Menschen wieder zu finden.

Singles

Nicht wenige Menschen nutzen Facebook, um einen potentiellen neuen Partner kennenzulernen. Facebook ist allerdings kein klassisches Partnerportal, dass Ihnen konkrete Vorschläge macht, wer denn zu Ihnen passen könnte. Trotzdem ist es möglich, jemanden über Facebook kennenzulernen, insbesondere wenn es sich um den Freund oder die Freundin eines Facebook-Freundes handelt. Dann können Sie dieser Person eine Freundschaftsanfrage schicken und er oder sie wird sofort sehen, dass Sie einen gemeinsamen Bekannten haben. Einen besseren »Türöffner« als gemeinsame Bekannte gibt es nicht. Darüber hinaus sorgt die schiere Menge an Menschen, die auf Facebook sind, für eine große Auswahl. Wenn interessante Personen ihre Beiträge und Profildaten für jedermann öffentlich einstellen, können Sie auch schon etwas über die Person herausfinden und sich ein erstes Bild machen.

Einschränkend muss man sagen, dass in Deutschland die meisten Menschen ihre persönlichen Informationen nicht öffentlich machen, sondern nur für Freunde und deren Freunde. Wenn Sie zu der Gruppe der Singles auf Partnersuche gehören, können Sie es aber auf einen Versuch ankommen lassen.

Prominente

Menschen, die im Rampenlicht stehen, also Schauspieler, Musiker, Sportler oder Politiker, legen sich oftmals ein Facebook-Profil zu. Dieses nutzen sie aber eher selten für die gleichen Zwecke wie »Otto Normalverbraucher«. Diese Profile werden als »Seiten« angelegt und nicht als Personenprofil. Dies hat den Vorteil, dass sie nicht hunderte von Freundschaftsanfragen beantworten müssen. Die Seiten funktionieren genau so wie diejenigen von Unternehmen oder Marken. Die Fans klicken nur einmal auf GEFÄLLT MIR und sind so mit dem Prominenten verbunden. Sie lesen dann auf Ihrer Startseite, sobald er oder sie etwas Neues veröffentlicht, können es kommentieren oder mit ihren Freunden teilen.

In der Regel nutzen die Prominenten ihre Profile um einen Ort zu schaffen, an dem sie sich mit ihren Fans austauschen, wie eine Art Fanclub im Internet. Fans schreiben Kommentare und »Fanpost« in das Profil des Promis. Auf diese Weise kann man sehen, was die Fans gerade so bewegt und wie sie das aktuelle Konzert, den Film oder die Ansprache fanden. Ein guter Beliebtheitsradar stellt die Menge der Fans dar. Nicht selten haben Prominente mehr als eine Million Fans gesammelt. Lady Gaga hat auf ihrer Facebook-Seite sogar bereits über 55 Millionen GEFÄLLT MIR-Klicks gesammelt.

Abbildung 3.2: Das Facebook-Profil des Schauspielers Matthias Schweighöfer mit über einer Million Fans

Auch immer mehr deutsche Politiker versuchen über Facebook in Kontakt zu ihren Wählern zu kommen und Bürgernähe dokumentieren. Fast alle Spitzenpolitiker sind schon dabei. Ob diese allerdings persönlich aktiv sind oder dies von Mitarbeitern übernommen wird, ist meistens nicht ersichtlich. Man erkennt allerdings schnell, ob Facebook von den Politikern nur als ein Werbekanal angesehen wird oder ob echte Kommunikation zwischen Politik und Bürgern auf diesen Seiten stattfindet.

Berufstätige

Für Alle, die im Beruf stehen, ist die Pflege von Kontakten wichtig für das berufliche Weiterkommen. Ihre persönlichen Kontakte sind hilfreich, egal ob sie als Angestellter arbeiten oder selbständig sind. Die Kontakte zu Kollegen und Vorgesetzten oder Mitarbeitern, Kunden und Partnern werden sie sicherlich im realen Leben pflegen. Ein gemeinsames Mittagessen, ein Treffen nach Feierabend oder einfach nur ein Plausch in der Büroküche sind Möglichkeiten, sich informell auszutauschen und gute Beziehungen zu pflegen. Dass dabei Privates und Berufliches immer mehr ineinander übergeht, ist nachvollziehbar. Facebook kann Ihnen dabei helfen, diese Beziehungen über persönliche Treffen hinaus digital zu verlängern. Nicht jede interessante Person kann man regelmäßig treffen. Über Facebook bleibt man aber in Verbindung. Man erfährt, was der andere gerade so tut und bekommt auch mit, wenn berufliche Veränderungen anstehen. Es gibt mit Xing und LinkedIn Netzwerke im Internet, die sich auf das berufliche Netzwerken spezialisiert haben. Diese um eine Vernetzung auf Facebook zu ergänzen, macht aber möglicherweise Sinn. Insbesondere wenn aus beruflichen Kontakten Freundschaften entstehen, wird klar, dass hier nicht immer eine klare Trennlinie gezogen werden kann. Nicht wenige Menschen, insbesondere aus dem Medienbereich, nutzen Facebook vermehrt, um sich als Experte für das eine oder andere Thema zu positionieren und auch um neue Kontakte aufzubauen. Die Beiträge, die diese Menschen schreiben, drehen sich daher meist um berufliche Themen. Da wird auf interessante Links zu Fachartikeln verlinkt oder berufliche Erfolge werden herausgestellt. Jeder versucht sich dabei im beruflichen Umfeld natürlich so positiv wie möglich darzustellen.

Auch wenn Sie Facebook nur privat nutzen möchten, sollte Ihnen bewusst sein, dass Ihr Profil möglicherweise auch von Kollegen, Ihrem Vorgesetzten oder dem Personalchef der Firma, bei der Sie sich gerade bewerben, angeschaut wird. Wenn Ihnen das unangenehm ist, sollten Sie Ihre Privatsphäre-Einstellungen so wählen, dass nur Ihre direkten Kontakte lesen können, was Sie auf Facebook so tun. Sichtbar für jedermann ist allerdings immer Ihr Name und Ihr Profilfoto.

Lehrer

Lehrer gehören vermutlich zu der Gruppe Menschen, die unterdurchschnittlich häufig auf Facebook vertreten sind. Das mag am Alter liegen oder daran, dass sie Facebook vor allem als ein Medium wahrnehmen, das von ihren Schülern genutzt wird und sie daher nicht dabei sein möchten. Viele wollen einfach nicht mit ihren Schülern auf Facebook befreundet sein.

Es gibt allerdings auch Lehrer, die Facebook bereits aktiv und bewusst für die Kommunikation mit ihren Schülern nutzen. Durch das Einrichten einer geschlossenen Gruppe können sie beispielsweise die Teilnehmer eines Oberstufenkurses über Abgabetermine informieren oder Aufgabenblätter versenden. Die Spanischlehrerin an einem Hamburger Gymnasium erzählte kürzlich, dass sie auf diese Weise die Schüler immer zeitnah informieren konnte und diese dann auch besser vorbereitet in den Unterricht kamen. Über Facebook konnte sie ihre »Schäfchen« besser und schneller erreichen als per E-Mail.

Aus einem weiteren Grund ist es sinnvoll, dass sich Lehrer mit dem Thema Facebook auseinandersetzen. Mit der intensiven Nutzung von Smartphones durch Schüler hat Facebook auch in Klassenzimmern und auf Schulhöfen Einzug erhalten. Wenn Lehrer über dieses Medium informiert sind, können sie besser einschätzen, was ihre Schüler da genau tun und vor allem bei Konflikten besser beraten oder schlichten. Immer wieder gibt es Fälle von Mobbing zwischen Schülern auf Facebook. Ein informierter Lehrer kann auf solche Situationen besser reagieren, wenn er versteht, wie Facebook funktioniert. Dafür muss er nicht zwangsweise selbst aktiver Nutzer sein. Erfahren Sie nun im nächsten Kapitel, welche persönlichen Vorteile Facebook Ihnen bringen kann.

Wie Sie von Facebook profitieren können

4

In diesem Kapitel ...

- Wobei Facebook Ihnen helfen kann
- Bekannte wiederfinden
- Facebook privat und beruflich nutzen

Wenn Sie Facebook als ein Werkzeug verstehen, dann ist es am ehesten ein Mehrfachwerkzeug. Oder ein Schweizer Taschenmesser. Es gibt so viele Dinge, die Sie damit tun können. Dabei gibt es keine falsche oder richtige Verwendung dieses Werkzeuges. Finden Sie einfach selbst heraus, welche Dinge funktionieren und für Sie nützlich oder unterhaltsam sind. Wir geben Ihnen hier ein paar Anregungen.

Ein Wiedersehen auf Facebook

Das Leben verläuft nicht immer in geraden Bahnen. Deshalb müssen Sie zu einem bestimmten Zeitpunkt im Leben nicht mit den gleichen Leuten befreundet sein wie zu einem anderen. Die Erinnerung an Personen, die Sie einmal für das Wichtigste in Ihrem Leben gehalten haben, verblasst mit der Zeit. Manchmal müssen Sie sogar schon überlegen, um noch auf den Nachnamen zu kommen.

Während wir neue, enge Freundschaften schließen, verblassen andere, weil es unmöglich ist, viele intensive Beziehungen gleichzeitig zu pflegen. Facebook ist hier enorm leistungsstark.

Nehmen wir mal an, Facebook gibt es auch noch in 30 Jahren. Dann werden diejenigen, die sich dort bereits in jungen Jahren registriert haben (das Mindestalter liegt bei 13 Jahren), im Alter tatsächlich Informationen zu jeder einzelnen Person haben, mit der sie jemals befreundet waren. Ein solch leistungsstarkes System kann sogar die Art und Weise verändern, wie wir menschliche Beziehungen aufrecht erhalten und pflegen. 30 Jahre nachdem Sie zum letzten Mal mit jemandem gesprochen haben, erinnern Sie sich vielleicht an etwas Lustiges, haben etwas Wichtiges mitzuteilen oder sind einfach nur neugierig, wo derjenige sich heute aufhält. Falls Sie ihn nicht von Ihrer kompletten Freundesliste auf

Facebook gestrichen haben, ist es ganz egal, wie oft Sie beide umziehen, Ihre Telefonnummern ändern oder heiraten und einen neuen Namen annehmen. Sie können einander immer noch kontaktieren. Für den Fall, dass Ihnen dieses Konzept Angst macht, gibt es auf Facebook auch Werkzeuge, mit denen Sie die Verbindungen zu Personen, von denen Sie lieber nicht gefunden werden möchten, eindeutig abbrechen können.

Da es Facebook noch nicht länger als neun Jahre gibt (und weil Sie dieses Buch lesen), haben Sie wahrscheinlich noch nicht Ihre komplette Lebensgeschichte abgebildet. Für einige könnte das Anfreunden mit jedem, den man jemals gekannt hat, eine beängstigende Aufgabe darstellen und wir empfehlen es auch nicht. Bauen Sie Ihren Social Graph stattdessen lieber nach Bedarf auf oder wenn sich eine Gelegenheit ergibt. Vielleicht möchten Sie ja ein Foto von Ihrer Abi-Feier hochladen, um dort verschiedene Klassenkameraden zu markieren. Suchen Sie auf Facebook nach ihnen, gehen Sie eine Freundschaft mit ihnen ein und markieren Sie sie danach. Vielleicht möchten Sie auch ein Restaurant eröffnen und wollen einen Freund aus Studentenzeiten kontaktieren, der nach seinem Abschluss in die Gastronomie gegangen ist. Aus all diesen Gründen wird sich Ihr Cursor eventuell demnächst im Suchfeld auf Facebook wiederfinden.

Sebastian Schroer hat eine Freundin über Facebook wiedergefunden, an die er über 10 Jahre nicht gedacht hatte. Er fand heraus, dass in seiner neuen Wohnung genau diese Freundin zufällig ein paar Jahre vor ihm gewohnt hat. Also wollte er den Kontakt mit ihr wieder aufnehmen. Er machte sie über Facebook ausfindig. Sie war bereits vor Jahren nach Italien gezogen. Sie schickten sich Nachrichten über Facebook, chatteten, tauschten Fotos der Wohnung aus und sind seit dem regelmäßig über das im Bilde, was der andere gerade so treibt.

Den Kontakt zur Familie halten

Heute sind Familienmitglieder häufig quer über das ganze Land verstreut. Die Kinder gehen auf die Hochschule, die Eltern arbeiten und die Großeltern ziehen nach Mallorca. Bei diesen Entfernungen wird es für Familien schwierig, neben dem alljährlichen, gemeinsamen Weihnachtsgansessen (hoffentlich mit diesen leckeren Klößen) den Kontakt zueinander aufrechtzuerhalten. Auf Facebook können Familien sich virtuell treffen und kommunizieren. Eltern können Fotos der Kinder hochladen, damit alle anderen sie sehen können. Oder sie können sich mit einem Videoanruf direkt in die Augen schauen. Großeltern können ein paar Zeilen darüber schreiben, was jeder so treibt. Und Studenten können um Unterstützung für einen guten Zweck bitten, ihren Abschlussball planen oder stolz ihr Vordiplom vorzeigen.

Falls Sie mit Ihren Kindern auf Facebook befreundet sind und diese etwas hochladen möchten, was Sie nicht sehen sollen, wissen diese ganz genau, welche Privatsphäre-Einstellungen angeklickt werden müssen, um es vor Ihnen geheim zu halten. Ihren Kindern fällt es sicherlich leicht, sich mit Ihnen anzufreunden und nur die von ihnen gewollten Daten für Sie freizugeben und diejenigen zu verbergen, die sie besser nicht zeigen sollten (und die Sie besser auch nicht zu sehen bekommen). Ob Ihnen dieses Thema nun wichtig erscheint oder nicht, wir raten Ihnen, sich mit Ihren Kindern zusammenzusetzen (und zwar nach dem Gespräch über die Bienchen und Blümchen, aber vor dem über die Altersvorsorge) und einen Weg zu finden, wie man auf Facebook in friedlicher Koexistenz leben kann.

Facebook am Arbeitsplatz nutzen

Am Arbeitsplatz hat sich Facebook noch nicht komplett durchgesetzt. Manche Unternehmen sperren sogar Facebook in ihrem Netzwerk, damit die Mitarbeiter nicht von ihrer Arbeit abgelenkt werden. Andere Arbeitgeber haben damit kein Problem, so lange die Aufgaben erledigt werden. Und wieder andere haben erkannt, dass es für das Unternehmen auch Vorteile haben kann. Wenn sich Mitarbeiter positiv über das Unternehmen äußern und positive Unternehmens-Nachrichten weiterverbreiten, verbessert das die öffentliche Wahrnehmung. Auf diese Weise finden sie möglicherweise leichter talentierte neue Mitarbeiter aus dem Kreis der Freunde ihrer Mitarbeiter. Es kommt wirklich ganz auf den jeweiligen Arbeitsplatz an. Dies sind einige Dinge, die an Ihrem Arbeitsplatz nützlich sein können:

- ✔ Kollegen kennen lernen, damit man weiß, wer wer ist.
- ✔ Firmeninterne Veranstaltungen ausrichten. In der Firma Facebook wird die Anwendung VERANSTALTUNGEN verwendet, um Betriebsfeste zu planen und Barbesuche nach Feierabend zu organisieren.
- ✔ Die Anwendung GRUPPEN für Angestellte mit ähnlichen Interessen oder Bedürfnissen wie etwa sportlichen Aktivitäten, der Suche nach Fahrgemeinschaften oder künstlerischen Neigungen nutzen.
- ✔ Mit seinem Unternehmen auf Facebook vertreten sein. Eine Möglichkeit, Facebook am Arbeitsplatz zu nutzen, besteht darin, dort zu werben. Wenn zwei Firmen kooperieren, werden die Angestellten außerdem manchmal auf Facebook Fans des anderen Unternehmens, um ihre Unterstützung zu demonstrieren.
- ✔ Unternehmensmeldungen, die wichtig fürs Geschäft sind, veröffentlichen und weiterleiten.
- ✔ Geschäftspartner als Freunde auf Facebook hinzufügen, um die Beziehung zu intensivieren.

Einen Arbeitsplatz finden

In letzter Zeit haben immer mehr Leute damit angefangen, Facebook nicht nur als Werkzeug für ihr Privatleben, sondern auch für ihre Karriere zu verwenden. Sie können in Ihrer Chronik einen ausführlichen Lebenslauf hinterlegen, der öffentlich zugänglich ist. Wenn Sie sich für ein bestimmtes Unternehmen interessieren, sollten Sie nachschauen, ob es über eine Unternehmens-Seite auf Facebook verfügt. Nicht selten finden sich hier aktuellere Informationen, als auf der Webseite des Unternehmens oder gibt Ihnen über Fotos von Veranstaltungen oder Kommentaren einen hilfreichen »Blick hinter die Kulissen«. Auf der Unternehmens-Seite sehen Sie, welche Ihrer Freunde bereits Fan des Unternehmens sind und Sie können diese darauf ansprechen. Manche Unternehmen betreiben auch eine eigene Seite explizit für Bewerber mit offenen Stellenangeboten und hilfreichen Informationen, wie zum Beispiel in Abbildung 4.1 zu sehen.

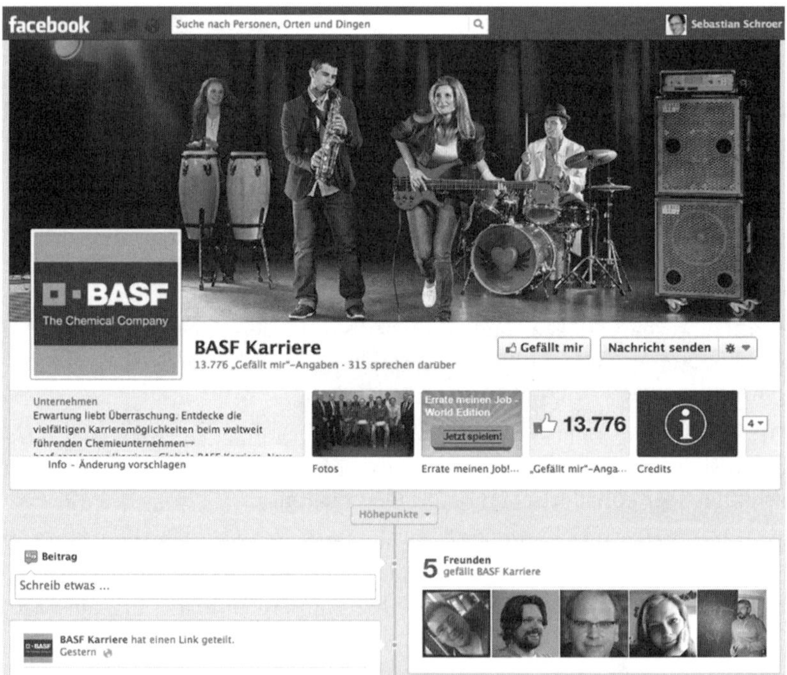

Abbildung 4.1: Die Facebook-Seite von BASF für Bewerber

Gruppen zusammentrommeln

Anders als Schüler oder Studenten können Erwachsene nicht so oft und bequem an einer Menge von Veranstaltungen teilnehmen, die von anderen organisiert werden. Stattdessen trommeln sie selbst Lesegruppen zusammen, veranstalten Kochabende oder treffen sich, um gemeinsam ein Sportereignis im Fernsehen zu verfolgen. Mit der Facebook-Anwendung GRUPPEN können Sie solche Veranstaltungen besser planen. Wenn Sie auf Facebook eine Gruppe für Ihren Lesezirkel gründen, können Sie alle wöchentlich über Uhrzeiten, Termine, Veranstaltungsorte, Mitzubringendes und darüber, was vor der Teilnahme gelesen werden sollte,

Abbildung 4.2: Beispiel einer Veranstaltung auf Facebook

auf dem Laufenden halten. Andere können ganz nach Belieben zur Gruppe hinzugefügt werden oder sie können sie auf eigenen Wunsch verlassen. Sie brauchen sich also nicht darum zu kümmern, denjenigen Bescheid zu geben, die umgezogen oder nicht mehr an der Gruppe interessiert sind.

Für ein einmaliges Treffen wie etwa eine Party zum Fußball-WM-Endspiel bietet die Facebook-Anwendung VERANSTALTUNGEN eine tolle Lösung. Sie müssen nicht mehr tun, als die Gästeliste auszufüllen und eine Beschreibung der Veranstaltung einzufügen – alles andere funktioniert automatisch. Drei Tage vor dem großen Tag finden alle auf ihrer Startseite eine Erinnerung vor, damit auch niemand eine Entschuldigung für sein Nichterscheinen vorbringen kann (es sei denn, man wurde von jemand anderem zu einer besseren Party eingeladen). Wenn Sie möchten, dass Ihre Gästeliste auch präzise ist oder dass niemand den Termin vergisst, sollten Sie jedem, der auf die Einladung geantwortet (also zugesagt hat oder noch unsicher ist) oder noch nicht geantwortet hat, eine Nachricht schicken. Nach der Veranstaltung können Sie Fotos hochladen oder lustige Kommentare und Zitate an die Pinnwand der Veranstaltung schreiben. Ihre Party zum Fußball-WM-Endspiel wird für immer im Internet verewigt und jeder, der auf das Einladungsschreiben geantwortet hat, hat auf all das Zugriff.

In eine neue Stadt ziehen

Es kann schon ganz schön Furcht erregend sein, wenn man mit all seinem Hab und Gut und einer Landkarte, auf der plötzlich alles anders aussieht, in einer neuen Stadt ankommt. Wenn man dann mit offenen Armen empfangen wird oder zumindest ein paar Telefonnummern für Anrufe nach der Ankunft hat, kann das den Übergang ungemein erleichtern. Selbst wenn Sie vielleicht schon einige Leute kennen, die an Ihrem neuen Wohnort leben, kann Facebook Ihnen dabei helfen, all die alten Freunde oder Bekannten zu kontaktieren, bei denen Sie entweder vergessen hatten, dass sie dort wohnen oder die dorthin gezogen sind, nachdem Sie zum letzten Mal von ihnen gehört haben.

Spiele spielen

Online-Spiele sind für viele Menschen eine gute Gelegenheit, um abzuschalten. Auf Facebook finden Sie eine große Menge an Online-Spielen, die Sie direkt innerhalb von Facebook spielen können. Über den Link ANWENDUNGEN in der linken Spalte erreichen Sie die verfügbaren Spiele. Klicken Sie unter dem Link ANWENDUNGEN auf APP-ZENTRUM. Sie sehen dann eine Übersicht wie in Abbildung 4.3. Hier gibt es verschiedene Spiel-Empfehlungen und eine Liste von Spielen, die von Ihren Freunden zuletzt gespielt wurden. Sie sehen auch, wenn Freunde Sie eingeladen haben, an einem Spiel teilzunehmen. Gemeinsam mit anderen können Sie sich über Punktstände austauschen oder spielerische Herausforderungen annehmen.

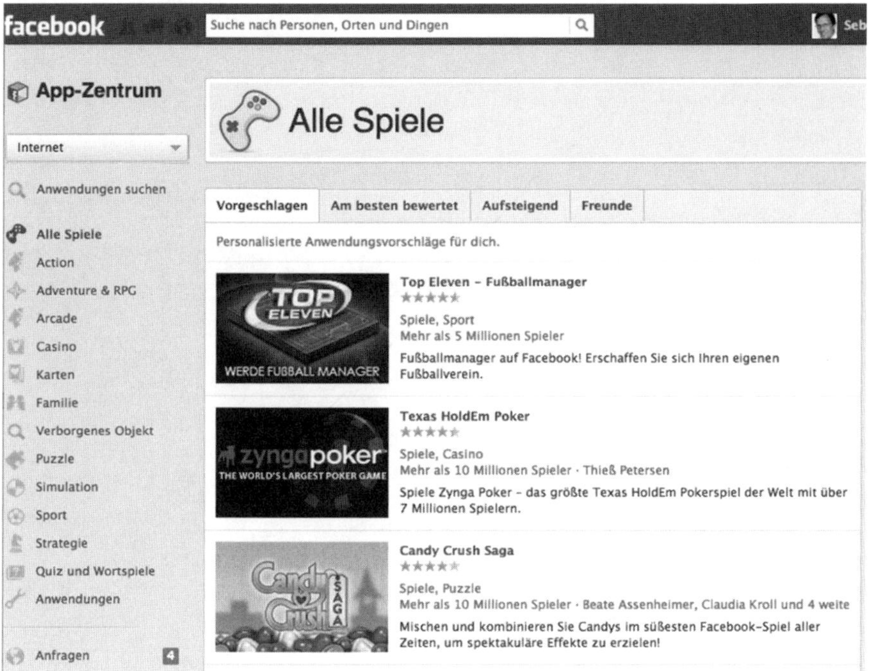

Abbildung 4.3: Spiele-Übersicht

Teil II

Mitmachen

»Ich weiß, dass das Profil ziemlich mager ist, aber ›König des Dschungels‹ sagt doch schon alles, oder nicht?«

In diesem Teil ...

Sie möchten sich Facebook jetzt ganz praktisch nähern? Dann führen wir Sie in diesem Teil durch die einzelnen Schritte von der Registrierung bis zum posten eigener Beiträge. Wir zeigen die Möglichkeiten, wie Sie mit Ihren Freunden über Facebook kommunizieren können. Und wenn Sie Facebook auch unterwegs nutzen möchten, lernen Sie hier auch die Verwendung auf Ihrem Smartphone.

Ein eigenes Profil anlegen

5

In diesem Kapitel ...

- Bei Facebook registrieren und erste Schritte
- Ein Profil erstellen
- Ihre Interessen kundtun

In diesem Kapitel machen wir ernst und bereiten Sie auf Ihre Facebook-Reise vor. Behalten Sie einige Dinge bei der Registrierung im Hinterkopf. Erstens: Sobald Sie anfangen, Freunde hinzuzufügen, wird diese Website für Sie noch nützlicher und amüsanter. Ohne Freunde kann es ein bisschen langweilig sein. Zweitens: Ihre Freunde könnten ein paar Tage brauchen, bis sie auf Ihre Freundschaftsanfrage antworten. Üben Sie sich also in Geduld. Selbst wenn Ihr erster Ausflug auf Facebook noch nicht so spannend ist, wie Sie erwartet haben, sollten Sie die Webseite in den folgenden Wochen unbedingt wieder besuchen und noch einmal Ihr Glück versuchen. Drittens: Sie können sich nur ein einziges Konto einrichten. Bei Facebook werden die Konten mit E-Mail-Adressen verknüpft und Ihre E-Mail-Adresse kann nur mit einem Konto verknüpft werden. Mit diesem System soll eine Welt geschaffen werden, in der die Leute auch wirklich die sind, für die sie sich auf Facebook ausgeben.

Bei Facebook registrieren

Eine gültige E-Mail-Adresse ist alles, was Sie offiziell benötigen, um sich bei Facebook anzumelden. Mit *gültig* ist hier gemeint, dass es Ihnen möglich sein muss, die Nachrichten in diesem E-Mail-Account mühelos abzurufen, da Facebook Ihnen eine Registrierungsbestätigung per E-Mail schickt.

Gehen Sie auf die Seite `www.facebook.de`. Sie sehen dann wie in Abbildung 5.1 zu sehen die Aufforderung, Ihre Daten für die Registrierung einzugeben.

Wie Sie sehen, müssen Sie dort ein paar Dinge angeben:

- ✔ **Vollständiger Name:** Facebook basiert auf wahren Identitäten. Falsche Namen oder Pseudonyme haben hier nichts zu suchen. Es gibt zahlreiche Privatsphäre-Einstellungen, durch die Sie Ihre Daten schützen können (mehr dazu in Kapitel 11). Also geben Sie bei der Registrierung bitte Ihren richtigen, vollständigen Namen an.

Abbildung 5.1: Geben Sie hier Ihre Daten ein, um ein Facebook-Konto zu erstellen

- ✔ **E-Mail-Adresse:** An dieser Stelle müssen Sie Ihre gültige E-Mail-Adresse eingeben.
- ✔ **Passwort:** Wie bei jedem anderen Passwort auch eignet sich für das Facebook-Passwort eine Kombination aus Buchstaben und Zahlen am besten. Weniger schlau wäre es wahrscheinlich, hier dasselbe Passwort wie bei allen anderen Websites, auf denen Sie sich registrieren, zu nehmen. Wir empfehlen Ihnen daher, für Facebook irgendetwas Einzigartiges zu verwenden. Sie können es aber später jederzeit ändern. Aus Sicherheitsaspekten macht es Sinn, das Passwort ab und an zu verändern.
- ✔ **Geschlecht:** Facebook nutzt Ihre Geschlechtsangabe, um damit auf der Website Sätze über Sie zu bilden. Es klingt einfach komisch, wenn man so etwas wie »Sabine Müller hat sein eigenes Foto kommentiert« liest. Falls Sie Ihr Geschlecht geheim halten oder sich keinem der beiden zuordnen lassen möchten, können Sie dies nach Ihrer Registrierung angeben.

- ✔ **Geburtstag:** Geben Sie Ihr Geburtsdatum ein. Sie können es in Ihrem Profil ausblenden. Das Datum wird benötigt, um sicherzustellen, dass Sie 13 Jahre oder älter sind. Sonst dürfen Sie bei Facebook nicht mitmachen.

Nachdem Sie diese Informationen eingetippt haben, klicken Sie auf REGISTRIEREN. Sie werden Facebook dann bereits nutzen können, doch Ihr Konto wird noch nicht bestätigt sein. Mit dieser *Bestätigung* versucht man bei Facebook herauszufinden, ob Sie auch wirklich diese Person sind und dass die von Ihnen zur Registrierung verwendete E-Mail-Adresse auch tatsächlich Ihnen gehört. Sie erhalten eine Bestätigungs-E-Mail. Klicken Sie auf den darin enthaltenen Link, um bestätigt zu werden. Wenn Sie sich zum ersten Mal bei Facebook anmelden, werden Ihnen schrittweise die Grundlagen vermittelt und man hilft Ihnen bei der Suche nach Freunden.

Schritt 1: Freunde finden

Abbildung 5.2: Schritt 1: Freunde finden

Je nachdem welche E-Mail Adresse Sie verwenden, werden Ihnen andere Möglichkeiten aufgezeigt, Freunde zu finden. Abbildung 5.2 zeigt beispielhaft, wie Nutzer einer Web.de E-Mail-Adresse mittels eines separaten Logins auf die Kontakte innerhalb ihres Web.de-Kontos zugreifen können. Dies ist allerdings nur eine Möglichkeit. Sie können diesen Punkt auch überspringen und später gezielt nach Freunden suchen.

Sie sollten wissen, dass niemals Personen automatisch zu Ihren Freunden hinzugefügt werden. Sie können bei jeder Person immer selbst entscheiden, die vorgeschlagenen Personen als Freund anzufragen oder eben nicht.

Schritt 2: Profilinformationen eingeben

Im zweiten Schritt gelangen Sie zur Eingabemöglichkeit Ihrer Schule, Hochschule oder Ihres Arbeitgebers. Auch diesen Schritt können Sie überspringen, wenn es schnell gehen soll. Allerdings helfen diese Angaben dabei, aktuelle oder ehemalige Mitschüler, Kommilitonen und Kollegen zu finden. Dies ist eine der viele Möglichkeiten, mit denen Facebook Sie beim Auffinden von Freunden unterstützt.

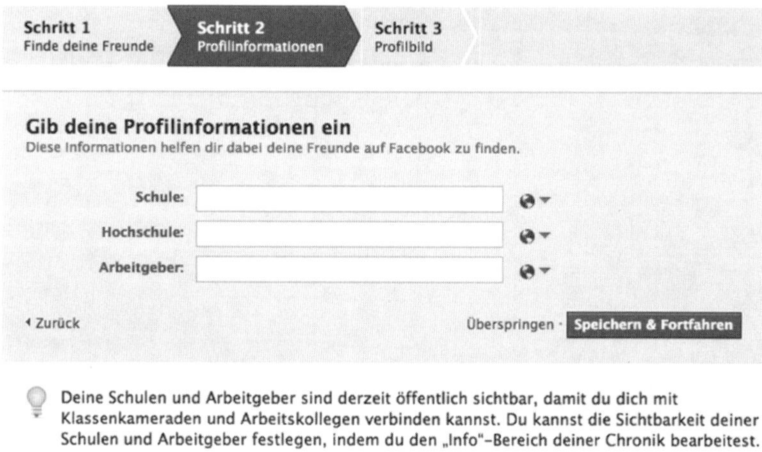

Abbildung 5.3: Schritt 2: Profilinformationen eingeben

Rechts neben jedem Eingabefeld befindet sich ein kleines Auswahlmenü. Bereits hier können Sie festlegen, wer diese Informationen sehen darf. Dies sind die Auswahlmöglichkeiten:

- ✔ **Öffentlich:** Alle Facebook-Nutzer können diese Information sehen, unabhängig davon, ob Sie befreundet sind.

- **Freunde:** Nur die Personen, mit denen Sie befreundet sind – oder in Zukunft sein werden – können diese Information sehen.
- **Nur ich:** Sie haben diese Information nur für Sie selbst sichtbar hinterlegt und erhalten so passende Freundschaftsvorschläge.
- **Benutzerdefiniert:** Hier können Sie einzelne Personen ausschließen oder die Information nur für eine bestimmte Gruppe innerhalb Ihres Freundeskreises zugänglich machen.

Schritt 3: Profilbild hochladen

Im dritten Schritt der Registrierung laden Sie ihr Profilbild hoch. Wählen Sie ein Foto von Ihrer Festplatte aus oder nutzen Sie die Webcam Ihres Computers.

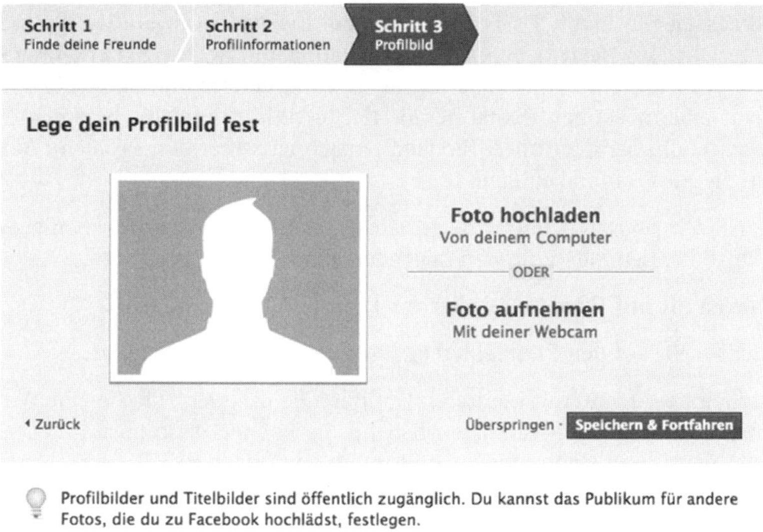

Abbildung 5.4: Schritt 3: Profilbild hochladen

Gerade wenn Sie einen Allerweltsnamen haben, können andere Sie zusätzlich über das Profilbild identifizieren. Sollte Ihr Profilbild lediglich einen hellblauen Umriss zeigen, können Sie dies ändern, indem Sie mit der Maus darüberfahren und dann auf den PROFILBILD BEARBEITEN-Link, der erscheint, klicken. Behalten Sie bei der Auswahl eines Profilbildes Folgendes im Hinterkopf:

- **Sorgen Sie für einen guten ersten Eindruck.** In Ihrem Profil sind das Profilbild und die Art, wie Sie sich dort darstellen, das Erste, was andere von Ihnen sehen. Die meisten Leute wählen Fotos, die mehr oder weniger schmeichelhaft sind oder die etwas für sie Bedeutendes darstellen. Manchmal enthalten Profilbilder auch weitere Personen, etwa Freunde oder Lebensgefährten. Oder jemandem ist der Ort wichtig, wo das Foto gemacht wurde. Falls das erste Foto, das Sie von einer Person zu sehen bekommen, diese am Strand und nicht bei einer Party oder am Schreibtisch sitzend zeigt, ziehen Sie eventuell ganz andere Schlüsse über sie. Und welches Bild erzählt etwas über Sie?

- ✔ **Bedenken Sie, wer Ihr Profilbild sehen wird.** Standardmäßig ist es so eingestellt, dass dieses Bild in Suchergebnissen auftaucht, die für alle Facebook-Nutzer sichtbar sind. Es kann sogar für die komplette Internetgemeinde freigegeben werden. Im Allgemeinen können also Personen, die nach Ihrem Namen suchen, dieses Foto ansehen. Nehmen Sie also eins, das Ihrer Meinung nach ruhig jeder sehen kann.
- ✔ **Vergessen Sie nicht: Es ist nicht für die Ewigkeit.** Obwohl wir Sie nun so unter Druck gesetzt haben, sich zu zeigen, damit andere Sie erkennen können, sollten Sie im Hinterkopf behalten, dass Sie Ihr Profilbild jederzeit mühelos ändern können. Es ist gerade tiefster Winter und Ihr Strandfoto vom letzten Sommer deprimiert Sie jetzt einfach zu sehr? Kein Problem: Bearbeiten Sie Ihr Profilbild einfach.

Sollten Sie irgendwann beschlossen haben, dass Ihr Profilbild doch nicht ganz perfekt ist, können Sie es mit den folgenden Schritten ändern.

1. **Fahren Sie mit Ihrer Maus über das Profilbild in Ihrem Profil.**
2. **Klicken Sie auf den PROFILBILD BEARBEITEN-Link, der erscheint.**

Es erscheint ein Menü mit mehreren Optionen (je nachdem, ob Sie eine Webcam an Ihrem Computer angeschlossen haben). Sie können dann auswählen, ob Sie ein Foto von Ihrem Computer hochladen oder ein neues mit Ihrer Webcam aufnehmen möchten. Sie können das bestehende Profilbild auch entfernen. Bis Sie einen Ersatz gefunden haben, werden Sie dann als bläulicher Umriss angezeigt.

Die kleine, quadratische Version Ihres Profilbilds, die neben Ihren Beiträgen auf der Pinnwand erscheint, nennt man das *Miniaturbild* Ihres Profilbilds. Es stellt einen Ausschnitt des Profilbilds dar. Sie können bestimmen, welcher Ausschnitt gezeigt werden soll. Klicken Sie dazu auf den Link PROFILBILD BEARBEITEN der erscheint, wenn Sie mit der Maus über Ihr Profilbild fahren. Klicken Sie dann im sich öffnenden Menü auf den Link MINIATURBILD BEARBEITEN. Sie können dann den gewünschten Teil des Profilbilds in Ihrer Miniaturbildvorschau verschieben. Klicken Sie auf SPEICHERN, wenn Sie fertig sind.

Fertig!

Wenn Sie die drei Schritte durchlaufen haben, gelangen Sie auf Ihre persönliche Startseite auf Facebook. Dies sieht in etwa so aus, wie in Abbildung 5.5. Sie sind jetzt auf Facebook registriert. Schauen Sie noch schnell in Ihr E-Mail-Konto und klicken in der E-Mail von Facebook auf den Bestätigungslink. Fertig! Glückwunsch, jetzt sind Sie auf Facebook. Sie sehen Ihr Profilfoto und Ihren Namen oben rechts und in der linken Spalte. Hier werden Ihnen weitere Schritte empfohlen, um Freunde zu finden und Privatsphäre-Einstellungen vorzunehmen.

Abbildung 5.5: Willkommens-Seite

Derzeitiger Wohnort

Irgendwann in den ersten paar Tagen auf Facebook werden Sie gefragt werden, ob Sie Ihren derzeitigen Wohnort angeben möchten. Wir raten Ihnen natürlich dazu. Durch das Hinzufügen dieses Ortes werden die Suchergebnisse um Sie herum angeordnet. Wenn Sie also das Suchwort »Pizza« eingeben, erhalten Sie Ergebnisse aus Ihrer Umgebung und es wird nicht irgendeine Pizzeria in Italien genannt. Nein, nein, kleiner Scherz.

Durch die Angabe Ihres derzeitigen Wohnorts können andere Sie über die Suche außerdem besser finden und sich mit Ihnen anfreunden. Wenn Sie den Ort jetzt gleich hinzufügen möchten, können Sie dies auf Ihrer Profilseite tun. Halten Sie nach der PROFIL BEARBEITEN-Schaltfläche links unter Ihrem Profilbild Ausschau. Wenn Sie darauf klicken, gelangen Sie zu einer Seite, auf der Sie den derzeitigen Wohnort (und noch einige andere Daten) angeben können.

Das Profil erstellen

Sie denken jetzt wahrscheinlich: »Habe ich das Profil denn nicht schon erstellt, als ich mich registriert habe?« Die Antwort lautet: Nein, noch nicht ganz. Was Sie bereits erstellt haben, ist Ihr Konto. Das *Profil* ist aber das, was andere von Ihnen sehen können, und es ist vermutlich noch komplett leer. Lassen Sie uns fürs Erste einmal Folgendes festhalten: Die Erstellung des Profils ist wichtig, denn wenn Sie anfangen, nach Freunden zu suchen, und diese nach Ihnen Ausschau halten, können sie erkennen, wer Sie sind, und sichergehen, dass Sie es wirklich sind.

Grundgedanken zu Ihrem Profil

Da so viele Leute ihren echten Namen verwenden, um sich auf Facebook mit ihren wahren Freunden zu verbinden, ist das eigene Privatleben logischerweise einer der wichtigsten Beweggründe, weshalb sie sich ein Profil erstellen. Es stimmt, Sie können mit Freunden in Kontakt treten, doch Sie bauen ein Profil auf, um Ihr Leben besser zu verwalten und um damit Ihre Persönlichkeit in der Öffentlichkeit bekannt zu machen. Wenn Sie sich ein Profil einrichten, sollten Sie etwas entwickeln, bei dem Sie denken: »Das ist ein cooler Typ/eine super Frau. Man, bin ich cool.« *Aber Vorsicht:* Es ist nicht cool, diesen Gedanken laut auszusprechen. Hier kommen einige Vorschläge für den Aufbau des Profils:

- ✔ **Seien Sie Sie selbst.** Gefälschte Informationen sind langweilig. Wenn Sie den Roman *Schuld und Sühne* nicht gelesen haben, sollten Sie ihn auch nicht bei Ihren Lieblingsbüchern auflisten, nur um schlauer zu wirken. Andere möchten Sie kennen lernen, also sollten Sie so viele Teile Ihres Wesens darstellen, wie in Ihren Augen für neue Bekanntschaften wichtig sind. Falls Sie *Schuld und Sühne* zwar gelesen haben, aber auch etwas für diese Liebesromane aus dem Supermarkt übrig haben, brauchen Sie sich dessen nicht zu schämen. Schließlich ist es Ihr Profil.
- ✔ **Treffen Sie wohlüberlegte Entscheidungen darüber, was Sie teilen.** Sie sollten sich unbedingt vor Augen führen, dass Ihre Selbstdarstellung am meisten

dadurch beeinflusst wird, was Sie freiwillig auf Facebook teilen. Falls Sie Ihren privaten Blog in Facebook importieren möchten, damit all Ihre Freunde es lesen, nur zu. Bringen Sie diese Informationen dort »ins Gespräch«, wo andere alles über Sie lesen können. Und wenn Sie nicht möchten, dass Ihre Freunde an Ihren tiefgründigen Gedanken über das Leben teilhaben, dann veröffentlichen Sie diese eben nicht auf Facebook.

✔ **Aktualisieren Sie Ihr Profil regelmäßig.** Sie sind ein energiegeladener und vielseitiger Mensch. Und das drücken Sie am besten aus, indem Sie auch auf Ihrer Pinnwand energiegeladen und vielseitig daherkommen. Vergessen Sie nicht: Über Ihr Profil geben Sie Ihre Lebensgeschichte und Ihre derzeitigen Unternehmungen wieder. Durch von Ihnen hinzugefügte Fotos, von Ihnen veröffentlichte Statusmeldungen und die Kommentare Ihrer Freunde können alle Sie ein wenig besser kennenlernen, und Sie werden langsam das Gefühl bekommen, wirklich Ihre Lebensgeschichte erzählt zu haben.

✔ **Seien Sie ein Trendsetter.** Scheuen Sie sich nicht, Dinge in Ihrem Profil anzugeben, die nicht unbedingt auf den Profilen aller anderen zu finden sind. Falls keiner Ihrer Freunde Notizen schreibt, Sie allerdings der Meinung sind, etwas Wichtiges zu sagen zu haben, dann verfassen Sie welche und schreiben Sie es sich von der Seele. Achten Sie auf neue Features und Funktionen. (Verschiedene Produkte werden von der Firma Facebook fortwährend erweitert und verbessert.) Sobald etwas interessant klingt, sollten Sie ausprobieren, ob es etwas für Sie ist.

Ihr Profil mit Inhalt füllen

Doch woraus besteht Ihr Profil überhaupt? Sie können sich Ihr derzeitiges Profil ansehen, indem Sie auf Ihr Foto oder Ihren Namen oben klicken. Klicken Sie danach auf den INFO-Link unter Ihrem Namen.

Ihr Bereich INFO besteht aus einer Reihe von Feldern, die Sie Stück für Stück mit Leben füllen können. Um hier Daten einzugeben, klicken Sie im gewünschten Feld auf den BEARBEITEN-Link. Folgende Felder können Sie bearbeiten:

✔ **Allgemeines:** Die allgemeinen Informationen enthalten eine Menge Felder, die Sie vielleicht für andere veröffentlichen möchten. Dazu gehören alle möglichen Informationen – von Ihrem Geburtstag über Ihren Beziehungsstatus, Sprachen, Religion und politische Einstellung. Sie müssen keins dieser Felder ausfüllen, doch man möchte Sie damit ermutigen, einige Lebensdaten bekannt zu geben, damit andere sich ein besseres Bild von Ihnen machen können. Außerdem können Sie bei jeder Angabe auswählen, wer die jeweilige Information sehen darf.

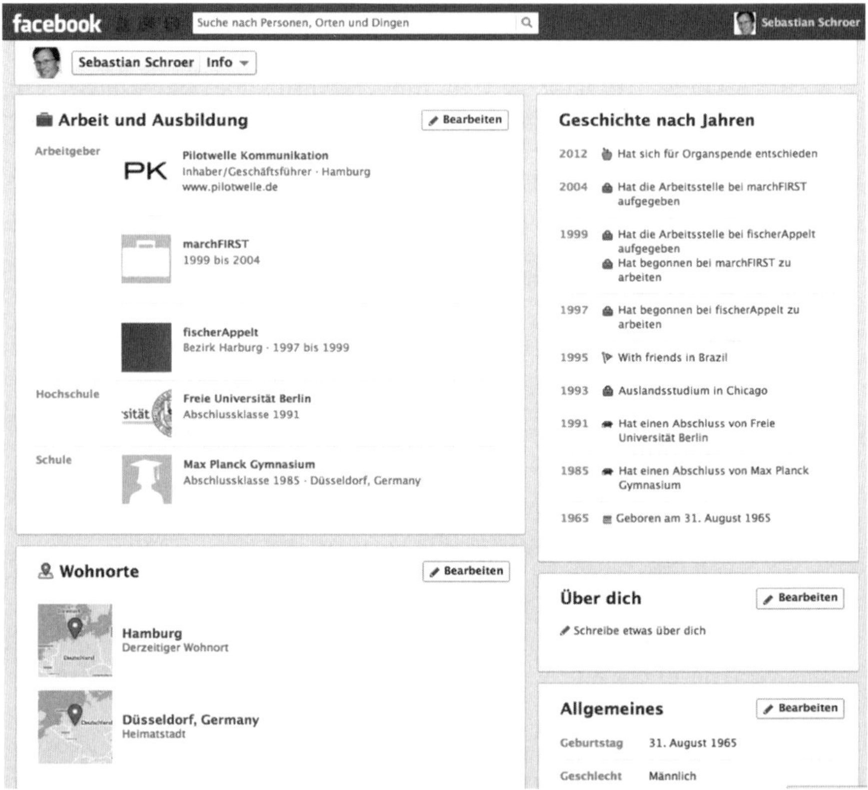

Abbildung 5.6: Das Profil von Sebastian Schroer

In Kapitel 11 befassen wir uns mit den Themen Privatsphäre und Sicherheit, doch beim Erstellen Ihres Profils sollten Sie nicht vergessen, dass alle dort eingegebenen Informationen – fast schon Zeile für Zeile, auf jeden Fall aber von Beitrag zu Beitrag – von Ihnen kontrolliert werden können. Bei jedem einzelnen von Ihnen erstellten Beitrag können Sie entscheiden, wer diesen sehen kann, und dürfen außerdem festlegen, was Ihnen unbekannte Personen betrachten dürfen.

- ✔ **Kontaktinformationen:** Facebook eignet sich erstaunlich gut als Adressbuch, in dem man alles auf einen Blick findet. Doch da man die Sichtbarkeit für andere einschränken kann, können Sie ruhig Ihre Telefonnummer, Adresse, E-Mail-Adresse und andere Dinge veröffentlichen.

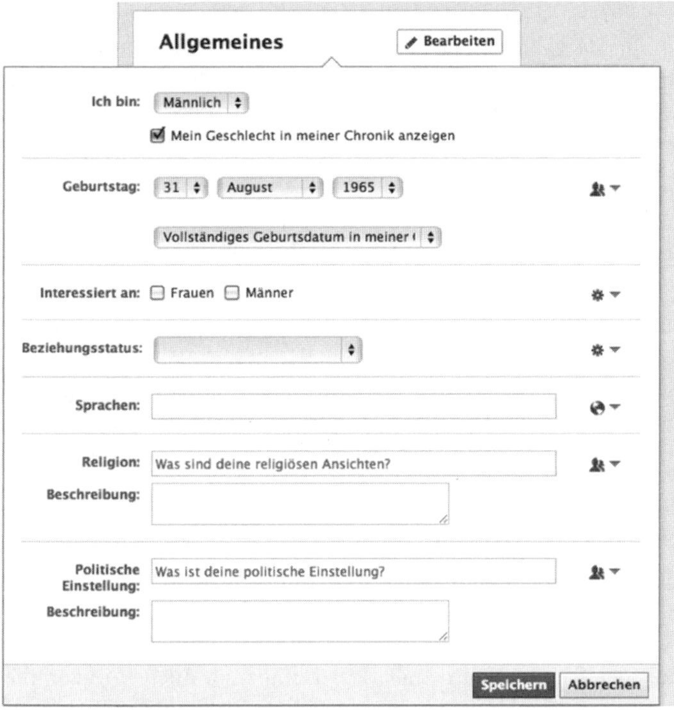

Abbildung 5.7: Eingabefeld für Allgemeines

- ✔ **Arbeit und Ausbildung:** Hier können Sie bekannt geben, auf welche Schule oder Hochschule Sie gegangen sind (oder gehen) und wo Sie schon überall gearbeitet haben. So haben Sie die Möglichkeit, Ihren Lebenslauf zu hinterlegen. Sie können sogar die genauen Daten hinterlegen. Dann erscheinen diese automatisch in dem Kasten GESCHICHTE NACH JAHREN auf der rechten Seite. Aktuelle und frühere Kollegen und Kommilitonen können Sie so besser finden. Für fast alle Unternehmen, Universitäten und Schulen sind auf Facebook bereits Profile hinterlegt. Schon bei der Eingabe einer Hochschule oder eines Unternehmens wird Ihnen eine Auswahl von Profilen angezeigt, die Sie dann auswählen können.
- ✔ **Geschichte nach Jahren:** Dieser Teil zeigt wichtige Lebensereignisse in chronologischer Reihenfolge. Von Ihrer Geburt bis zur aktuellen Arbeitsstelle wird hier Ihre ganz persönliche Geschichte erzählt. Diese Geschichte setzt Facebook aus Angaben zusammen, die Sie an verschiedenen Stellen gemacht ha-

ben, z.B. Ihrem Geburtsdatum und Arbeitsstellen. Sie können darüber hinaus viele prägende Lebensereignisse hinzufügen, wie ihre Hochzeit oder die Geburt Ihres Kindes. An dieser Stelle können Sie die Inhalte Ihrer Geschichte nach Jahren nicht bearbeiten. Wie Sie wichtige Lebensereignisse hinzufügen können, lernen Sie in Kapitel 12.

- **Über dich:** Hier können Sie einen kurzen Satz einfügen, der Sie gut beschreibt. Dies kann eine knappe Beschreibung Ihres Charakters und Hobbies sein. Wenn Sie Facebook auch für die Pflege Ihrer beruflichen Kontakte nutzen wollen, sollten Sie hier eher eine Beschreibung Ihrer beruflichen Fähigkeiten oder Ihrer Ausbildung verwenden.
- **Wohnorte:** Geben Sie hier Ihren aktuellen Wohnort ein. Wenn Sie möchten können Sie zusätzlich noch Ihre Heimatstadt eingeben, insofern diese nicht identisch ist. Auch hier wird Ihnen beim Eintippen der ersten Buchstaben bereits eine Vorauswahl von Orten angezeigt, aus der Sie dann auswählen können.
- **Lieblingszitate:** Haben Sie ein Zitat, das Sie besonders mögen? Hier können Sie dies Ihren Freunden mitteilen.
- **Familie:** An dieser Stelle können Sie Ihren Beziehungsstatus mitteilen und Ihre Familienmitglieder benennen. Je nachdem ob Sie verlobt, verheiratet oder Single sind, können Sie dies hier angeben und gleich die Person benennen, mit der Sie gerade in einer Beziehung sind. Auch Ihre Familienmitglieder können Sie hier benennen, insofern diese auch auf Facebook sind.

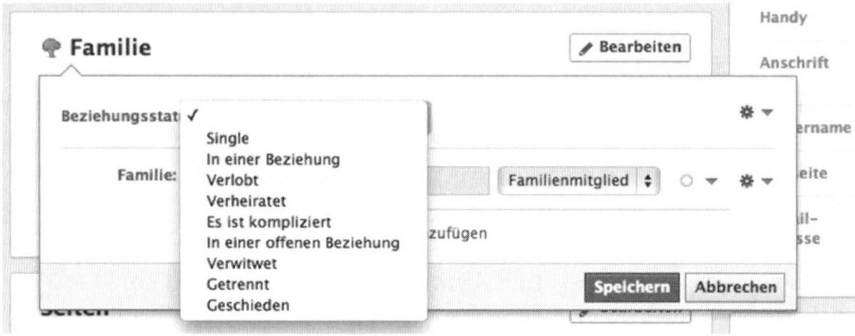

Abbildung 5.8: Eingabefeld für Ihren Beziehungsstatus

Es ist kompliziert? Diese Auswahlmöglichkeit gehört sicher nicht zu den Angaben, die Sie auch auf dem Amt machen können. In der Regel verwenden Facebook-Nutzer diese Angabe, wenn Sie sich gerade in einer Trennungsphase befinden, sozusagen als Übergang zu dem dann folgenden Single-Dasein. Wenn all diese Angaben aus Ihrer Sicht nichts für ein öffentliches Profil sind, können Sie das Feld auch einfach leer lassen.

Kontaktinformationen

Ihre Kontaktinformationen zählen logischerweise zu den vertraulichsten Daten, die Sie auf Facebook einstellen. Dieser Bereich ist außerdem unglaublich nützlich, denn Sie verfügen somit über ein Telefonbuch all Ihrer Kontakte, das sich automatisch aktualisiert, das niemals verschwindet und das Sie niemals verlegen können. Sie möchten allerdings, dass niemand – noch nicht einmal die Mitglieder Ihres Netzwerkes – Ihre Privatadresse und Ihre Telefonnummer sehen können.

Aus diesem Grund lautet die standardmäßige Einstellung bei Ihren Kontaktinformationen NUR FREUNDE. Wenn Sie möchten, können Sie die Sichtbarkeit erweitern, doch wenn Sie sie lediglich auf die Personen beschränken, die Sie als Freunde bestätigt haben, steigt die Wahrscheinlichkeit um ein Vielfaches, dass diejenigen, von denen Sie kontaktiert werden möchten, dies auch tun können.

Wenn Sie die benutzerdefinierten Einstellungen verwenden, können Sie auf Facebook nahezu für jeden Fall, den es zu regeln gilt, eine Lösung finden. Lediglich Ihre Kollegen und niemand anders soll Ihre E-Mail-Adresse sehen können? Dann schneiden Sie die Einstellung so auf Ihre Bedürfnisse zu, dass nur Personen aus Ihrem Arbeitsnetzwerk Zugriff darauf haben. Sie haben eine Telefonnummer, die nur für Ihre engsten Freunde freigegeben werden soll? Dann erstellen Sie eine Freundesliste, die diese Namen enthält, und wählen Sie auch hier die benutzerdefinierte Variante, um die Nummer für diese Liste sichtbar zu machen. Es gibt unzählige Möglichkeiten.

Ihr Geburtstag

Auch Ihr Geburtstag zählt zu den vertraulichen Daten, für die auf Facebook besondere Privatsphäre-Einstellungen vorhanden sind. Da manche Leute ein kleines bisschen empfindlich sind, wenn es um ihr Alter geht (wir schwören hoch und heilig: Sie sehen keinen Tag älter als 29 aus!), existieren außerdem besondere Einstellungen dafür, was andere über Ihren Ehrentag im Profil sehen können. Folgen Sie diesen Schritten auf dem INFO-Link Ihres Profils, um festzulegen, wer Ihren Geburtstag kennen soll:

1. **Klicken Sie in Ihrem Profil auf den INFORMATIONEN BEARBEITEN-Link neben Ihrem Namen.**
2. **Klicken Sie in dem Feld ALLGEMEINES auf BEARBEITEN.**

3. **Im GEBURTSTAG-Feld können Sie jetzt wählen zwischen:**

   - **Vollständiges Geburtsdatum in meiner Chronik anzeigen:** Dies ist die Standardeinstellung und sie ist angemessen. Andere können dadurch Ihr Alter erkennen und Ihre Freunde erhalten an Ihrem Geburtstag auf ihren Startseiten darüber eine Benachrichtigung.

   - **Nur Monat & Tag in meiner Chronik anzeigen:** Diese Option eignet sich für Sie, wenn Sie verhindern möchten, dass andere wissen, in welchem Jahr Sie geboren worden sind. Auch hier werden Ihre Freunde über Ihren Geburtstag informiert, doch sie werden dann einfach nicht wissen, wie viele Jahre jung Sie geworden sind.

   - **Mein Geburtsdatum nicht in meiner Chronik anzeigen:** Häufig wird diese Option von Nutzern gewählt, die sehr besorgt um die Informationssicherheit sind. Diese Einstellung führt dazu, dass Ihr Geburtstag in Ihrem Profil nicht mehr angezeigt wird und Ihre Freunde keine Benachrichtigung über Ihren bevorstehenden, großen Tag erhalten. Das könnte natürlich auch zu weniger Geburtstagsglückwünschen auf Ihrer Pinnwand führen.

4. **Vergessen Sie nicht, Ihre Angaben mit einem Klick auf SPEICHERN abzuspeichern.**

Die Informationen unter Ihrem Namen

Die Informationen, die in Ihrem Profil direkt unter Ihrem Namen zu sehen sind, können zunächst zu Verwirrungen führen. Sie zeigen unter anderem einige Daten, die aus Ihrem INFO-Link entnommen wurden, den wir Ihnen im vorigen Abschnitt nähergebracht haben. Diese Stelle ist als Kurzübersicht über Ihre Person gedacht. Nachdem Sie Daten in Ihren INFO-Link eingegeben haben, erscheinen einige davon an besagter Stelle.

Wir empfehlen Ihnen, zumindest Ihre Heimatstadt anzugeben, denn für alte Freunde, die sichergehen möchten, dass es sich wirklich um die Susanne aus dem Sportunterricht handelt, ist dies ein ganz typischer Suchweg. Es ist auch eine tolle Idee, noch weitere Daten preiszugeben. Denn diese sagen Ihren Freunden gegenüber noch etwas mehr über Sie und Dinge, die Ihnen wichtig sind, aus.

Informationen über Ausbildung und Arbeit

Wenn Sie Informationen über Ausbildung und Arbeit eingeben, können Personen, denen Sie eine Freundschaftsanfrage oder eine Nachricht gesendet haben, leichter erkennen, woher sie Sie kennen. Treffen Sie beispielsweise jemanden auf einer Konferenz oder einer gesellschaftlichen Veranstaltung, dann ist die Möglichkeit, sich mit einem »Kennen Sie mich noch? Ich bin die mit dem tollen Job, die ... *für Dummies*-Bücher schreibt« in Erinnerung zu bringen, sozusagen automatisch in Ihrem Profil eingebaut. Falls jemand nach einem bestimmten Abschlussjahr Ihrer Schule oder Hochschule sucht, werden Sie außerdem unter den Suchergebnissen aufgelistet und alte Freunde können Sie kontaktieren.

Ehrlich währt am längsten

Wir lassen uns in diesem Kapitel sehr ausführlich darüber aus, wie man sich darstellt und sich vor der Allgemeinheit auf Facebook gibt. Sieht man jetzt einmal davon ab, dass manche eine Autobiografie abliefern, geht es den Leuten auf Facebook in erster Linie darum, Sie kennenzulernen. Auf Facebook kann man ganz hervorragend die Beziehung zu anderen Menschen vertiefen. Doch wenn man in seinem Profil lügt, wird dies nicht möglich sein. Die Nützlichkeit dieser Webseite wird durch die Angabe falscher Namen, gefälschter Geburtstage und eines erfundenen beruflichen Werdegangs zunichtegemacht. Facebook ist außerordentlich gut geeignet, um an wahre Informationen zu kommen. Für den Fall, dass Ihnen das Veröffentlichen bestimmter Einzelinformationen nicht recht ist, haben wir zwei Lösungen für Sie:

- ✔ **Teilen Sie nichts, was Sie nicht teilen möchten.** Falls Ihnen die Veröffentlichung Ihrer Telefonnummer einfach zu unheimlich ist – gut, so sei es.
- ✔ **Setzen Sie sich intensiv mit den Privatsphäre-Einstellungen auf Facebook auseinander.** Wenn Sie von diesen Einstellungen Gebrauch machen, können Sie bestimmte Personen oder Personengruppen vom Zugriff auf Ihre Daten abhalten. Um Facebook noch mehr zu genießen, ist dies sicher eine bessere Lösung als das Lügen.

Der »Gefällt mir«-Button

6

In diesem Kapitel ...

- Was bedeutet »Gefällt mir«?
- Was sage ich mit »Gefällt mir« über mich selbst?
- Kommentieren und Teilen von Beiträgen

Wenn Sie ein Profil bei Facebook haben, brauchen Sie nicht gleich anfangen Statusmeldungen zu schreiben oder Fotos hochzuladen. Sie können auch erst einmal damit anfangen zuzuschauen, was andere so tun. Nach dem Einloggen sehen Sie auf Ihrer Startseite Ihren persönlichen Nachrichtenstrom. Dieser setzt sich zusammen aus den Beiträgen Ihrer Freunde und von Seiten, also Unternehmen oder Organisationen. Sie können alles nur anschauen und lesen. Oder Sie reagieren, indem Sie sagen, dass es Ihnen gefällt.

Die wahrscheinlich häufigste Tätigkeit auf Facebook ist das sogenannte »Liken«, also das Drücken des GEFÄLLT MIR-Knopfes. Zu Allem, was auf Facebook passiert, können Sie auf diese einfache Weise Ihre Sympathie bekunden. Ein »Gefällt mir nicht« ist allerdings nicht möglich. Für eine solche Äußerung des Missfallens können Sie aber die Kommentarfunktion unterhalb eines Beitrages nutzen.

Abbildung 6.1: Der GEFÄLLT MIR Button

Es gibt verschiedene Dinge, denen Sie mit einem Klick auf GEFÄLLT MIR die Ehre erweisen können.

- ✔ **Beiträge von Freunden:** Dinge, die Ihre Freunde posten, können Sie mit GEFÄLLT MIR markieren. Zum Beispiel Texte, Fotos und Links zu anderen Webseiten.

- **Beiträge von Seiten:** Auch die Beiträge von Unternehmen, Organisationen oder von den Seiten Ihrer Lieblingsband oder eines Politikers können Ihnen gefallen.
- **Kommentare:** Auch der Kommentar, den andere zu einem Beitrag abgegeben haben, kann von Ihnen ein GEFÄLLT MIR bekommen.
- **Seiten:** Alle Seiten auf Facebook (aber nicht die Personenprofile) haben im oberen Bereich einen großen GEFÄLLT MIR-Button. Damit können Sie über das Thema der Seite, also die Marke, die Sehenswürdigkeit oder das Unternehmen sagen, dass es Ihnen gefällt. Dieser Klick hat eine weiter reichende Konsequenz, als die drei davor genannten. Mit diesem Klick stellen Sie sicher, dass alle Beiträge, die von dieser Seite geschrieben werden, in Ihrem Nachrichtenstrom auf der Startseite auftauchen. Sie haben also diese Seite abonniert bzw. Sie sind jetzt ein Fan der Seite. Sie brauchen dann nicht unbedingt mehr regelmäßig diese Seite besuchen, um zu lesen, was es Neues gibt. Sie werden die Neuigkeiten bereits auf Ihrer Startseite wiederfinden.

Abbildung 6.2: Die Seite von Angela Merkel mit dem GEFÄLLT MIR-Button oben rechts

Wenn Sie nicht sicher sind, ob Sie es mit einem Personenprofil oder einer Seite zu tun haben, ist der GEFÄLLT MIR-Button unterhalb des großen Fotos oben das definitive Unterscheidungs-Merkmal. Im Gegensatz zu den Seiten gibt es bei einem Personenprofil an der gleichen Stelle oben immer den FREUNDIN HINZUFÜGEN-Button.

Sehen, was Anderen gefällt

Auf Ihrer Facebook-Startseite werden Sie neben den Beiträgen Ihrer Freunde auch immer wieder Hinweise finden, welche GEFÄLLT MIR-Klicks diese irgendwo auf Facebook gemacht haben.

Abbildung 6.3: Link im Nachrichtenstrom auf einer Seite, die einem Freund gefällt

Dies ist wichtig zu verstehen, denn es verdeutlicht die Auswirkung, die ein Klick auf GEFÄLLT MIR hat. Nicht nur derjenige, dessen Beitrag Ihnen gefällt, sieht dies, sondern auch alle anderen Leser dieses Beitrages. Darüber hinaus sehen Ihre Freunde auf ihrer jeweiligen Startseite, was Ihnen da gerade so gefällt. Es sollte Ihnen also bewusst sein, dass jeder schnell gemachte GEFÄLLT MIR-Klick eine mehr oder weniger öffentliche Äußerung ist. Wenn Sie beispielsweise nicht möchten, dass Ihre Freundin sieht, wie gut Ihnen die Fotos eines bestimmten Supermodels gefallen, dann belassen Sie es lieber beim Anschauen.

Selber GEFÄLLT MIR-Klicks erhalten

Wenn Sie eigene Beiträge auf Facebook schreiben, können Sie anfangen, »Gefällt mir«-Angaben dafür zu sammeln. Alle Personen, die Ihren Beitrag lesen dürfen (was Sie in den Privatsphäre-Einstellungen festlegen), können auf GEFÄLLT MIR für Ihren Beitrag klicken. Sie werden dann auf Facebook darüber informiert. Ein neues »Gefällt mir« wird Ihnen als Neuigkeit an dem kleinen Globus rechts neben dem Facebook-Logo angezeigt.

Für viele Facebook-Nutzer ist die Menge an GEFÄLLT MIR-Klicks ein Maßstab für den Erfolg Ihrer Beiträge. Sie fühlen eine gewisse Wertschätzung und/oder freuen sich einfach nur darüber. Auf jeden Fall können sie sicher sein, dass das Thema für die Freunde eine gewisse Relevanz hat, Sie Ihre Meinung teilen oder es einfach unterhaltsam finden.

Was Klicks über mich aussagen

Forscher an der Universität von Cambridge haben die »Likes« von mehr als 50.000 Facebook-Nutzern analysiert. Was sie herausfanden war erstaunlich. Mit allem, was uns gefällt, geben wir ein kleines Puzzlestück über unsere Persönlichkeit bekannt. Mit Hilfe eines mathematischen Modells und den »Gefällt mir«-Angaben konnten sie mit hoher Treffergenauigkeit diverse Persönlichkeitsmerkmale ableiten. Ob die Teilnehmer an dem Versuch Singles, Raucher oder Homosexuell waren, konnten die Forscher meist richtig tippen. Dies bedeutet, dass nicht nur die Angaben in unserem Profil etwas über uns aussagen, sondern auch die GEFÄLLT MIR-Klicks, die wir im Laufe der Zeit auf Facebook machen.

In dem Experiment hatten die Forscher übrigens die Einwilligung der Teilnehmer auf deren »Gefällt mir«-Angaben zuzugreifen. Alle Ihre »Gefällt mir«-Angaben sind in der Grundeinstellung zunächst nur für Ihre eigenen Freunde sichtbar.

Kommentieren

Sie können jeden Beitrag auf Facebook auch kommentieren. Geben Sie einfach einen Text unterhalb eines Beitrages ein und schicken Sie ihn durch drücken der Enter-Taste ab. Ihr Text steht dann unter dem Beitrag zusammen mit Ihrem Namen und Profilbild. Wenn schon ältere Kommentare da sind, erscheint Ihrer ganz unten. Nicht selten bekommen Beiträge sehr viele Kommentare, insbesondere wenn es um kontroverse Themen auf Seiten mit vielen Fans geht. Sie können in Kommentaren auch einen Link einfügen, und so auf passende weitere Webseiten hinweisen.

Teilen

Beiträge, die Ihnen besonders gut gefallen, können Sie teilen. Dafür klicken Sie unterhalb des Beitrages auf TEILEN oder LINK TEILEN. Ein Beispiel dafür sehen Sie in Abbildung 6.4.

Abbildung 6.4: Einen Beitrag teilen und nach Bedarf kommentieren

Es öffnet sich dann ein neues Fenster, in dem Sie noch einen Kommentar zu dem Link schreiben können. Die Quelle, von der Sie den Beitrag teilen, ist unterhalb des Eingabefeldes zu sehen. Sie können diese aber auch entfernen, wenn Sie nicht möchten, dass dies sichtbar ist. Wenn Sie jetzt auf LINK TEILEN klicken, posten Sie den Beitrag in Ihrem Profil, man könnte auch sagen Sie »zitieren« diesen Beitrag.

Statusmeldungen schreiben

7

In diesem Kapitel ...

- Wie Sie selbst Beiträge schreiben und teilen
- Neuigkeiten von anderen lesen
- Den Nachrichtenstrom beeinflussen

Ihr Facebook-Profil ist mehr als bloß eine ganze Reihe an Informationen. Es stellt eine fortlaufende, sich ständig weiterentwickelnde Geschichte über Sie selbst dar. Mussten Sie jemals bei einer dieser Schreibaufgaben Seite 73 Ihrer 248-seitigen Biografie aufschreiben? Ihre Profilseite ist sozusagen die Seite, an der Sie jetzt gerade arbeiten. Der einzige Unterschied besteht darin, dass Ihre Autobiografie eine komplette Multimediapräsentation ist, in der Ihre Texte, Ihre Fotos, die Gedanken Ihrer Freunde und andere Beiträge in einem Zusammenhang zu finden sind. Gemeinsam zeigen all diese Dinge dem Leser, wer Sie sind und was Ihnen wichtig ist. In Ihrem Facebook-Profil geht es nicht darum, Ihre Person zu verändern, sondern darum, sie zu präsentieren. Das Profil ist Ihre Art, sich vorzustellen und gegenüber Personen, die Ihnen am Herzen liegen, etwas über sich preiszugeben. Was sollen andere über Sie wissen? Was sollen Ihre Freunde über Sie herausfinden?

Eine liebevoll gestaltete Pinnwand

Die *Pinnwand* ist der Mittelpunkt Ihres Profils. Diese Stelle sehen Ihre Freunde zuerst, wenn sie Ihr Profil besuchen, und dort hinterlassen sie auch für alle erkennbare Nachrichten für Sie. Wenn Sie sich das Profil eines Freundes ansehen, stellt der Blick auf seine Pinnwand die schnellste Möglichkeit dar, herauszufinden, was er in letzter Zeit so gemacht hat.

Abbildung 7.1: Sebastian Schroers Pinnwand zeigt eine Momentaufnahme seines Lebens

Den Herausgeber verstehen

In Kapitel 2 sehen Sie, dass die Pinnwand aus mehreren Teilen besteht. Da diese alle einen Bezug zueinander haben, versuchen wir nicht, sie zu trennen, sondern beginnen dort, wo alles anfängt – im *Herausgeber*. Mit dem Herausgeber, der so aussieht wie in Abbildung 7.2, können Sie Beiträge in Ihr Profil schreiben und für Ihre Freunde veröffentlichen. Dieses kleine Feld ist somit der Startpunkt für Ihren ersten Beitrag auf Facebook.

Beiträge sind wie angeheftete Notizen für eine Pinnwand. Man findet dort Beiträge von Ihnen oder von Ihren Freunden oder welche mit Anhang wie etwa Links oder auch Beiträge, die lediglich Text enthalten.

Abbildung 7.2: Mit dem Veröffentlichen fangen Sie immer hier an

Wenn es um Pinnwandeinträge geht, meinen wir zweierlei: Beiträge, die von Ihnen stammen, und solche, die von Ihren Freunden stammen.

Den Herausgeber in Ihrem persönlichen Profil können nicht nur Sie selbst verwenden. Auch Besucher Ihres Profils sehen diesen und können mit seiner Hilfe Beiträge in Ihr Profil schreiben. Wenn Ihnen diese Beiträge nicht gefallen oder diese zu persönlich sind, können Sie diese jederzeit löschen. Dann verschwinden diese auch aus Ihrem Profil und sind nicht mehr sichtbar.

Sie und der Herausgeber

Wenn Sie sich Ihr eigenes Profil anschauen, werden Sie merken, dass der Herausgeber dort der gleiche ist wie der auf Ihrer Startseite. Unabhängig davon, auf welcher Seite Sie beginnen und auf welchen Link Sie klicken, die Inhalte, die Sie veröffentlichen, erscheinen als Beitrag auf Ihrer Pinnwand.

Status aktualisieren

Wenn andere Nutzer Beiträge von ihrem eigenen Profil aus eingeben, sind dies meist einfache, aktuelle Meldungen in Textform, mit denen auf die Frage »Was machst du gerade?« geantwortet wird. Auf Facebook nennen Nutzer diese Art von Beitrag eine *Statusmeldung* oder einfach ihren *Status*. Statusmeldungen lassen sich schnell verfassen, sind kurz und der Leser kann sehr viel hineininterpretieren. Manchmal aktualisieren Nutzer ihren Status, indem sie angeben, was sie gerade tun: »Besorgungen machen«, »Sitze bei Sonnenschein im Biergarten« oder zum Beispiel »Fußball schauen«. Ein anderes Mal veröffentlicht jemand eine zufällige Beobachtung, einen Gedanken oder eine Erkenntnis wie etwa »Es sollte mal weltweit ein Tag eingeführt werden, an dem alle 24 Stunden lang die Wahrheit sagen.« Einige nutzen die Statusmeldung auch, um an Informationen zu kommen oder um Leute zusammenzutrommeln. Beispielsweise so: »Gehe heute Abend lecker Schnitzel essen. Wer kommt mit?« oder »Habe vor, diesen Sommer nach Indien zu fahren. Kann jemand eine gute Gegend empfehlen?« Statusmeldungen können von Freunden ganz mühelos kommentiert werden. Daher kann eine provokative Aktualisierung eine Diskussion auch so richtig in Gang bringen.

Statusmeldungen wirken so klein und unbedeutend, doch betrachtet man sie im Zusammenhang, können sie über eine einzelne Person oder über viele wirklich eine ganze Menge aussagen. Jemand, der beispielsweise das Profil von Carolyn Abram besucht, könnte dort ihre Stressanfälligkeit ausmachen: »Ich komme nicht voran. Hinke schon dem Zeitplan hinterher. Hänge mich wirklich rein.«

In ihrer Gesamtheit gesehen sind die Statusmeldungen dafür verantwortlich, dass Neuigkeiten schnell auf Facebook verbreitet werden. Da Ihre Beiträge bei Ihren Freunden auf der Facebook-Startseite erscheinen, kann eine einzelne Aktualisierung eine große Wirkung haben und wird wahrscheinlich auf irgendeine Weise wiederholt werden. Aufgrund eines kleineren Erdbebens in Kalifornien haben beispielsweise vor Kurzem viele der Freunde von Leah Pearlman und Carolyn Abram ihren Status aktualisiert. Diejenigen, die nichts gespürt hatten, aktualisierten daraufhin ihren Status, um mitzuteilen, was sie bemerkt hatten. Familienmitglieder und Freunde im ganzen Land kannten die Neuigkeiten und – was noch viel wichtiger war – wussten, dass es allen gut ging. Es war also nicht nötig, hektisch zum Telefonhörer zu greifen.

Folgen Sie diesen Schritten, um Ihren Status zu aktualisieren:

1. **Klicken Sie in den Herausgeber.**

   Der Text »Was machst du gerade?«, der vorher im Textfeld stand, verschwindet.

2. **Klicken Sie in das Textfeld und schreiben Sie Ihren Beitrag.**
3. **(Wenn Sie möchten) Klicken Sie auf das Schloss-Symbol rechts unten in der Ecke, um zu ändern, wer genau diesen Beitrag sehen kann.**
4. **Klicken Sie auf TEILEN.**

Wer begleitet Sie?

Unten links im Herausgeber findet sich das Personen-Symbol. Damit können Sie eine Person zu dem Beitrag hinzufügen. Sollten Sie also auf eine Veranstaltung wie ein anstehendes Fußballspiel hinweisen, können Sie Ihren Freunden so mitteilen, wer Sie begleiten wird. Sobald Sie ein paar Buchstaben in das Feld »Wer begleitet dich« eingegeben haben, werden Ihnen Personen aus Ihrer Freundesliste vorgeschlagen. Wenn Sie hier jemanden auswählen, wird der Link zu dem entsprechenden Profil in Ihrem Beitrag erscheinen.

Datum hinzufügen

Für die Eingabe eines Datums und einer Uhrzeit zu Ihrem Beitrag gibt es ein kleines Helferlein. Dieses Uhr-Symbol befindet sich auch unterhalb des Feldes für die Texteingabe, wie Sie in Abbildung 7.2 sehen können. Sie können damit Ihren Freunden genau mitteilen, wann das Ereignis, über das Sie gerade schreiben, stattgefunden hat. Klicken Sie auf das Uhr-Symbol und geben Sie Jahr, Monat, Tag und – wenn Sie mögen – eine Uhrzeit ein. Wenn Sie dies tun, taucht das Ereignis genau an der chronologisch richtigen Stelle in Ihrem Profil auf. Wie Sie diese Chronik besonderer Ereignisse noch weiter mit Leben füllen können, erfahren Sie in Kapitel 12.

Fotos hinzufügen

Im Grunde ist Facebook die führende Foto-Sharing-Website im Internet. Anders ausgedrückt: Die Leute zeigen einfach unglaublich gerne ihre Bilder und auf Facebook ist dies besonders einfach. Betrachten Sie diese Tatsache als verlockende Vorschau auf Kapitel 8, wo wir uns die komplette Anwendung FOTOS sowie das Hinzufügen von Fotos im Herausgeber vornehmen.

Links veröffentlichen

Beiträge, die einen Link enthalten, sind im Grunde Statusmeldungen über einen irgendwo im Internet veröffentlichten Inhalt und enthalten einen Link zu diesem Inhalt. Nutzer verwenden diese Art von Beitrag, um auf etwas aufmerksam zu machen, das ihnen wichtig ist. Es könnte sich um einen Artikel handeln, den sie interessant finden, oder eine Veranstaltung, ein Fotoalbum oder irgendetwas anderes, das sie bekannt machen möchten. Meistens wird dann zur Erklärung des Links noch ein Kommentar hinzugefügt. Manchmal wird auch der Link alleine als Statusmeldung verwendet, fast so als ob man von sich sagen würde: »Ich denke gerade über diesen Link nach.«

Über Beiträge mit Links können Sie etwas mit sehr vielen Freunden teilen, ohne dafür einen Verteiler erstellen zu müssen, jemanden anzurufen, um darüber zu sprechen, oder jemandem auf die Schulter zu tippen und ihm zu sagen: »Lies das mal.« Gleichzeitig steigt fast schon die Wahrscheinlichkeit, dass ein anderer mit Ihnen über die Inhalte ein Gespräch anfängt, denn der Beitrag wird von mehr

Leuten gelesen und Sie erreichen eine größere Anzahl an Personen, die ihn vielleicht interessant finden.

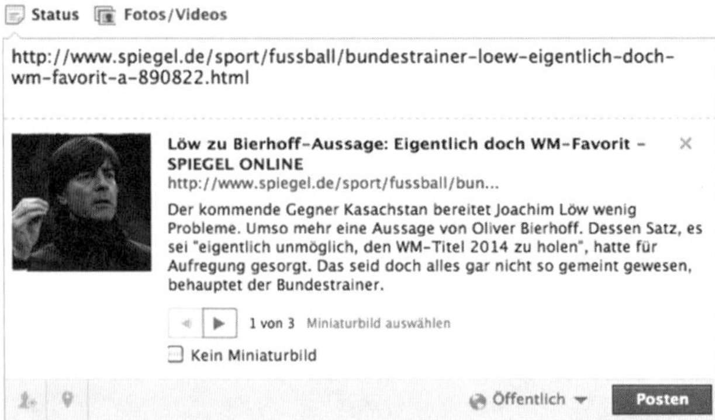

Abbildung 7.3: Vorschau einer Webseite beim Posten eines Links

Folgen Sie diesen Schritten, um einen Link zu veröffentlichen:

1. **Kopieren Sie die Webadresse, auf die Sie andere aufmerksam machen möchten, in das Textfeld.**
2. **Nach ein paar Sekunden erscheint eine Vorschau auf den Inhalt, den Sie teilen.**

   Meist sind hier eine Überschrift, der Link, eine Kurzversion des Textes und ein Foto sichtbar. Alle diese Bestandteile der Voransicht können Sie noch bearbeiten. Klicken Sie einfach in den jeweiligen Bereich und bearbeiten Sie den Text.
3. **(Wenn Sie möchten) Ändern Sie das Miniaturbild der Vorschau, indem Sie mit den Pfeilen durch die automatisch generierten Optionen blättern.**

   Wenn Ihnen keine der Optionen gefällt, setzen Sie einfach ein Häkchen im KEIN MINIATURBILD-Feld.
4. **Entfernen Sie den Link im Eingabefeld.**

   Sobald die Voransicht angezeigt wird, können Sie den kopierten Link oben löschen. Das schafft Platz für Ihren Kommentar und macht Ihren Beitrag übersichtlicher. Der Link bleibt dabei erhalten.
5. **(Wenn Sie möchten) Geben Sie im Textfeld einen Kommentar über den Link ein.**

Vielleicht möchten Sie ja erklären, weshalb Sie den Link veröffentlichen, was Ihnen daran gefällt oder für wen er Ihrer Meinung nach interessant sein könnte.

6. **(Wenn Sie möchten) Klicken Sie auf das Schloss-Symbol rechts unten in der Ecke, um zu ändern, wer genau diesen Beitrag sehen kann.**

7. **Klicken Sie auf Posten.**

Ihre Freunde und der Herausgeber

Wenn Freunde Ihr Profil besuchen, sehen auch sie den Herausgeber. Der einzige Unterschied besteht darin, dass sie in diesem Feld nicht (wie Sie) den Text Was machst du gerade? sehen, sondern Schreib etwas. Obwohl Ihre Freunde dort für Sie ein Foto oder Video hinzufügen oder einen Link veröffentlichen können, werden Sie dort aller Wahrscheinlichkeit nach am häufigsten einfachen Text vorfinden. Viele Nutzer neigen dazu, diese Nur-Text-Nachrichten einfach *Pinnwandeinträge* zu nennen. Wenn man bedenkt, dass alles an der Pinnwand eigentlich ein Eintrag ist, kann das ein bisschen verwirrend sein. Aber sehen Sie sich mal die Pinnwandeinträge auf den Pinnwänden Ihrer Freunde an. Höchstwahrscheinlich werden Sie ein paar »Hi, wie geht's? Lass uns mal wieder quatschen«-Nachrichten und einige à la »Der Ausflug/Das Abendessen/Das Getränk war wirklich super«-Nachrichten vorfinden.

Falls Sie die Pinnwand eines Freundes an seinem Geburtstag ansehen, werden Sie auf jeden Fall viele »Herzlichen Glückwunsch«-Pinnwandeinträge sehen. Bei der Verwendung von Facebook gibt es nicht viele Regeln, doch eine Tradition hat sich mit der Zeit eingebürgert, und zwar der »Herzlichen Glückwunsch«-Pinnwandeintrag. Da den meisten Nutzern auf ihren Startseiten die Geburtstage von Freunden angezeigt werden, stellt ein Eintrag auf deren Pinnwand die schnellste Möglichkeit dar, um ihnen am großen Tag »Ich denke an dich!« zu sagen.

Wir finden, dass das Hin- und Herschreiben zwischen Freunden einer der größten Vorzüge der Pinnwand ist, doch manch einer sieht das nicht so locker. Denn diese Konversation ist auch für Ihre Freunde sichtbar. Falls Sie zu denjenigen gehören, denen es nicht gefällt, wenn Freunde einem etwas Persönliches auf die Pinnwand schreiben können, können Sie sie über die Privatsphäre-Einstellungen-Seite davon abhalten. Wenn Sie rein private Nachrichten mit Ihren Freunden auf Facebook austauschen möchten, sollten Sie besser die Nachrichten-Funktion verwenden und nicht die Pinnwand. Dafür klicken Sie auf das Nachrichten-Symbol in der linken Spalte. So können Sie sicher sein, dass nur Sie und der Empfänger diese Nachricht lesen können.

Fangen Sie an, die Pinnwand zu benutzen. So machen Sie sich am schnellsten damit vertraut. Schreiben Sie an die Pinnwände Ihrer Freunde, veröffentlichen Sie selbstständig eine Statusmeldung oder einen Link und sehen Sie sich an, was für Reaktionen Sie daraufhin von Ihren Freunden bekommen. Denn schließlich ist der eigentliche Zweck der Pinnwand ja das Teilen mit Freunden.

Ab an die Pinnwand

Stellen Sie sich die Pinnwand als den Ort in Ihrem Profil vor, an dem aktuelle Meldungen ausgetauscht werden – Meldungen, die Sie regelmäßig mit Ihren Freunden teilen. Wenn Sie eine aktuelle Meldung auf Ihrer Pinnwand hinzufügen, bringen Sie all Ihre Freunde gleichzeitig über die wichtigsten Meilensteine (oder sogar kleine Details) Ihres Lebens auf den neuesten Stand und geben ihnen Gelegenheit, Sie in ein Gespräch über irgendetwas, was ihr Interesse geweckt hat, zu verwickeln.

Absichten und Häufigkeit unterscheiden sich bei Nutzern, die an ihre Pinnwände schreiben. Unten finden Sie verschiedene Arten von Informationen, die verschiedene Leute in den Nachrichtenstrom ihres eigenen Profils einfließen lassen könnten:

- ✔ **Wichtige Meilensteine im Leben:** Manchmal besuchen Sie das Profil eines Freundes und finden dort einige Zeilen über das wirklich Wichtige: ein Umzug, ein Hochschulabschluss, eine neue Stelle, eine Geburt oder »Okay, Leute. Ich bin zum Zirkus gegangen. Sucht nicht nach mir!«
- ✔ **Ausführlicher Bericht:** Es gibt auch noch das andere Extrem. Dies sind Personen, die ihre komplette Lebensgeschichte mitsamt allen winzigen Details erzählen. Es handelt sich um diejenigen Ihrer Freunde, die ihre täglichen Unternehmungen, ihre Gedanken, Gefühle und Pläne auf ihren Pinnwänden veröffentlichen. Sie wissen dann darüber Bescheid, wann diese sich zu Hause entspannen, wann sie zum Mittagessen gegangen sind, wann sie gerade Feierabend machen wollen und wann sie gerade eben losgegangen sind. Sie bekommen außerdem mit, dass diese Freunde sich darüber ärgern, dass Montag ist und wie sie sich über den Freitag freuen.

Wenn Sie mit einer Person weiterhin befreundet sein möchten, aber nicht mehr die vielen täglichen Beiträge lesen möchten, können Sie die Beiträge dieser Person auch einzeln oder komplett ausblenden. Klicken Sie dafür auf das kleine Ausklappmenü rechts oben am Rand des Beitrags. Klicken Sie anschließend auf den Link VERBERGEN... Wenn

Sie dann den Link ORGANISIERE, WEN DU IN DEN NEUIGKEITEN SIEHST klicken, können Sie festlegen wessen Beiträge Sie ab sofort nur noch lesen möchten oder eben nicht mehr.

- ✔ **Dinge teilen:** Einige Leute sparen sich die Pinnwand als Ort auf, an dem sie allgemein nützliche oder unterhaltsame Informationen unter ihren Freunden verbreiten können. Solche Personen fügen vielleicht Links zu Liedern hinzu oder laden interessante Fotos von ihren Handys hoch. Sie veröffentlichen Zeitungsartikel oder verfassen ausführliche Berichte über Dinge, die ihnen gerade passiert sind und die andere eventuell interessieren könnten. Ein Beispiel wäre das Thema Geld sparen bei der Autoversicherung. Auch wenn diese Themen weniger persönlich sind als andere, können Sie sich meist dennoch ein Bild davon machen, was so ein Freund in letzter Zeit erlebt hat.

- ✔ **Mit anderen treffen:** Einige Leute nutzen ihre Pinnwände, um darüber Treffen mit Freunden zu vereinbaren. Sie geben dort bekannt, wann sie sich in einem Park oder Café aufhalten oder ob sie eine fremde Stadt erkunden werden. Falls sich ein Freund in der Nähe aufhält und zufällig den Beitrag liest, können beide gemeinsam spontan etwas unternehmen. Wenn man seinen momentanen Aufenthaltsort angibt, hat dies noch ein paar positive Nebeneffekte. Einige Freunde, die den Beitrag lesen, mögen zwar nicht dabei sein, doch allein das Wissen um den Ort verschafft ihnen schon einen Eindruck davon, was derjenige gerade unternimmt. Eltern lesen meist unheimlich gern solche Beiträge von ihren Kindern, denn sie deuten an, wie deren Alltag abläuft. Beiträge mit Ortsangabe bieten außerdem den Nebeneffekt, dass sie auch als Empfehlung dienen können. Jemand könnte beispielsweise in einem Beitrag berichten, dass er sich in einem Restaurant befindet, das seinen Freunden unbekannt ist. Diese können sich den Namen notieren und sich später eine Empfehlung geben lassen.

- ✔ **An die Öffentlichkeit gehen:** Man sieht sie seltener auf persönlichen Profilen, doch auf den Profilen oder Seiten von Prominenten oder Marken findet man häufig Werbeeinträge. Bands könnten zum Beispiel ihre Fans über eine bevorstehende Tour oder die Veröffentlichung eines Albums informieren. Ein Unternehmen könnte auf diese Weise einen bevorstehenden Wettbewerb bekannt geben, an dem die Kunden vielleicht teilnehmen möchten. Einige Künstler und Dichter stellen ihre Arbeiten ins Internet und lassen ihre Freunde und Fans über die Statusmeldungen wissen, wo die neuesten Werke zu finden sind.

Leah Pearlman hat sich vor Kurzem entschieden, umzuziehen und hat auf ihrer Pinnwand geschrieben, dass sie einen Untermieter für die Wohnung sucht. Einige der Antworten darauf waren ziemlich direkt: »Ich möchte mir die Wohnung gerne ansehen!«, bei anderen wurde indirekt Hilfe angeboten: »Brauchst du noch Kartons?« und wieder andere setzten einfach nur ein Gespräch in Gang: »Du ziehst um? Warum? Wohin? Wann?«

Es ist egal, auf welche Weise Sie die Pinnwand nutzen, denn allein durch die bloße Verwendung können Ihre Freunde und Familienmitglieder – und hier gerade die weit entfernt wohnenden – sich Ihnen ein bisschen näher fühlen, da sie über Einzelheiten auf dem Laufenden bleiben. Sie werden eventuell auch feststellen, dass Sie selbst intensiveren Kontakt zu Freunden haben, wenn Sie Ihre Pinnwand aktualisieren. Zum einen könnten Ihre Freunde Ihre Beiträge kommentieren, wodurch Sie sich mit jemandem, den Sie nicht jeden Tag sehen, zwar nur kurz, doch sinnvoll austauschen könnten. Zum anderen können Sie langweilige Gespräche à la »Wie läuft's bei der Arbeit? Wie geht's den Kindern?« vermeiden und gleich zu interessanten Themen übergehen.

Die Kraft der Neuigkeiten

Die Neuigkeiten werden auch manchmal *Homepage-Stream* genannt, da sie den Datenstrom mit Statusmeldungen Ihrer Freunde darstellen, den Sie auf Ihrer Startseite sehen. Direkt nach dem Anmelden besuchen Sie automatisch als Erstes diese Seite, und durch einen Klick auf den STARTSEITE-Link oben rechts in der blauen Leiste können Sie auch jederzeit dorthin zurückkehren. In die Neuigkeiten ergießen sich all die individuellen Nachrichtenströme derjenigen Freunde, die Ihnen wichtig sind. Sobald Sie sich auf der Webseite anmelden, finden Sie eine wahre Flut an Dingen vor, die Ihre Freunde in letzter Zeit unternommen haben. Sehen Sie, wie ein Nutzer seine Erfahrungen mit den Neuigkeiten beschreibt:

> *Nachdem ich meinen Abschluss in der Tasche hatte, habe ich bei jedem Umzug in eine fremde Stadt und bei jeder neuen Stelle neue Leute kennengelernt und andere dafür zurückgelassen. Bei jedem dieser Schritte hieß es entweder, die Freunde komplett aufgeben oder sich genau an die Anzahl von Leuten erinnern, die ich regelmäßig anrufen oder denen ich eine E-Mail schicken müsste. Irgendwann kamen mir diese Beziehungen eher wie eine lästige Pflicht als wie eine Freundschaft vor.*
>
> *Durch Facebook ist für mich alles anders geworden. Ich mag mit einer alten Freundin von mir vielleicht seit einem Jahr nicht gesprochen haben, doch mit Hilfe der Neuigkeiten sehe ich Fotos von ihren Reisen, lese Meldungen über ihre Beziehungen und erhalte*

andere Statusmeldungen über ihr Leben. Und umgekehrt kann auch sie sehen, was ich gerade unternehme, wenn ich meinen Status ändere, auf eine Veranstaltungseinladung antworte oder an die Pinnwand eines gemeinsamen Freundes schreibe. Manchmal finde ich vielleicht ein Bild von ihr, das mir gefällt, und kommentiere es dann für sie. Möglicherweise bekommt sie auch mit, dass ich auf die Geburtstagsparty eines gemeinsamen Freundes gehe, und bittet mich, schöne Grüße von ihr auszurichten.

Nur das Wichtigste

Die Filter ganz oben rechts in den Neuigkeiten ermöglichen es Ihnen, nur bestimmte Arten von Inhalten zu sehen. Standardmäßig ist es so eingestellt, dass Sie dort einen Hauptmeldungen-Link und einen Neueste Meldungen-Link sehen. Neben dem Sortieren-Link können Sie ein Menü öffnen, in dem Ihnen diese Ansichtsoptionen angezeigt werden. Neueste Meldungen sind alle Meldungen, die jetzt gerade gepostet wurden in chronologischer Reihenfolge. Wenn Sie Hauptmeldungen auswählen, werden Sie dagegen nur noch die wichtigsten Beiträge sehen. Die Entscheidung was wichtig ist, nimmt ihnen Facebook nach einem automatischen Algorithmus ab. Der Neuigkeiten-Algorithmus ermittelt Hauptmeldungen mithilfe von verschiedenen Faktoren wie der Anzahl der Kommentare, dem Nutzer, der die Meldung gepostet hat, sowie der Art des Beitrags (z. B. Foto, Video oder Statusmeldung). Falls Sie den Eindruck haben, dass Meldungen fehlen, die Sie gern gesehen hätten, sollten Sie wieder zu Neueste Meldungen wechseln. Auf diese Weise verpassen Sie nie etwas.

Abbildung 7.4: Das Auswahlmenü über der ersten Meldung im Nachrichtenstrom

Weltweite Suche

Die Pinnwand ist der Ort, an dem Sie alles über eine bestimmte Person erfahren. In Ihren Neuigkeiten dreht sich alles um Ihre Freunde. Die Suche können Sie verwenden, um alles über ein bestimmtes Thema zu erfahren – zumindest, wenn dieses innerhalb der letzten 30 Tage aktuell war.

Das haben wir wohl alle schon mal erlebt: Wir stehen in einer Schlange im Café an und hören zwei Freunde über ein Thema sprechen, das uns interessiert. Daher schalten wir uns ins Gespräch ein: »Mann, du hast am Wochenende Parasailing gemacht? Das find' ich doch so toll – erzähl mal!«. Und dann gibt es auch noch die Fälle, bei denen wir bei Fremden mithören und etwas Nützliches erfahren, uns aber nicht jedes Mal einklinken. »Hast du schon den neuen Clooney gesehen? Ein super Film.«

Und jetzt stellen Sie sich mal vor, Sie könnten ins Café spazieren und auswählen, dass Sie allen Unterhaltungen oder nur denen, die Sie interessieren, lauschen könnten. Die Verwendung der Facebook-Suche kann diesem Szenario entsprechen: Sie sitzen mitten in einem überfüllten Café, in dem all Ihre Freunde und alle anderen Personen auf der Welt gerade halböffentlich miteinander sprechen, und Sie können nach Themen suchen, die Ihnen wichtig sind, wobei die Ergebnisse von Ihren Freunden als Erstes angezeigt werden. So gesehen ist die Facebook-Suche das Pendant zu dem Satz: »Ich möchte wissen, ob gerade jetzt irgendwer irgendwo über X redet.« Und im Anschluss werden Sie wie von Zauberhand mitten in das Gespräch befördert!

In Abbildung 7.5 können Sie erkennen, was jemand vor sich sehen könnte, der nach einem bestimmten Thema, hier der Fußballweltmeisterschaft, gesucht hat. Geben Sie dazu zunächst in das Feld Suchen nach Personen, Orten und Dingen in der blauen Leiste das Wort »Fußball WM« ein. Im vorliegenden Fall wurde zusätzlich der Öffentliche Beiträge-Filter gewählt. Dabei kann es sich zum Beispiel um Links, Kommentare oder hochgeladene Fotos handeln, die von Nutzern oder Seiten für die Öffentlichkeit bestimmt sind.

Bei der Eingabe in das Suchfeld erscheinen immer automatisch unterhalb des Suchfeldes bereits die ersten acht Ergebnisse. Um zu der Gesamtübersicht zu gelangen, klicken Sie auf Weitere Ergebnisse anzeigen unterhalb der automatisch angezeigten Suchergebnisse.

Abbildung 7.5: Verwenden Sie die Suche, um die aktuellen Beiträge zu einem bestimmten Thema zu sehen

Sie können Ihre Suche mit Hilfe des Suchfilters nach bestimmten Arten von Inhalten auf Facebook durchsuchen. In Abbildung 7.5 sehen Sie in der linken Spalte, welche Bereiche Sie durchsuchen können: Personen, Seiten, Orte, Gruppen, Anwendungen, Veranstaltungen, Musik, Internetergebnisse (aus der Suchmaschine Bing) sowie Beiträge von Freunden oder Gruppen und öffentliche Beiträge.

Die Suche lässt sich für verschiedene Zwecke verwenden. Es kommt ganz darauf an, wonach Sie in dem Moment gerade Ausschau halten:

- **Schlagzeilen:** Die Suche eignet sich hervorragend, um nachzuforschen, was sich bei der Meldung des Tages Neues getan hat: die gerade vom Chef angekündigten Sanierungsmaßnahmen, der Tod des dauerjugendlichen Popstars oder die neueste Rede der Bundeskanzlerin. Durch die Suche nach Informationen über brandaktuelle Meldungen können Sie blitzschnell in ein Gespräch mit Ihren Freunden oder Personen auf der ganzen Welt verwickelt werden.
- **Pläne schmieden:** Suchen Sie nach Begriffen wie »Wochenende«. Dann könnten Sie herausfinden, was Ihre Freunde am Ende der Woche unternehmen. Vielleicht können Sie sich da ja anschließen. Suchen Sie nach »Abendessen«, um herauszukriegen, ob irgendjemand gerade versucht, Leute zum Abendessen zusammenzutrommeln. Leah Pearlman gibt samstags immer den Namen eines in der Nähe ihrer Wohnung gelegenen Parks ein, um zu sehen, ob sich noch andere dahin aufmachen wollen.
- **Empfehlungen:** Suchen Sie nach »Restaurant« und Sie werden aktuelle Meldungen Ihrer Freunde über Restaurants finden, die diese vor Kurzem besucht haben. Suchen Sie nach »Film« und Sie sehen vielleicht Beiträge, in denen andere sich über Filme unterhalten, die sie gesehen haben. Falls in diesen Meldungen nicht deutlich wird, ob diejenigen das Restaurant oder den Film mochten, können Sie daran anknüpfen und mal nachfragen.
- **Reaktionen:** Unternehmen nutzen die Facebook-Suche gerne, um nachzusehen, wie die Reaktionen der Leute auf Werbekampagnen oder Kino-Trailer ausfallen. Musiker könnten ein neues Lied herausbringen und die Facebook-Suche verwenden, um zu überprüfen, wie Nutzer auf ihr Werk reagieren.

Mit einer einzigen Suche auf Facebook können Sie sich das geballte Wissen all Ihrer Freunde, die in einem ähnlichen Zeitraum über ein ähnliches Thema diskutieren, aneignen.

All Ihre Beiträge sind für Ihre Freunde wiederauffindbar, wenn diese nach Wörtern suchen, die darin erscheinen (falls Sie nicht einige Freunde ausdrücklich vom Lesen bestimmter Beiträge ausgeschlossen haben). Alles, was Sie ohne Datenschutzrestriktionen veröffentlichen (die gewünschte Privatsphäre also auf ALLE einstellen), kann von jedem Nutzer auf Facebook, der nach diesem in Ihrem Beitrag enthaltenen Wort sucht, gefunden werden.

Die Suche spürt nur Themen der letzten 30 Tage auf. Falls Sie also etwas finden möchten, das früher veröffentlicht wurde, müssen Sie auf die altmodische Methode zurückgreifen (sich daran erinnern, wer es hinzugefügt hat, und es dann im Profil desjenigen heraussuchen). Facebook gibt jede Meldung wieder, die Ihre Freunde innerhalb der letzten 30 Tage verfasst haben. In allen anderen Fällen werden Sie nur die Statusmeldungen und die Handy-Uploads von anderen Nutzern sehen, die ihre Inhalte hinzugefügt und über die Privatsphäre-Einstellung den Zugriff für alle erlaubt haben.

Notizen

Notizen sind Blogs. Genau wie bei Blogs haben Sie bei Notizen die Möglichkeit, Einträge über Ihr Leben, Ihre Gedanken oder Ihr neuestes Lieblingslied vorzunehmen und dies mit Ihren Facebook-Freunden zu teilen.

Ebenso wie bei der Anwendung Fotos besteht bei Notizen der Reiz darin, dass man bloggen kann, ohne Freunden eine Webadresse mitteilen zu müssen, unter der sie sich das Blog ansehen können. Hier sind Ihre Freunde mit Ihrem Profil verknüpft. Wenn Sie Einträge verfassen, werden sie darüber in ihren Neuigkeiten informiert.

Sollten Sie bereits ein Blog führen, können Sie es in Notizen importieren und über diese Anwendung unter Ihren Freunden verbreiten.

Eine Notiz schreiben

Es existieren keine speziellen Anstandsregeln in Bezug auf die angemessene Länge von Notizen oder sogar deren Inhalt. Manche fassen sich gerne kurz und fügen informative Inhalte hinzu, andere nutzen gerne die zusätzliche Fläche, um sich alles zu einem bestimmten Thema vom Herzen zu schreiben. Tippen Sie los wie ein Verrückter oder auch nicht. Sie sind ideenlos? Erinnern Sie sich an etwas Lustiges, das Ihnen lieb und teuer ist, denken Sie an einen peinlichen Moment oder an ein Thema, das andere wirklich zum Nachdenken bringt. Facebook-Nutzer schreiben sehr häufig eine Notiz mit dem Titel »25 Things About Me«, in der 25 Tatsachen über ihr Leben einzeln aufgeführt werden. Es ist ziemlich einfach, die erste eigene Notiz zu schreiben:

1. **Wählen Sie auf Ihrer Startseite in der linken Spalte unter Anwendungen auf Notizen, um die Notizen-Seite zu öffnen.**

Um die NOTIZEN-Anwendung zu sehen, müssen Sie vorher eventuell auf MEHR klicken.

2. **Klicken Sie auf der NOTIZEN-Seite auf die + NOTIZ SCHREIBEN-Schaltfläche oben.**

   Es erscheint eine leere Notiz wie die in Abbildung 7.6.

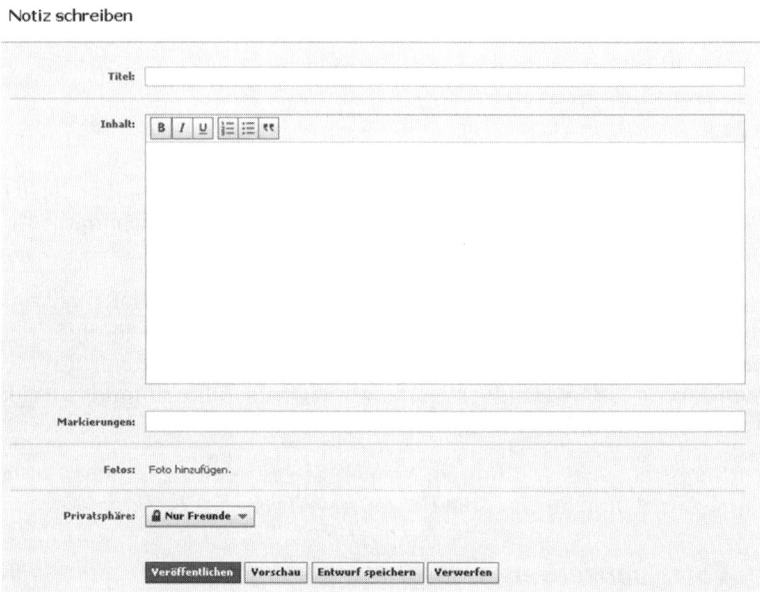

Abbildung 7.6: Ihr Eingabefeld für Notizen

3. **Geben Sie im TITEL-Feld einen Titel ein.**
4. **Geben Sie im INHALT-Feld ein, was Sie interessant finden.**
5. **Wenn Sie mit dem Schreiben fertig sind, klicken Sie auf VORSCHAU oder ENTWURF SPEICHERN, falls Sie sich die Notiz später noch einmal vornehmen möchten.**

   Durch einen Klick auf VORSCHAU wird Ihnen eine Vorschau der Notiz angezeigt, damit Sie sie vor dem Veröffentlichen noch einmal kurz überfliegen können. Falls Sie damit noch nicht ganz glücklich sind, machen Sie mit Schritt 6 weiter. Ist alles zu Ihrer Zufriedenheit, gehen Sie zu Schritt 7 über.

Sie können Ihren Entwurf jederzeit erneut öffnen, indem Sie auf den MEINE ENTWÜRFE-Menüpunkt klicken. Wenn Sie die NOTIZEN-Konsole besuchen, finden Sie ihn in der linken Spalte der Seite.

6. **Klicken Sie oberhalb der Notiz (neben der POSTEN-Schaltfläche) auf BEARBEITEN, um zur NOTIZ SCHREIBEN-Bildschirmansicht zurückzukehren.**

   Nehmen Sie so viele Änderungen vor, wie Sie nur möchten.

7. **Klicken Sie auf VERÖFFENTLICHEN, wenn Sie mit dem Ergebnis zufrieden sind.**

   Und voilà! Schon haben Sie Ihre Notiz und Ihre Gedanken mit jedem, der dies auf Ihrem Profil sehen kann, geteilt.

8. **Entscheiden Sie sich, ob Sie auch noch einen Beitrag für Ihre Pinnwand oder die Neuigkeiten Ihrer Freunde erstellen möchten.**

Ob Sie nun einen Beitrag erstellen oder nicht – Ihre Notiz ist definitiv vorhanden. Doch Ihre Freunde werden diese wahrscheinlich nicht sehen, wenn Sie nicht zusätzlich einen Beitrag darüber hinzufügen.

In den nächsten Abschnitten gehen wir Schritt für Schritt das Formatieren durch und zeigen Ihnen, was man sonst noch Ausgefallenes mit einer Notiz anstellen kann.

Eine Notiz formatieren

Es gibt in der Facebook-Anwendung NOTIZEN einen Webeditor, bei dem Sie zum Beispiel ein großes B, I oder U anklicken können, damit der Text fett, kursiv oder unterstrichen erscheint.

Über die VORSCHAU-Funktion innerhalb von NOTIZEN können Sie sehr gut nachprüfen, ob Ihre Formatierung wie gewünscht ausfällt.

In der Notiz ein Foto hinzufügen

Wir hören zwar häufig den Spruch »Ein Bild sagt mehr als tausend Worte«, doch dabei kommt es auf das Bild an. Daher ist es Ihnen auch völlig freigestellt, ob Sie Fotos zu Ihren Notizen hinzufügen möchten. Wenn Sie aber der Meinung sind, dass eine Kürzung um 1000 Wörter hilft, dann fügen Sie in Ihrer Notiz ein Bild hinzu:

1. **Klicken Sie auf der NOTIZ SCHREIBEN-Seite unterhalb der Notiz auf FOTO HINZUFÜGEN.**

   Um die gewünschten Bilder auf Ihrem Computer zu finden und hochzuladen, wählen Sie DATEI AUSWÄHLEN.

Während Sie die Notiz erstellen, wird jedes Foto mit einem HTML-Tag versehen. Die Tags für die Fotos werden standardmäßig in Ihrer Notiz eingefügt. Meist werden diese mit <photo id=1 /> bis <photo id=2 /> durchnummeriert. Machen Sie sich keine Sorgen, in der Vorschau und beim späteren Veröffentlichen erscheinen die Bilder »ganz normal«, so wie Sie es gewohnt sind.

2. **Geben Sie für jedes Foto eine Bildunterschrift ein und legen Sie über LAYOUT fest, wie es erscheinen soll.**

   Das Bild kann über die gesamte Breite der Notiz laufen oder in der Größe angepasst und nach links, nach rechts oder mittig ausgerichtet werden.

3. **Sehen Sie sich über die VORSCHAU-Schaltfläche an, wie Ihre Notiz aussieht.**

4. **Um das Gesamtbild zu verändern, klicken Sie auf BEARBEITEN, führen die Änderungen durch und klicken dann auf VERÖFFENTLICHEN.**

Freunde in einer Notiz markieren

In Ihren Meldungen könnten manchmal Freunde erwähnt werden. Stellen Sie sich mal vor, dass im wahren Leben Ihre Freunde jedes Mal benachrichtigt werden würden, wenn Sie Geschichten über sie erzählen. Na gut, vielleicht ist das für die Realität doch keine so gute Idee, aber malen Sie sich jetzt mal aus, dass Sie bei jeder tollen Geschichte über einen Freund diesem auch noch sagen würden: »Hey, ich habe diese Geschichte zum Besten gegeben, wo du kurz vor dem Tor diesen Fallrückzieher gemacht und dir dabei fast die Schulter ausgekugelt hast.« Ihrem Freund würde in dem Wissen, dass er (auf positive Weise) von sich reden gemacht hat, dann ganz warm ums Herz werden.

Wenn Sie Ihre Freunde in einer Notiz markieren, erreichen Sie dasselbe. Sie können eine komplette Notiz über die abenteuerlichste Nacht Ihres Lebens schreiben und all Ihre Freunde werden darüber benachrichtigt, dass sie eine Rolle darin gespielt haben. Ähnlich wie bei einer Fotomarkierung werden die Profile dieser Personen mit Ihrer Notiz verknüpft und Nutzer, die die Notiz lesen, können sehen, wer darin markiert wurde.

Im MARKIERUNGEN-Feld geben Sie den Namen der Person ein, die Sie markieren möchten. Wiederholen Sie den Vorgang, falls notwendig. Es kann sein, dass Facebook Ihnen einige Vorschläge macht, wenn die Webseite bestimmte Wörter findet, die mit Namen auf Ihrer kompletten Freundesliste übereinstimmen.

Fotos teilen und organisieren

8

In diesem Kapitel …

- Fotos und Videos hochladen, bearbeiten und darin markieren
- Fotoalben erstellen und mit Beschreibungen ergänzen
- Personen auf Bildern markieren und markiert werden

Wir vermitteln Ihnen in diesem Kapitel die Grundlagen zu Fotos und Videos, damit Sie viele interessante Dinge mit Ihren Freunden teilen können. Sobald Sie Ihren Freundeskreis und Ihr Profil aufgebaut haben, können Sie anfangen, Facebook mit »lebendigen« Inhalten zu füllen, die Sie gerne mit Ihren Freunden teilen möchten. Wenn wir von *lebendigen Inhalten* (auch »rich content« genannt) schreiben, meinen wir Dinge, die ein bisschen gehaltvoller sind als bloße Auflistungen von Interessen oder eine kurze Statusmeldung. Diese Arten von Inhalten, also beispielsweise Fotos und Videos über Ihr Leben, helfen dabei, ein vollständiges Bild von Ihrem Leben zu malen. Eine Statusmeldung wie etwa »Bin in Frankreich!« sagt schon viel aus, doch ein Fotoalbum über die Reise oder eine Notiz, in der Ihre Reiseroute umschrieben wird, lässt andere Menschen wirklich an Ihrer Begeisterung teilhaben.

Facebook-Fotos ist im Internet die führende Foto-Sharing-Anwendung. Das mag Sie überraschen, denn es gibt komplette Websites, die sich einzig und allein mit dem Speichern, Anzeigen und Teilen von Fotos befassen, während FOTOS doch lediglich ein kleiner Teil der komplexen Facebook-Website ist. Wir werden gleich noch darauf eingehen, doch aufgrund der Tatsache, dass höchstwahrscheinlich viele Ihrer Freunde bei Facebook registriert sind und FOTOS nutzen, wird diese Anwendung zu einer zentralen Anlaufstelle, um alle Bilder, auf denen Sie abgelichtet wurden und die von Ihnen und von Ihren Freunden aufgenommen wurden, zu finden.

Facebook-Video, das in der FOTOS-Anwendung enthalten ist, stellt ebenso eine zentrale Anlaufstelle für das Hochladen, Aufnehmen und Teilen mit Ihren Freunden dar, nur eben für Videos. Sie können damit wirklich coole Sachen machen, wie zum Beispiel Videonachrichten senden und Videos an Pinnwänden veröffentlichen. Sie können endlich all Ihren Freunden dieses geniale Video zeigen, das schon so lange auf Ihrem Computer vor sich hingedümpelt hat.

Fotos und Videos hochladen

Die einfachste und schnellste Möglichkeit Fotos oder Videos zu veröffentlichen, befindet sich direkt auf Ihrer Facebook-Startseite. Klicken Sie im Herausgeber auf den FOTOS/VIDEO-Link. Dadurch erscheint eine Ansicht, die in etwa wie in Abbildung 8.1 aussieht. In dieser Bildschirmansicht werden Ihnen verschiedene Optionen angeboten, um Inhalte hochzuladen.

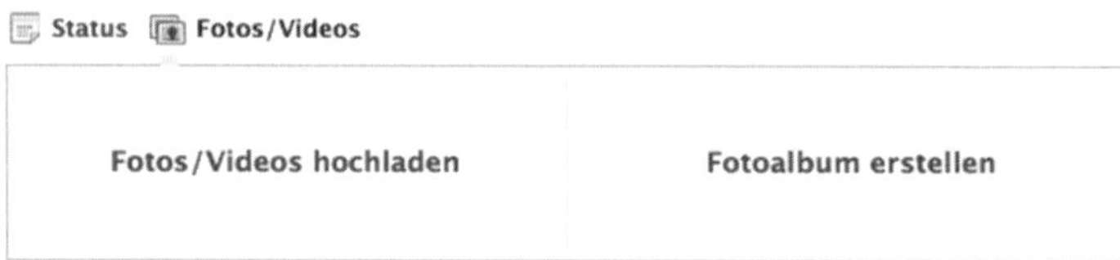

Abbildung 8.1: Entscheiden Sie, was Sie tun möchten

- ✔ **Foto/Video hochladen:** Wählen Sie diese Option, wenn Sie ein einzelnes, lustiges Bild haben, das Sie durch Veröffentlichung an Ihrer Pinnwand teilen möchten. Wenn Sie ein einzelnes Foto hochladen, wird es automatisch einem von Facebook erstellten Album mit dem Titel PINNWAND-FOTOS hinzugefügt.
- ✔ **Fotoalbum erstellen:** Diese Option wählen Sie, wenn Sie eine Reihe von Bildern mal so richtig schön zur Geltung bringen wollen. Durch Anklicken dieser Option wird ein Prozess in Gang gesetzt, den wir ausführlich im folgenden Abschnitt »Fotoalbum anlegen« beschreiben.

Sie sind bereit, ein Foto oder Video hinzuzufügen? Fangen Sie mit diesen Schritten an:

1. **Klicken Sie auf die FOTOS/VIDEOS HOCHLADEN-Schaltfläche im Herausgeber.**

   Dadurch öffnet sich ein Finder-Fenster oder ein Explorer-Fenster (je nachdem, ob Sie einen Mac oder einen PC benutzen), über das Sie sich dann bis zu den gewünschten Bildern vorklicken können.

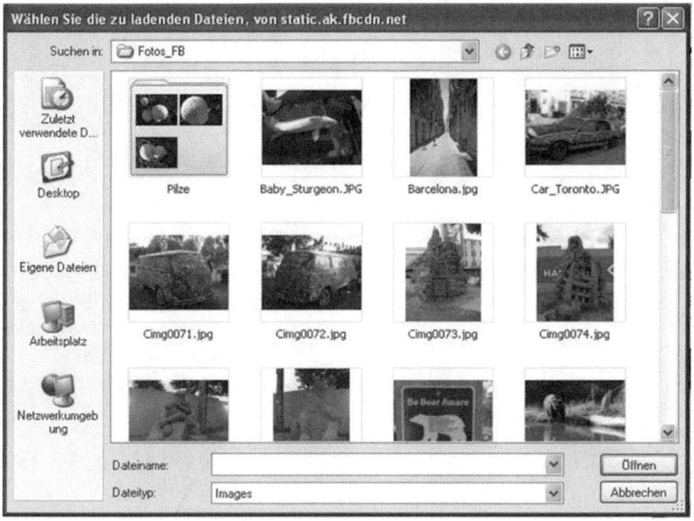

Abbildung 8.2: Wählen Sie hier Ihren Lieblingsschnappschuss aus

2. **Gehen Sie zu dem gewünschten Bild und wählen sie es aus.**
3. **Klicken Sie auf ÖFFNEN oder drücken die Eingabetaste.**

   Das Hochladen des Fotos beginnt und wird durch einen Fortschrittsbalken, wie in Abbildung 8.3 zu sehen, angezeigt. Das Ganze dauert normalerweise nicht sehr lange.

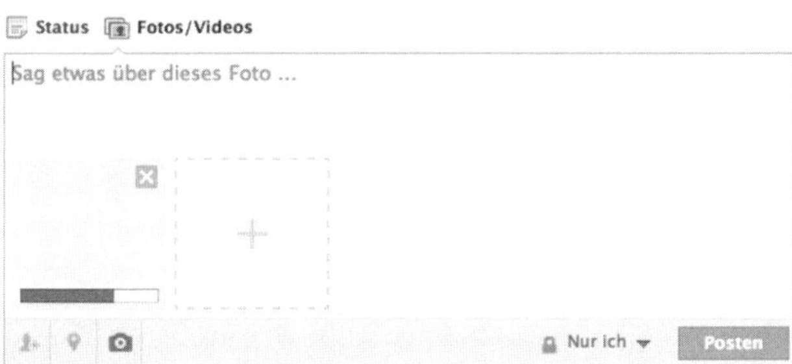

Abbildung 8.3: Der Fortschrittsbalken beim Hochladen von Fotos

Während Sie darauf warten, dass das Foto vollständig hochgeladen wird, können Sie bereits einige freiwillige Angaben zu Ihrem Fotoalbum machen. Sie können das allerdings auch noch später erledigen. Folgende Felder, die ebenso in Abbildung 8.3 zu sehen sind, können Sie ausfüllen:

- *Beschreibung:* In diesem Feld können Sie eine Beschreibung einfügen (»Sag etwas über dieses Foto…«).
- *Personen:* Hier können Sie eine oder mehrere Personen angeben, die mit Ihnen an dem dargestellten Ort waren oder die auf dem Bild zu sehen sind. Um Personen anzugeben, müssen Sie auf das kleine Symbol links unten im Fenster klicken.
- *Ort:* Meist wird hier angegeben, wo die Bilder entstanden sind. Dieses Feld müssen Sie aber nicht ausfüllen. Wenn Sie dies aber tun möchten, finden Sie dieses Feld direkt neben dem Symbol zum Freunde hinzufügen.
- *Dieses Foto teilen mit:* Neben dem POSTEN-Symbol finden Sie die Privatsphäre-Einstellung für dieses spezielle Foto. Sie können hier festlegen, wer dieses Foto später sehen kann.
- Sobald Sie jetzt auf POSTEN klicken, wird das Foto auf Ihrem Profil veröffentlicht.

Je nachdem, welchen Browser Sie nutzen, müssen Sie eventuell jedes Mal, wenn Sie Fotos hochladen wollen bestätigen, dass Sie Facebook vertrauen. Sollte das Zertifikat oder die Eingabeaufforderung von Facebook stammen, können Sie es ruhigen Gewissens bestätigen.

Videos hochladen

Videos hochzuladen ist genauso einfach, wie Fotos hochladen, insofern Sie die Videodatei bereits auf Ihrem Rechner gespeichert haben.

1. **Klicken Sie auf die FOTOS/VIDEOS HOCHLADEN-Schaltfläche im Herausgeber.**
2. **Gehen Sie zu dem gewünschten Video auf Ihrer Festplatte und wählen Sie es aus.**
3. **Klicken Sie auf ÖFFNEN oder drücken die Eingabetaste.**

   Das Hochladen des Videos beginnt und wird durch einen Fortschrittsbalken, wie in Abbildung 8.4 zu sehen, angezeigt. Bei größeren Videodateien kann dies schon mal ein paar Minuten dauern. Auch hier können Sie während dieser Zeit schon Angaben zum Video machen: Titel, Beschreibung und Ort.

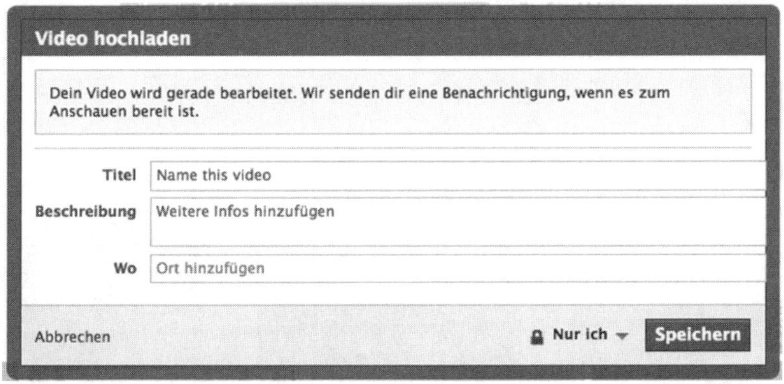

Abbildung 8.4: Während des Hochladens können Sie bereits Angaben zum Video machen

Bei größeren Videos kann das Hochladen schon mal eine Weile dauern. In diesem Fall müssen Sie nicht die ganze Zeit vor dem Rechner sitzen und warten, denn Sie werden per E-Mail von Facebook informiert, sobald Ihr Video bereitsteht.

Fotoalben anlegen

Das Anlegen von Fotoalben, also Sammlungen von Fotos mit einem gemeinsamen Thema, funktioniert im Prinzip genauso wie das Hochladen einzelner Fotos. Klicken Sie hierzu zunächst auf den Link FOTOS/VIDEOS im Herausgeber. Es erscheint dann das Fenster zum Hochladen von Fotos und Videos.

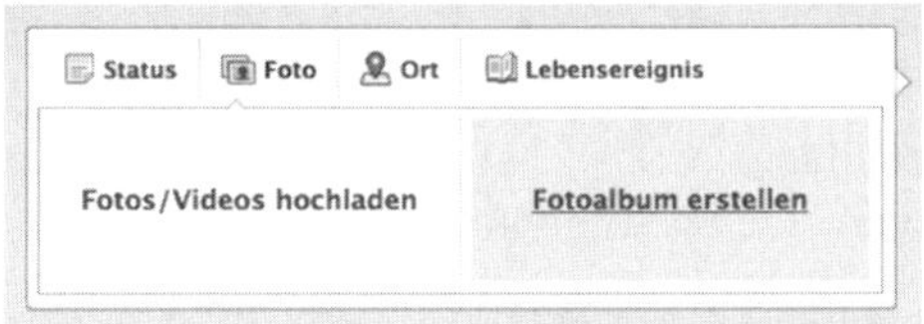

Abbildung 8.5: Anlegen von Fotoalben im Herausgeber

Dies sind die Schritte beim Anlegen eines Fotoalbums:

1. **Klicken Sie auf die FOTOALBUM ERSTELLEN -Schaltfläche im Herausgeber.**
2. **Wählen Sie die gewünschten Bilder im sich öffnenden Fenster aus.**
3. **Klicken Sie auf ÖFFNEN oder drücken Sie die Eingabetaste.**

Das Hochladen der Fotos beginnt und Sie gelangen auf eine Seite, auf der Sie weitere Angaben machen können.

Abbildung 8.6: Ansicht beim Hochladen eines Albums

Bereits während die Bilder hochgeladen werden, können Sie zusätzliche Angaben zu dem Album machen, wie Sie in Abbildung 8.6 sehen.

- ✔ **Titel**: Geben Sie in dem Feld UNBEKANNTES ALBUM einen aussagekräftigen Titel für Ihr Fotoalbum ein, zum Beispiel »Hamburger Hafenbilder«.
- ✔ **Beschreibung des Albums**: Unterhalb des Titels können Sie eine längere Beschreibung eingeben. Hier könnte zum Beispiel ein kurzer Reisebericht stehen, wenn Sie Urlaubsbilder hochladen.
- ✔ **Ort hinzufügen**: Wenn alle Fotos dieses Albums an einem Ort geschossen wurden, können Sie diesen oben rechts eingeben. Zusätzlich können Sie diese

Angabe auch bei jedem einzelnen Foto machen. Dafür klicken Sie auf das Stecknadel-Symbol unterhalb jedes einzelnen Fotos.

- ✔ **Datum hinzufügen**: Auch den Zeitpunkt, wann die Bilder erstellt wurden, können Sie für das ganze Album oder jedes einzelne Bild festlegen. Sie können diese Angaben machen, müssen aber nicht. Wenn es Ihnen nicht auf das genaue Datum ankommt, können Sie auch einfach zum Beispiel »Menorca Urlaub im September 2013« als Titel des Albums wählen.
- ✔ **Beschreibung der Bilder**: Zu jedem Foto können Sie einen Text als Beschreibung hinzufügen.
- ✔ **Posten**: Wenn Sie mit allen Angaben fertig sind, klicken Sie auf FOTOS POSTEN und schon haben Sie ihr Fotoalbum erstellt.

Sie müssen nicht alle Angaben bereits beim Anlegen des Albums machen. Auch danach können Sie jederzeit Beschreibungen und Orte löschen oder hinzufügen. Sogar die Reihenfolge und Größe der Bilder in Ihrem Album können Sie noch verändern.

Ihre persönliche Fotoseite

Wenn Sie auf Ihrer Facebook-Startseite in der Spalte ganz links FOTOS auswählen, landen Sie auf der FOTOS-Seite. Auf dieser Seite werden alle Ihre Fotos und diejenigen, die Ihre Freunde hinzugefügt haben oder in denen diese markiert worden sind, gezeigt.

In Ihrer Bilderansicht werden Ihnen drei Möglichkeiten zur Auswahl angeboten:

- ✔ **Fotos von mir:** Hier finden Sie alle Fotos, auf denen Sie von sich selbst oder von anderen als Person markiert wurden.
- ✔ **Fotos:** alle Fotos, die Sie bisher hochgeladen haben, sehen Sie in diesem Ordner in chronologischer Reihenfolge. Wenn Sie auf eines der Bilder klicken, gelangen Sie zur Großbildansicht mit Ihrer Beschreibung, allen »Gefällt mir«-Angaben und Kommentaren.
- ✔ **Alben:** In diesem Bereich werden die Fotoalben präsentiert, die Sie angelegt haben. Zusätzlich legt Facebook hier automatisch einen Ordner für Ihre Chronik-Fotos an, die Sie einzeln hochgeladen haben. Für Ihre Profilbilder und die Titelbilder (das ist das große Foto oben in Ihrem Profil) werden ebenfalls automatisch Ordner angelegt, damit Sie diese immer leicht wiederfinden.

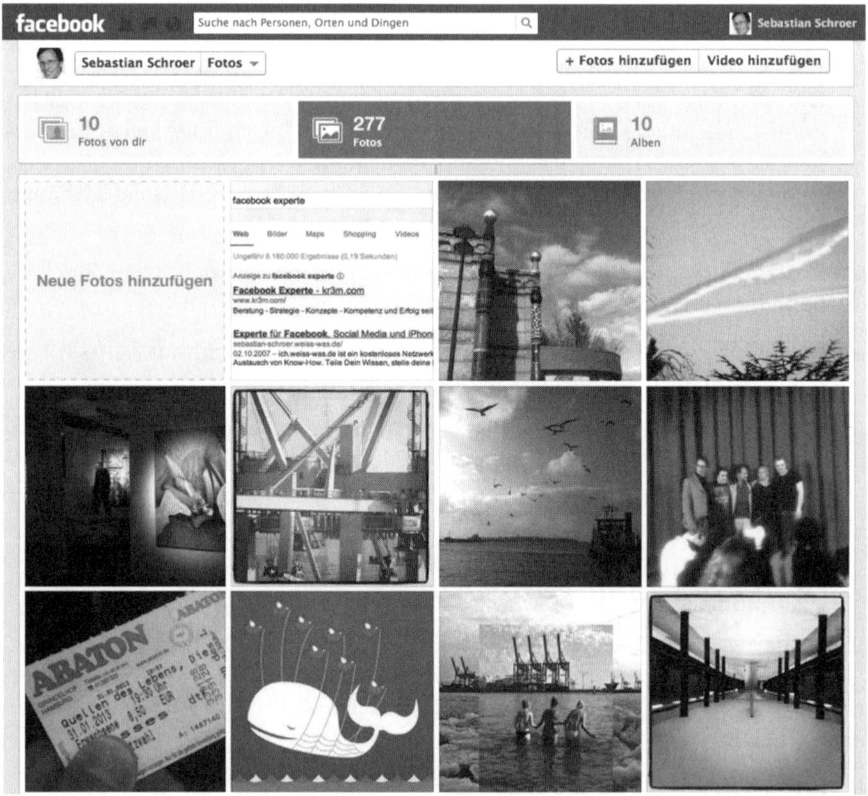

Abbildung 8.7: Der Überblick über Ihre Bilder

Fotos und Videos bearbeiten und darin markieren

Wenn wir davon schreiben, Fotoalben und Videos, die Sie hinzugefügt haben, zu bearbeiten, dann meinen wir damit nicht all die raffinierten Dinge, die man mit Bildbearbeitungsprogrammen erreichen kann. Durch Ihre Bearbeitung bestimmen Sie stattdessen, wie das Ganze angezeigt und von Ihren Freunden gesehen wird. Wir sehen uns die Optionen für die beiden Bereiche FOTOS und VIDEO an. Behalten Sie im Hinterkopf, dass die Bearbeitung letzten Endes dazu dient, dass Ihre Freunde Ihre hochgeladenen Objekte leichter finden und sich daran erfreuen können.

✔ **Fotos bearbeiten:** Hier können Sie eine Beschreibung für Ihre Fotos hinzufügen, Ihre Freunde in einzelnen Bildern markieren (im Abschnitt »Andere in

Fotos markieren« weiter hinten in diesem Kapitel erklären wir, worum es dabei geht), auswählen, welches das Titelbild des Albums sein soll und die Reihenfolge der Bilder ändern.

✔ **Album bearbeiten:** Wie bereits weiter oben erwähnt, können Sie den Namen des Albums sowie weitere Daten, die Sie beim Erstellen des Albums hinzugefügt haben, auch nachträglich ändern. Klicken Sie dazu einfach auf die BEARBEITEN-Schaltfläche oben rechts in Ihrem Album. Sie gelangen dann wieder zu der Ansicht ähnlich wie in Abbildung 8.6.

✔ **Löschen:** Hier können Sie ein komplettes Album löschen. Klicken Sie auf das Zahnrad-Symbol und löschen Sie das komplette Album.

Sollten Sie die Fotos mit noch ausgefeilteren Methoden wie etwa einer Reduzierung des Rote-Augen-Effekts bearbeiten oder zuschneiden wollen, müssen Sie dies vor dem Hochladen der Bilder an Ihrem Computer erledigen.

Klicken Sie unten auf FERTIG, nachdem Sie alle Beschreibungen, Markierungen und Bearbeitungen eingefügt haben. Falls Sie es nicht tun und an anderer Stelle klicken, um auf eine neue Seite zu gelangen, gehen all Ihre Beschreibungen, Markierungen und die Reihenfolge der Fotos verloren.

Andere in Fotos markieren

Beim *Markieren* – der Funktion von FACEBOOK-FOTOS, die diese Anwendung für alle so wertvoll macht – beschriften Sie die Bilder, um anzugeben, wer darin zu sehen ist. Stellen Sie sich mal vor, Sie würden all Ihre Fotos ausdrucken, in Alben kleben und dann eine riesige Tabelle erstellen, in der die Fotos und die darin abgebildeten Personen verknüpft sind. Und danach würden Sie Ihre Tabelle mit den Tabellen all Ihrer Freunde verbinden. Genau darum geht es beim Markieren. Wenn Sie einen Freund markieren, wird dadurch ein Link von seinem Profil zu dem entsprechenden Foto erstellt und er wird benachrichtigt, dass Sie ihn markiert haben. Ihre Freunde können Fotomarkierungen jederzeit entfernen, wenn ihnen eine Verlinkung zu ihrem Profil nicht recht ist.

In Abbildung 8.8 sehen Sie, wie das Feld für die Fotomarkierung aussieht. Um jemanden in einem Foto in der ALBUM BEARBEITEN-Bildschirmansicht zu markieren, gehen Sie wie folgt vor:

1. **Halten Sie die Maus über das Foto, in dem Sie jemanden markieren möchten.**

   Der Mauszeiger zeigt keinen Pfeil mehr, sondern ein Fadenkreuz an.

2. **Klicken Sie auf das Gesicht der Person, die Sie markieren möchten.**

3. **In dem sich öffnenden Fenster fangen Sie an, den Namen eines Freundes einzutippen. Es erscheint eine Liste mit Vorschlägen, wen Ihrer Freunde Sie suchen könnten. Sobald Sie den Namen Ihres Freundes sehen, wählen Sie ihn mit der Maus aus.**

   Beim Markieren in einem Album werden außerdem die bereits markierten Personen ganz oben in der kompletten Liste gespeichert (für den Fall, dass diese in mehreren Bildern markiert wurden).

   Nachdem Sie Ihren Freund ausgewählt haben, erscheint sein Name unter der Beschreibung im AUF DIESEM FOTO-Feld. Sich selbst markieren Sie, indem Sie Ihren Namen oder einfach »ich« eintippen.

4. **Denken Sie daran, wenn Sie fertig sind, auf FERTIG MARKIERT zu klicken.**

Abbildung 8.8: Freunde in Fotos markieren

Falls auf einem Ihrer Fotos ein Freund abgebildet ist, der kein registrierter Nutzer von Facebook ist, können Sie ihn dennoch markieren. Wenn Sie seinen Namen eintippen, wird irgendwann kein Name Ihrer kompletten Freundesliste mehr angezeigt. Geben Sie den Namen Ihres Freundes dennoch in das Feld ein. Sein Name ist dann in der Liste der markierten Personen zu finden. Allerdings wird er nicht als Link, sondern als einfacher Text angezeigt.

Andere in Fotos von Freunden markieren

Manche neigen beim Markieren von Fotos ein bisschen zu Faulheit. Es ist zeitaufwendig und sie denken sich: »Na ja, irgendwann werden die Leute dieses Foto schon entdecken.« Doch hier kommt die gute Nachricht: Sie können helfen. Wenn Sie ein Bild sehen, auf dem Freunde noch nicht markiert worden sind, sollten Sie nach den darunter liegenden Links Ausschau halten. Dort müsste die Option JEMANDEN AUF DIESEM FOTO MARKIEREN erscheinen. Klicken Sie auf den Link. Befolgen Sie danach die im Abschnitt »Andere in Fotos markieren« genannten Schritte, um Ihre Freunde zu markieren. Derjenige, der das Foto ursprünglich hinzugefügt hat, sowie die von Ihnen markierten Personen werden benachrichtigt. Nur wenn diese Personen die Markierung akzeptieren, erscheint das Foto auch in deren Fotoalbum.

Fotos in Alben bearbeiten

In der Ansicht eines Albums können Sie festlegen, in welcher Reihenfolge diese erscheinen. Dafür ziehen Sie einfach die Fotos mit der Maus an eine andere Stelle. Automatisch wird diese neue Reihenfolge dann gespeichert.

Wenn Sie mit der Maus über ein einzelnes Foto gehen, erscheinen oben rechts die Felder HERVORHEBEN und BEARBEITEN ODER ENTFERNEN.

- ✔ **Hervorheben:** Hier können Sie festlegen, welches Foto in der Albumansicht größer als die anderen angezeigt wird. Diese Festlegung können Sie auch wieder rückgängig machen.
- ✔ **Bearbeiten oder Löschen:** Hier können Sie zwischen verschiedenen Optionen wählen. Sie können Ort und Datum ändern, dieses Foto als Titelbild für Ihr Profil oder als Titelbild dieses Albums festlegen, es herunterladen oder auch löschen.

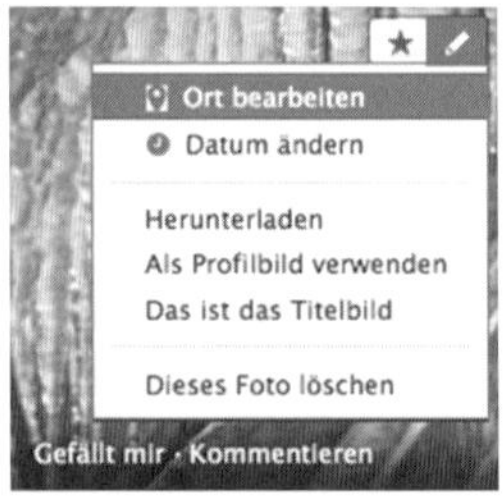

Abbildung 8.9: Bilder im Album bearbeiten

Das Herunterladen von Fotos ist eine spannende Funktion. Jedes Foto, das Ihnen auf Facebook angezeigt wird, können Sie immer auch herunterladen und auf Ihrem Computer separat abspeichern. Nicht nur Ihre eigenen Fotos, sondern auch alle anderen bieten diese Funktion. Klicken Sie einfach in der Großbildansicht eines Fotos auf OPTIONEN, dann finden Sie den Punkt HERUNTERLADEN.

Videos bearbeiten und darin markieren

Im Vergleich zur Bearbeitung eines Fotoalbums und den unzähligen Bildschirmansichten, die man dabei sieht, ist die Bearbeitung eines Videos vergleichsweise einfach. In Abbildung 8.10 sehen Sie, welche Optionen Ihnen hier angeboten

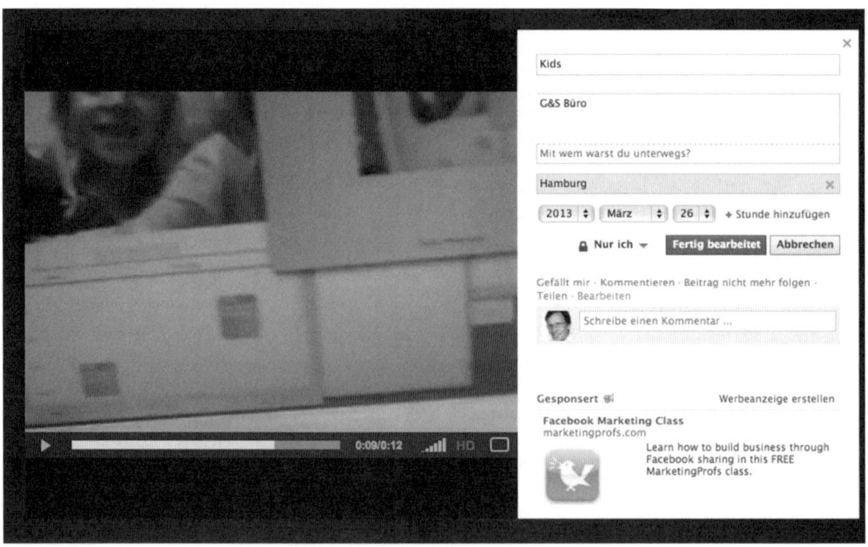

Abbildung 8.10: Videos bearbeiten

werden. Da Ihnen auf Facebook-Video nicht sehr viele ausgefeilte Optionen zur Videobearbeitung geboten werden, sollten Sie das Video schneiden oder einen Soundtrack hinzufügen, bevor Sie es auf Facebook hochladen.

Sollte es ein Foto oder Video von anderen geben, das Ihrer Meinung nach überhaupt nicht – selbst nachdem Sie die Markierung entfernt haben – auf Facebook erscheinen soll, müssen Sie sich an den betreffenden Freund wenden und ihn bitten, es zu löschen.

Das Profilbilder-Album ansehen

Auf Facebook wird automatisch ein Album mit Ihren Profilbildern erstellt. Es wird *Profilbilder-Album* genannt. Jedes Mal, wenn Sie ein neues Profilbild hochladen, wird es zu diesem Album hinzugefügt.

Das Profilbilder-Album, in dem Sie all Ihre früheren Profilbilder betrachten können, finden Sie in Ihrer Albumübersicht. Wenn Sie auf die einzelnen Bilder klicken, werden Ihnen alle Optionen angezeigt. Sie können eine Beschreibung einfügen, andere Nutzer darin markieren, das Bild teilen, herunterladen, es von nun an als Profilbild verwenden oder es löschen. Sie können ganz ähnlich wie beim Hochladen von Alben vorgehen. Sie können jedes beliebige Foto aus diesem Album automatisch erneut als Profilbild anzeigen lassen, indem Sie auf den Als Profilbild verwenden-Link links unten unter dem entsprechenden Bild klicken. Diesen Link finden Sie außerdem unter jedem Foto, in dem Sie markiert sind.

Wenn Sie sich auf Facebook registrieren, ist es standardmäßig so eingestellt, dass Alben und Videos, die Sie hinzufügen, für alle sichtbar sind. Wenn Ihnen das nicht recht ist, sollten Sie daran denken, die Privatsphäre-Einstellungen beim Hinzufügen von Fotos und Videos entsprechend anzupassen.

Denken Sie daran, dass Bilder von Ihnen, die anderen Nutzern gehören, über Privatsphäre-Einstellungen verfügen könnten, die der Besitzer des jeweiligen Albums festgelegt hat. Selbst wenn Sie all Ihren Netzwerken und Freunden den Zugriff auf Ihre Bilder erlauben, könnten bestimmte Personen aufgrund der Privatsphäre-Einstellungen anderer Nutzer für Alben vom Betrachten aller Fotos ausgeschlossen sein.

Alben mit nicht auf Facebook registrierten Personen teilen

Falls all Ihre Freunde und alle anderen, die Ihre Fotos sehen sollen, bereits auf Facebook registriert sind, kann man die Bilder mühelos teilen. Dennoch haben die meisten einige Freunde, die nicht auf Facebook registriert sind. Hier finden Sie eine Möglichkeit, wie Sie Ihre Alben mit ihnen teilen können:

Kopieren und einfügen: Auf der Ansichtsseite eines Albums finden Sie über das Zahnrad-Symbol oben rechts die Möglichkeit, auf LINK ERSTELLEN zu klicken. Kopieren Sie diesen Link und fügen Sie ihn in eine E-Mail, ein Blog oder an anderer Stelle im Internet ein. Jeder, der darauf klickt, kann dann Ihr Album sehen.

Mit Freunden in Kontakt bleiben

9

In diesem Kapitel ...

- Freunde auf Facebook finden
- Private Nachrichten schreiben
- Im Chat verbunden
- Veranstaltungen erstellen

Auf Facebook beruhen alle Freundschaften auf *Gegenseitigkeit*. Das heißt, wenn Sie jemanden als Freund hinzufügen, auch neudeutsch »adden« genannt, muss derjenige erst die Freundschaft bestätigt haben, bevor sie auf beiden Profilen auftaucht. Falls jemand Sie als Freund hinzufügt, können Sie zwischen BESTÄTIGEN und NICHT JETZT wählen. Bestätigen Sie die Person, sagen wir: »Glückwunsch! Sie haben einen neuen Freund!« Und sollten Sie ihn durch einen Klick auf NICHT JETZT ignorieren, wird er es auch nicht so genau mitkriegen.

Was bedeutet »Freunde sein« auf Facebook?

Eine gute Frage. In vielerlei Hinsicht ist ein *Facebook-Freund* dasselbe wie ein Freund im wahren Leben. (Obwohl viele unserer Bekannten wortwörtlich sagen: »Man ist noch nicht richtig befreundet, wenn man nicht zu den Facebook-Freunden zählt.«) Einige kleine Unterschiede zwischen reellen und virtuellen Freunden bestehen aber doch. Es gibt ein paar Besonderheiten an Freundschaften auf Facebook, die Sie kennen sollten.

Folgen für die Privatsphäre

Wenn Sie Freundschaftsanfragen senden oder bestätigen, müssen Sie eins unbedingt im Hinterkopf behalten: Ihre Freunde können mehr über Sie sehen. Die Sichtbarkeit für die meisten Teile des Profils kann man auf eine Untergruppe der Freunde begrenzen, doch die meisten geben ihr komplettes Profil für all ihre Freunde, wenn nicht gar noch mehr Personen, frei. Falls Sie Ihr Profil so eingestellt haben, bedeutet die Bestätigung einer Freundschaftsanfrage, dass Sie der jeweiligen Person Zugriff auf all jene Dinge geben, die auch Ihre restlichen Freunde sehen können.

Folgen für die Neuigkeiten

Sobald Sie Personen als Freunde hinzufügen, erscheinen von ihnen verfasste Meldungen ab diesem Zeitpunkt automatisch in Ihren Neuigkeiten. Sie können gleich darauf ihre Statusmeldungen sehen, welche Fotos sie hochgeladen haben und so weiter. Sollten Sie sich allerdings nicht besonders für eine bestimmte Person interessieren (zum Beispiel jemanden, den Sie am Arbeitsplatz kennengelernt haben und bei dem Ihnen relativ egal ist, was er tagtäglich treibt) oder sollten Sie feststellen, dass Sie die Beiträge uninteressant finden, können Sie die Beiträge dieser Person nachträglich jederzeit in Ihren Neuigkeiten verbergen.

Wählen Sie Ihre Freunde mit Bedacht

Üblicherweise senden Sie Freundschaftsanfragen nur an Personen, die Sie kennen, und bestätigen auch nur welche von Bekannten. Falls Sie jemanden nicht kennen – wir meinen *Freundschaftsanfragen an zufällig ausgewählte Personen* –, dann klicken Sie am besten auf NICHT JETZT. Aus all den oben genannten Gründen zum Thema Privatsphäre, Neuigkeiten und Reflexion der Wirklichkeit sollten Sie sich mit niemandem anfreunden, wenn Sie zu dem Betreffenden eigentlich keinerlei Bezug haben. Aufgrund der Folgen von Freundschaften auf Neuigkeiten und Privatsphäre sollten Sie versuchen, Ihre komplette Freundesliste auf die Personen zu beschränken, die Ihnen wirklich wichtig sind. Nun könnte die Anzahl derer, die Ihnen wichtig sind – einschließlich der Personen, die Ihnen am allerwichtigsten sind, und der, die Ihnen am wenigsten wichtig sind – groß oder klein sein. Auf Facebook haben die meisten durchschnittlich 120 Freunde. Sind einer Person mit 120 Freunden alle davon gleich wichtig? Wahrscheinlich nicht. Sollten Sie versuchen, auf 120 Freunde zu kommen? Nein. Carolyn Abrams Mutter hat mit weniger als 30 Freunden sehr viel Spaß auf Facebook.

Auf Facebook Freunde finden

Es gibt verschiedene Möglichkeiten, Ihre Freunde auf Facebook aufzustöbern. Mit dem Freundefinder können Sie auf einen Schlag viele Ihrer Freunde finden. Sie können aber auch über die Suche aktiv nach einzelnen Personen suchen. Darüber hinaus wird Ihnen Facebook an verschiedenen Stellen Personen vorschlagen, die Sie möglicherweise kennen können.

Der Freundefinder

Der *Freundefinder* ist ein Werkzeug, das die E-Mail-Adressen Ihres E-Mail-Adressbuchs mit den Profilen von Facebook-Nutzern abgleicht. Da jede E-Mail-Adresse nur einem einzigen Facebook-Konto zugeordnet werden kann, können Sie sicher sein, dass Ihre Ergebnisse wirklich die Personen anzeigen, mit denen Sie ja bereits E-Mail-Verkehr hatten.

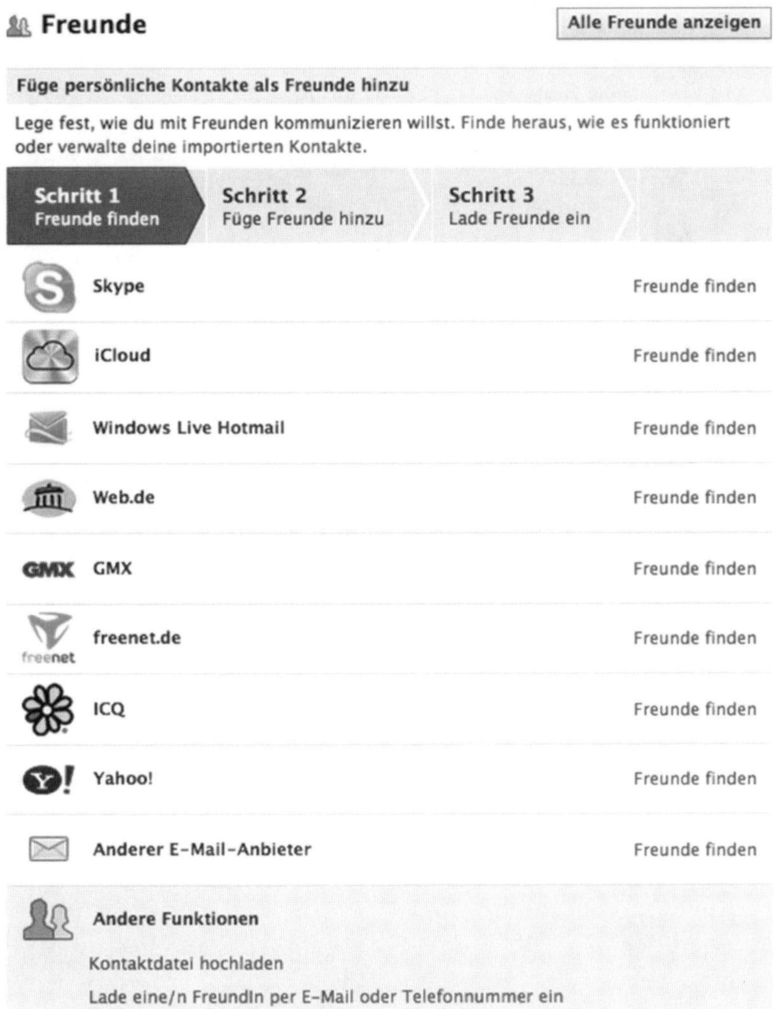

Abbildung 9.1: Auswahl des E-Mail-Kontos im Freundefinder

Mit Ihrer Erlaubnis werden diejenigen, die zur E-Mail-Adresse aus Ihrem E-Mail-Adressbuch kein passendes Facebook-Konto haben, über den Freundefinder zu Facebook eingeladen. Falls Ihre E-Mail-Kontakte sich aufgrund Ihrer Einladung auf der Website registrieren, finden sie gleich nach der Registrierung eine Freundschaftsanfrage von Ihnen vor.

Um den Freundefinder nutzen zu können, müssen Sie auf Facebook Ihre E-Mail-Adresse und Ihr E-Mail-Passwort angeben. Um den Freundefinder zu finden, klicken Sie in der blauen Leiste am oberen Rand auf das Freunde-Symbol und im sich öffnenden Fenster auf FREUNDE FINDEN. Sie sehen dann ein Fenster wie in Abbildung 9.1. Sie können auch wie in der folgenden Schritt-für-Schritt-Anleitung vorgehen, um den Freundefinder zu benutzen.

Und so verwenden Sie den Freundefinder:

1. **Rufen Sie den Freundefinder auf unter** `www.facebook.com/?sk=ff`
2. **Wählen Sie das von Ihnen genutzte Mailprogramm aus.**
3. **Geben Sie Ihre E-Mail-Adresse im** DEINE E-MAIL-**Feld ein.**
4. **Geben Sie im** E-MAIL-PASSWORT-**Feld Ihr E-Mail-Passwort (nicht Ihr Facebook-Passwort) ein und klicken Sie auf** FREUNDE FINDEN.

Diese Anleitung ist für Personen gedacht, die zum ersten Mal den Freundefinder verwenden. Falls Sie ihn schon einmal genutzt haben oder gerade bei Ihrem Webmail-Client angemeldet sind, sehen Sie möglicherweise einige Felder, die bereits ausgefüllt sind, oder werden in zusätzlichen Eingabeaufforderungen in Popup-Fenstern um die Erlaubnis gebeten, Daten an Facebook zu senden.

Abbildung 9.2: Der FREUNDESAUSWAHL-Abschnitt des Freundefinders

5. Entscheiden Sie, ob Sie:

- *Alle als Freunde hinzufügen.* Klicken Sie auf FREUNDE HINZUFÜGEN.
- *Sich mit niemandem anfreunden.* Klicken Sie auf ÜBERSPRINGEN.
- *Viele Personen als Freunde hinzufügen.* Klicken Sie zunächst auf ALLE FREUNDE AUSWÄHLEN. Heben Sie dann die Markierung bei den Auswahlkästchen neben den Namen von bestimmten Personen, mit denen Sie nicht befreundet sein möchten, wieder auf. Nachdem Sie bei allen unerwünschten Personen die Markierung aufgehoben haben, klicken Sie auf FREUNDE HINZUFÜGEN.
- *Nur einige Personen als Freunde hinzufügen.* Setzen Sie einen Haken in dem Kästchen links neben den Namen von Personen, die Sie als Freunde hinzufügen möchten. Nachdem Sie alle ausgewählt haben, die Sie gerne einladen möchten, klicken Sie auf FREUNDE HINZUFÜGEN.

Schnellsuche

Beim SCHNELLSUCHE-Feld ganz oben in der blauen Leiste ist der Name Programm (mehr oder weniger). Sie geben den Namen von jemandem, den Sie auf Facebook finden möchten, ein und erhalten sehr schnell eine Liste mit Suchergebnissen. Facebook wird Ihnen schon während der Eingabe eine Liste mit den acht ersten passenden Personen anzeigen. Wenn Sie die Eingabetaste drücken, gelangen Sie direkt zu der ersten Person aus dieser Liste. Möchten Sie lieber die Suchergebnisliste sehen? Dann lassen Sie sich die weiteren Ergebnisse anzeigen, indem Sie auf das Feld unterhalb dieser ersten Ergebnisse klicken.

Vorschläge von Facebook

Nachdem Sie ein paar Freunde gefunden haben, kann Facebook eine ziemlich gute Schätzung abgeben, wer noch zu Ihren Freunden zählen könnte. Facebook sieht sich dafür in erster Linie Personen an, die dieselben Freunde wie Sie angegeben haben. Im PERSONEN, DIE DU VIELLEICHT KENNST-Feld, das in Abbildung 9.3 dargestellt wird, sehen Sie eine Liste mit Personen, von denen Facebook annimmt, dass Sie sie kennen und daher mit Ihnen befreundet sein möchten. Sie gelangen zu den Vorschlägen, indem Sie Ihr Profil aufrufen, dort auf das Freunde-Feld klicken und dann oben rechts auf das Feld +FREUNDE FINDEN klicken. Alternativ rufen Sie diese Adresse auf: `www.facebook.com/find-friends/browser`. Falls Sie dort einen Bekannten entdecken, fügen Sie ihn als Freund hinzu, indem Sie einfach auf den passenderweise +1 FREUNDIN HINZUFÜGEN genannten Link unter seinem Namen klicken. Sie sehen bei den Vorschlägen auch gleich die gemeinsamen Freunde.

Abbildung 9.3: Facebook schlägt Ihnen Freunde vor.

Weitere Vorschläge können Sie mit Hilfe der Eingabefelder, die Sie links in Abbildung 9.3 sehen können, aufrufen. Dort können Sie gezielt nach Personen aus bestimmten Wohn- oder Heimatorten sowie bestimmten Schulen oder Arbeitgebern finden.

An welcher Stelle auch immer Sie nach Personen suchen, Facebook wird Ihnen immer diejenigen zuerst vorschlagen, mit denen Sie gemeinsame Freunde haben. So wird es Ihnen sehr leicht gemacht, bekannte Personen auf Facebook wiederzufinden.

Freundeslisten erstellen und verwenden

Sie können Ihre Freunde als eine homogene Gruppe betrachten und alle entsprechend gleich behandeln. Dann können alle Ihre Freunde sehen, was Sie schreiben und Ihre Profilinformationen und Fotos sehen. Sie haben aber auch die Möglichkeit, Freunde in Gruppen aufzuteilen, den sogenannten FREUNDESLISTEN. Auf diese Weise können Sie beispielsweise festlegen, dass ein einzelner Beitrag nur von der einen oder anderen Gruppe von Freunden gelesen werden kann oder diese nur bestimmte Fotos sehen können.

Um Ihnen den Einstieg in dieses Thema zu erleichtern, sind in der Grundeinstellung bereits drei Listen angelegt.

- ✔ **Enge Freunde:** Fügen Sie die besten Freunde zu dieser Liste hinzu. Dann wird Ihnen mehr von ihnen in den Neuigkeiten angezeigt und Sie werden benachrichtigt, wenn sie etwas posten.
- ✔ **Bekannte:** Diese Liste ist für Freunde, mit denen Sie keinen engen Kontakt pflegen. Personen auf Ihrer Bekanntenliste tauchen seltener in Ihren Neuigkeiten auf. Sie können diese Personen auch ausschließen, wenn Sie etwas posten, indem Sie in der Publikumsauswahl FREUNDE, OHNE BEKANNTE auswählen.
- ✔ **Eingeschränkt:** Diese Liste ist für Personen, die Sie als Freunde hinzugefügt haben, mit denen Sie aber nichts teilen möchten, zum Beispiel Ihr Chef. Wenn Sie Nutzer zu einer eingeschränkten Liste hinzufügen, werden ihnen nur die öffentlichen Inhalte oder Beiträge von Ihnen angezeigt, in denen sie von Ihnen markiert wurden.

In der Grundeinstellung ist jeder neue Freund zunächst einmal Teil der Liste FREUNDE. Danach können Sie ihn oder sie einer der drei genannten Listen hinzufügen, oder eine neue Liste anlegen. Hinweis: Ihre Freunde werden niemals benachrichtigt, wenn Sie sie zu der einen oder anderen Liste hinzufügen.

Außerdem können Sie intelligente Listen und benutzerdefinierte Listen nutzen.

- ✔ **Intelligente Listen** sind Freundeslisten, die automatisch aufgrund von Informationen, zum Beispiel Schule, Arbeit oder Stadt, die Sie mit ausgewählten Freunden gemeinsam haben, aktualisiert werden. Wenn Sie zum Beispiel in Berlin wohnen, haben Sie eine Liste mit all Ihren Facebook-Freunden, die im Umkreis von 80 km von Berlin wohnen. Sie können die Entfernung ändern oder manuell Personen hinzufügen oder entfernen, um die Länge der Liste anzupassen. Diese Liste wird automatisch aktualisiert, wenn Ihre Freunde ihre Chronik aktualisieren. Wenn zwei andere Freunde ihre Chronik ändern, um zu zeigen, dass sie ebenfalls innerhalb von 80 km von Berlin wohnen, werden Ihre intelligenten Listen automatisch aktualisiert.
- ✔ **Benutzerdefinierte Listen:** Diese können Sie erstellen, um selbst Freunde in Gruppen zusammenzufassen. Sie legen fest, wer zu dieser Liste hinzugefügt wird und welche Privatsphäre-Einstellungen (gegebenenfalls) gelten. In Abbildung 9.4 sehen Sie, wie Sie einzelne Personen zu einer Liste hinzufügen oder eine neue anlegen können.

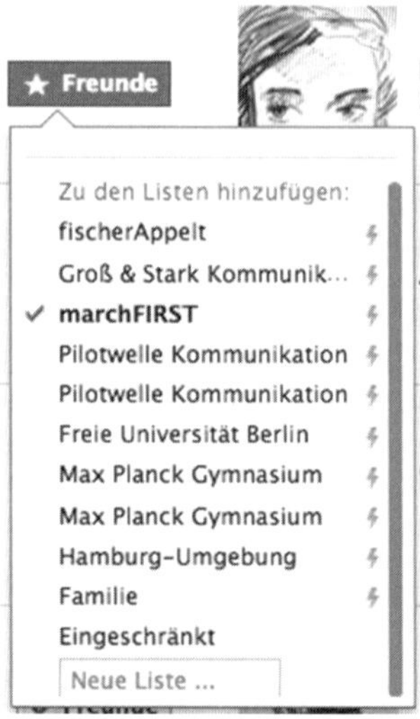

Abbildung 9.4: In Ihrer Freundesliste können Sie eine Person einer bestehenden Liste zuordnen oder eine neue Liste anlegen

Mit Freunden in Kontakt bleiben

Bei Facebook geht es vor allem um die Vernetzung von Menschen untereinander. Wie Sie hierfür die Beiträge auf Ihrer Pinnwand verwenden, haben wir in Kapitel 2 bereits erläutert. Es gibt aber noch einige weitere Möglichkeiten: private Nachrichten, Chat, Anstupsen und Veranstaltungen.

Nachrichten

Da Nutzer auf Facebook häufig auf halböffentliche Weise miteinander kommunizieren, können andere Freunde sich in ein Gespräch einklinken oder Beiträge von Freunden kommentieren und teilen. Manchmal möchte man sich allerdings privater, persönlicher oder vertraulicher verständigen. Dann sollten Sie die Funktion NACHRICHTEN verwenden.

Sie können sich Nachrichten auf Facebook wie persönliche E-Mails vorstellen. Es existieren lediglich ein paar kleine Unterschiede. Zum einen kann man eine Nachricht nicht an mehr als 20 Leute gleichzeitig senden. Der wichtigste Unterschied ist aber die andere Sortierung der Nachrichten. Sie werden dort kaum Ordner finden und können auch keine Nachrichten mit Sternchen versehen oder auf viele verschiedene Arten kennzeichnen. Bei Facebook-Nachrichten geht es in erster Linie darum, dass sich Nutzer einfach hin- und herschreiben.

Nachrichten schreiben und beantworten

Nachrichten über das Facebook-Postfach versenden ist ganz einfach. Am unkompliziertesten funktioniert es mit den folgenden Schritten:

1. **Klicken Sie in der linken Spalte auf NACHRICHTEN.**
2. **Klicken Sie oben auf die + NEUE NACHRICHT-Schaltfläche, um das NEUE NACHRICHT-Feld zu öffnen.**

   Es erscheint ein leeres Feld, das einer leeren E-Mail ähnlich sieht (es gibt bloß ein paar kleine Unterschiede).

Abbildung 9.5: Über das Facebook-Postfach Nachrichten verfassen

3. **Fangen Sie an, im An-Feld den Namen eines Freundes einzutippen.**

   Während der Eingabe sehen Sie eine Auswahlliste mit möglichen Übereinstimmungen. Wenn Sie den gewünschten Namen erspähen, können Sie entweder darauf klicken oder weitertippen, bis der richtige Name angezeigt wird. Drücken Sie danach die Eingabetaste. Falls Sie versehentlich einen falschen Namen ausgewählt haben, drücken Sie die `[Backspace]`-Taste oder klicken Sie auf das X neben dem Namen, den Sie löschen möchten.

4. **Um einen weiteren Empfänger einzugeben, fangen Sie einfach an, den jeweiligen Namen einzutippen. Sie müssen keine Kommas, Semikolons oder Ähnliches verwenden, um die Namen zu trennen.**

5. **Geben Sie im Nachricht senden-Feld Ihren gewünschten Text ein.**

6. **Fügen Sie (falls gewünscht) Dateianhänge oder Fotos hinzu.**

   Unter dem Nachricht senden-Feld finden Sie weitere Optionen: Eine zum Anhängen von Dateien und eine zum Anhängen von Fotos.

7. **Klicken Sie auf die Senden-Schaltfläche, wenn Ihre Nachricht fertig ist, und Sie sie abschicken wollen.**

Wir empfehlen Ihnen, Ihren Text vor dem Absenden noch einmal gut durchzulesen, denn auf Facebook gibt es keine Rechtschreibprüfung. Allerdings bieten einige Browser diese Funktion, wie zum Beispiel Firefox.

Wenn Sie auf eine Nachricht antworten möchten, die nur zwischen Ihnen und jemand anderem verschickt wurde, füllen Sie ganz einfach das Feld über der Antworten-Schaltfläche aus und klicken dann auf Antworten. Bei der Beantwortung einer Nachricht, die nicht nur an Sie, sondern auch noch an andere gesendet wurde, haben Sie zwei Möglichkeiten. Um allen Empfängern gleichzeitig zu antworten, klicken Sie auf die Allen antworten-Schaltfläche unter dem freien Feld. Falls Sie sich lediglich an einen der Beteiligten wenden wollen, klicken Sie auf den Namen des Betreffenden, der oben angezeigt wird. Sie werden dann zu seinem Profil weitergeleitet und können ihm dort über die Nachricht senden-Schaltfläche rechts oben etwas mitteilen.

Nachrichten erhalten

Wenn Ihnen das Versenden von Nachrichten auf Facebook schon Spaß macht, sollten Sie es erst mal mit dem Erhalt versuchen. Sie können sich von jeder beliebigen Seite aus zu Ihrem Postfach vorklicken, indem Sie auf dem Bildschirm oben in der blauen Leiste zuerst auf das Nachrichten-Symbol (das Bild mit den zwei Sprechblasen) und danach in dem sich öffnenden Feld unten auf ALLE NACHRICHTEN ANZEIGEN klicken. Sie können Ihr NACHRICHTEN-Postfach auch erreichen, indem Sie auf der Startseite oben links in der Ecke unterhalb Ihres Namens und Profilbilds auf den NACHRICHTEN-Link klicken. Bevor Sie hier etwas Interessantes entdecken können, werden Sie allerdings zuerst einen Ihrer Freunde dazu inspirieren müssen, Ihnen etwas zu senden.

Nicht befreundeten Nutzern Nachrichten senden

Grundsätzlich ist es möglich, auch Menschen auf Facebook eine Nachricht zu senden, mit denen Sie nicht befreundet sind. Allerdings werden diese Nachrichten nicht gleich behandelt, wie Nachrichten unter Freunden. Sie erhalten keine Benachrichtigung per E-Mail und die neue Nachricht wird auch nicht in der Kopfzeile oben angezeigt. Sie müssen aktiv darauf zurückgreifen. In Ihrer Nachrichtenseite finden Sie neben dem Wort POSTFACH den Link SONSTIGES. Dort finden Sie die Nachrichten von Personen, mit denen Sie nicht befreundet sind.

Mit Nachrichten an nicht befreundete Nutzer sollten Sie vorsichtig sein. Wenn Sie solche Personen zu häufig anschreiben oder zu viele dieser Personen Ihre Nachricht als unerwünscht melden, hat das Sicherheitssystem von Facebook Ihr Konto automatisch im Visier. Sie erhalten zunächst nur eine Warnung, doch wenn Sie sich erneut dieses Vergehens schuldig machen, könnte Ihr Konto deaktiviert werden.

Wenn Sie Nachrichten an nicht befreundete Nutzer senden, ermöglichen Sie diesen dadurch, zurückzuschreiben, selbst wenn Sie die Einstellung vorgenommen haben, dass Fremde dies nicht tun können.

Chat

Manchmal möchte man jemandem etwas sagen und es soll dann auch sofort passieren. Wenn dieser Jemand nicht direkt neben Ihnen sitzt, ist er im Idealfall in der Lage, Sofortnachrichten über Facebook-Chat zu senden und zu empfangen. Mit dieser Anwendung können Sie sehen, welche Ihrer Freunde zur gleichen Zeit wie Sie online sind und können sich dann mit einem von ihnen kurze Nachrichten hin- und herschicken oder mehrere Gespräche gleichzeitig mit verschiedenen Freunden führen. Sie finden Facebook-Chat unten rechts auf jeder Seite von Facebook.

Wir listen in diesem Abschnitt jedes Element des Facebook-Chats einzeln auf, damit Sie Ihre Freunde leicht in Echtzeit anquatschen können.

- **Freunde, die gerade online sind:** Wenn Sie sich die CHAT-Schaltfläche ansehen, werden Sie dort eine Zahl neben dem Wort CHAT finden. Sie steht für die Anzahl an Freunden, die gerade jetzt vor ihrem Computer sitzen und online und bei Facebook angemeldet sind. Durch einen Klick auf eine beliebige Stelle der CHAT-Schaltfläche öffnet sich die Liste mit all diesen Freunden. Neben jedem von ihnen sehen Sie ein Symbol. Ein grüner Punkt bedeutet, dass derjenige Facebook innerhalb der letzten paar Minuten verwendet hat. Ein Handysymbol mit einer Zeitangabe zeigt, wann Ihr Freund gerade mit seinem Smartphone

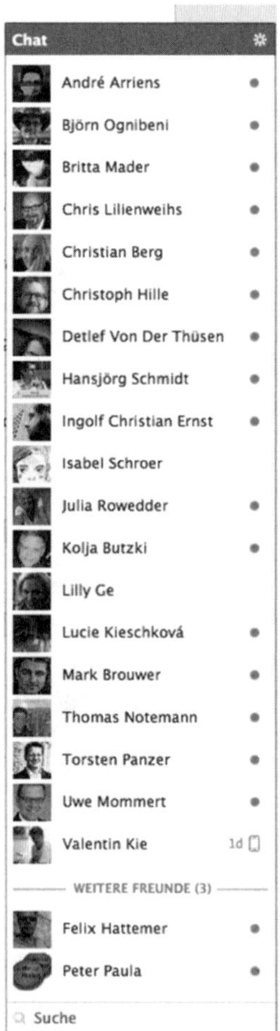

Abbildung 9.6: Chatliste der Freunde, die gerade online sind

auf Facebook aktiv war. Der Chat funktioniert auch über die entsprechenden Apps für Smartphones, sodass sie auch unterwegs chatten können.

- ✔ **Nach Freunden, die gerade online sind, suchen:** Sie werden schon bald, wenn nicht sogar schon jetzt, sehr viele Facebook-Freunde haben. Um diesen einen Freund, mit dem Sie chatten möchten, schnell zu finden oder nachzusehen, ob er sogar online ist, müssen Sie in der linken Spalte unten in das CHAT-Suchfeld klicken und dort seinen Namen eingeben. Während Ihrer Eingabe sehen Sie, wie die Liste mit Freunden, die gerade online sind, reduziert wird, bis nur noch die Namen derjenigen übrig bleiben, die mit Ihrer Eingabe übereinstimmen. Wenn Sie den Freund, nach dem Sie gesucht haben, gefunden haben, klicken Sie auf seinen Namen, um los zu chatten.
- ✔ **Chat einschränken:** Sind Sie am Chatten nicht interessiert, möchten aber trotzdem auf Facebook angemeldet bleiben, klicken Sie auf die CHAT-Schaltfläche, auf das Zahnrad-Symbol oben recht und dann auf CHAT DEAKTIVIEREN. Hier können Sie unter ERWEITERTE EINSTELLUNGEN auch wählen, ob Sie den Chat komplett oder nur für bestimmte Freunde ausschalten möchten.

Wenn der Chat deaktiviert ist oder Sie gerade bei Facebook abgemeldet sind, können Ihre Freunde weiterhin an Sie schreiben. Die Nachrichten werden dann an Ihr Postfach geschickt, damit Sie sie später lesen können. Umgekehrt öffnet sich ein Chatfenster, wenn Sie jemandem eine Nachricht schreiben, der gerade online auf Facebook ist. Auf diese Weise sind die Funktionen CHAT und NACHRICHTEN miteinander verknüpft.

- ✔ **Das CHAT-Fenster:** Jetzt wird es Zeit, sich näher mit dem Chatten an sich zu befassen. Um mit jemandem zu chatten, klicken Sie in der Liste mit Freunden, die gerade online sind, einfach auf seinen Namen. Es erscheint ein kleines Fenster. Geben Sie unten in diesem CHAT-Fenster direkt nach dem Cursor Ihren Text ein und drücken Sie die Eingabetaste. Ihr Freund sieht dann ein identisches CHAT-Fenster, das unten in seiner CHAT-Leiste aufblinkt. Wenn er bei seinem Computer den Ton eingeschaltet hat, hört er auch ein kurzes Geräusch. Antwortet er Ihnen, hören Sie das Geräusch ebenso und auch Ihr CHAT-Fenster wird anfangen aufzublinken.

  Falls Sie während des Chattens noch andere Seiten von Facebook besuchen, können Sie das CHAT-Fenster immer über den üblichen Minimieren-Button oben rechts im CHAT-Fenster ausblenden. Durch einen Klick auf den Namen Ihres Freundes wird das Fenster wieder geöffnet. Mit einem Klick auf das X wird es geschlossen. Ihr Freund bemerkt nicht, was Sie da tun, und wenn Sie ein Fenster für ein neues Gespräch mit eben diesem Freund öffnen, können Sie sogar genau sehen, wo Sie aufgehört haben. Wenn Sie sich bei Facebook abmelden, sich zu einer anderen Seite klicken oder offline gehen, erhält Ihr Freund eine Mitteilung über Ihren neuen Offline-Status. Es dauert ein bisschen, bis man sich an diesen Ablauf gewöhnt hat. Doch sobald Sie erst mal den Bogen raushaben, wie man ein einzelnes Gespräch auf Facebook führt, können Sie auch mit mehreren geöffneten oder minimierten CHAT-Fenstern gleichzeitig jonglieren.

Abbildung 9.7: Das Chatfenster

- ✔ **Video-Chat:** Wie wäre es, Facebook einmal als Videotelefon zu verwenden? Das funktioniert ganz einfach. In jedem Chatfenster findet sich ein Videokamera-Symbol in der blauen Leiste oben, wie Sie in Abbildung 9.7 sehen. Wenn Sie dieses Symbol anklicken, können Sie einen Video-Chat mit Ihrem Facebook-Freund beginnen. Voraussetzung ist allerdings, dass Sie beide eine Webcam mit Mikrofon an Ihrem Computer angeschlossen haben. Je nachdem, welchen Browser und welches Betriebssystem Sie nutzen, werden Sie bei der ersten Nutzung dieser Funktion aufgefordert, eine zusätzliche Software zu installieren und Facebook den Zugriff auf Ihre Webcam zu erlauben. Sobald Sie dies einmalig getan haben, steht der Videotelefonie nichts mehr im Wege.

Anstupsen

Auf den meisten Profilen sehen Sie die Option ANSTUPSEN. Wenn man bei Facebook arbeitet, lautet eine der Fragen, die einem wohl am häufigsten gestellt wird: »Was ist Anstupsen?« Wir können Ihnen gerne sagen, was es *bewirkt*, doch nicht, was es *ist*. Wir können lediglich aussagen, dass das Anstupsen so eine Art Anklopfen im Internet darstellt. Es kann für jeden etwas anderes bedeuten. In einigen

Fällen wird es zum Flirten verwendet. Ein anderes Mal kann das Anstupsen für ein aufrichtig gemeintes »Denk an dich« stehen. Manche Leute verwenden es einfach nur, um »Hallo« zu sagen. Die Mutter von Leah Pearlman stupst diese an, wenn sie sich länger nicht mehr zu Hause gemeldet hat.

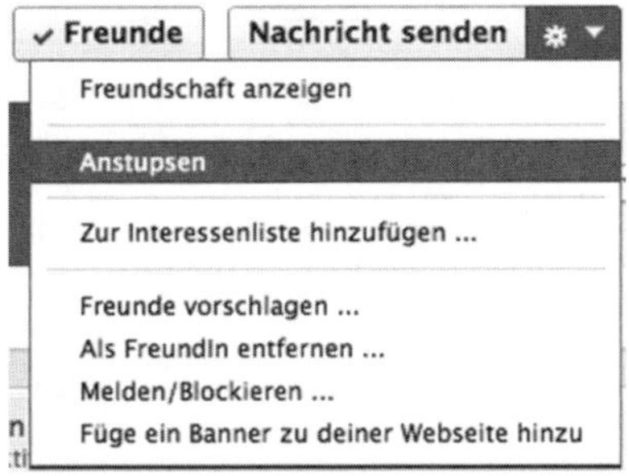

Abbildung 9.8: Sie finden die Anstupsen-Funktion in jedem Personenprofil

Veranstaltungen planen

Sie tun sich bei der Veranstaltungsplanung nicht gerade hervor? Kein Problem. Über Facebook können Sie auch die Planung kleinerer, spontaner Veranstaltungen abwickeln. Sie können mühelos ein paar Leute für ein Abendessen oder eine Runde Fußball auf dem Bolzplatz zusammentrommeln. Und falls Ihnen das noch nicht reicht: Jede Woche werden Hunderte von Veranstaltungen in Ihrer Gegend auf Facebook bekannt gegeben.

Die Übersicht

Genau wie bei FOTOS und GRUPPEN handelt es sich bei VERANSTALTUNGEN um eine Anwendung, die von der Firma Facebook entwickelt wurde. Um auf die entsprechende Seite zu gelangen, klicken Sie auf Ihrer Startseite in der linken Spalte auf VERANSTALTUNGEN. Dadurch gelangen Sie auf die VERANSTALTUNGEN-Übersicht (in Abbildung 9.9 zu sehen). Dort werden alle bevorstehenden Geburtstage Ihrer Freunde und alle Facebook-Veranstaltungen angezeigt, bei denen Sie auf der Gästeliste stehen. Über die Kalenderansicht finden Sie alle kommenden, aber auch alle früheren Veranstaltungen, zu denen Sie eingeladen waren, und jene, an denen Sie teilgenommen haben.

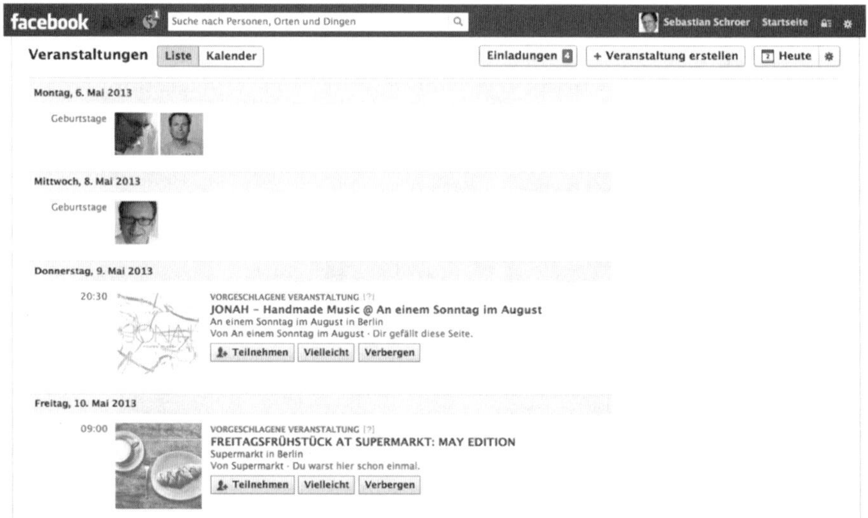

Abbildung 9.9: Die VERANSTALTUNGEN-*Übersicht*

Der Aufbau einer Veranstaltung

Für jede Veranstaltung gibt es auf Facebook eine separate Veranstaltungsseite. Abbildung 9.10 zeigt ein Beispiel. Zu dieser Seite gelangen Sie über die Veranstaltungsübersicht oder über die E-Mail, die Sie erhalten, wenn Sie zu einer Veranstaltung eingeladen wurden. Die Veranstaltungsseiten entwickeln sich sozusagen während des virtuellen Lebenszyklus einer Veranstaltung weiter. Bevor die Veranstaltung stattfindet, dient die Startseite als Einladung und zeigt für die Teilnehmer wichtige Daten wie Datum, Ort und die Beschreibung an. Über die Veranstaltungsseite können ein Gastgeber und die Gäste außerdem nachverfolgen, wer teilnimmt und wer eventuell dabei ist. Ist die Veranstaltung beendet, dient die Startseite den Teilnehmern als eine Art Plauderecke, in der sie sich mit Fotos, Videos und Diskussionen austauschen können.

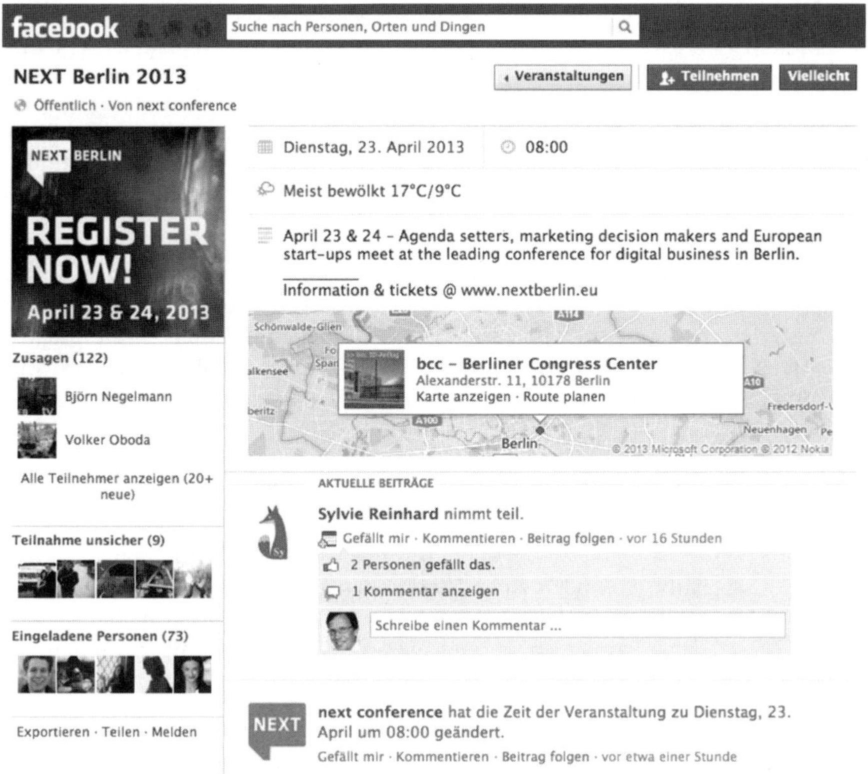

Abbildung 9.10: Die Veranstaltungsseite

Auf der Veranstaltungsseite sehen Sie zwei Spalten (zusätzlich zu der rechten Spalte, in der Facebook-Werbeanzeigen und andere Inhalte zu völlig anderen Themen zu finden sind).

In der mittleren Spalte der Veranstaltung, also der Hauptspalte, werden folgende Informationen angezeigt:

✔ **Anwesenheitsstatus:** Sollten Sie noch nicht auf die Einladung geantwortet haben, werden Ihnen die Schaltflächen TEILNEHMEN und VIELLEICHT angezeigt. Klicken Sie diese an, um auf die Einladung zu antworten. Sie können jederzeit später den Status wieder ändern oder – in einem zweiten Schritt – auch absagen. Das direkte Absagen ist an dieser Stelle nicht möglich.

- **Freunde einladen:** Falls es sich um eine öffentliche Veranstaltung handelt, können Sie von der FREUNDE EINLADEN-Schaltfläche Gebrauch machen, um zusätzlich eigene Freunde zu der Veranstaltung einzuladen.

- **Veranstaltungsinformationen:** Dieser Bereich ist noch weiter in zweckmäßige Abschnitte unterteilt, die Ihnen anzeigen, wann und wo das Ganze stattfindet, um was es geht und – insofern die Veranstaltung unmittelbar bevorsteht – zusätzlich die aktuellen Wetterdaten am Veranstaltungsort.

- **Die Pinnwand:** Die Veranstaltungspinnwand ähnelt der Pinnwand in Ihrem Profil. Dort können Gäste Beiträge, Fotos, Videos und themenbezogene Links hinterlassen, die sie mit allen anderen Gästen teilen möchten. Meist erklären Nutzer auf der Veranstaltungspinnwand, weshalb sie nicht an der Veranstaltung teilnehmen können, oder drücken ihre Begeisterung über die Teilnahme aus.

In der linken Spalte finden Sie über dem Veranstaltungsfoto den Öffentlichkeitsstatus der Veranstaltung sowie die Person oder Seite, die die Veranstaltung angelegt hat.

Das bloße Auffinden einer öffentlichen Veranstaltung über eine Suche bedeutet nicht, dass man unbedingt auf diese Veranstaltung gehen sollte. Nutzer kennzeichnen eine Veranstaltung manchmal als öffentlich, weil sie möchten, dass ihre Freunde davon erfahren – und keine Personen, die zufällig darauf gestoßen sind, weil sie nach »Grillen« gesucht haben. Als Faustregel gilt: Wenn Sie als »uneingeladener Gast« angesehen werden würden, sollten Sie wahrscheinlich nicht hingehen.

Der größte Teil der linken Spalte ist ganz den Gästen gewidmet: Wer hat zugesagt, wer nimmt vielleicht teil und bei wem steht die Antwort noch aus? Die ZUSAGEN-Liste steht ganz oben. Dort sind die Namen und Miniaturbilder der Gäste enthalten. Falls Sie sich nicht sicher sind, ob Sie zu einer Party gehen sollen, könnte Ihnen dieser Abschnitt bei der Entscheidung helfen.

Unterhalb der Gästeliste finden Sie zusätzlich noch die Möglichkeiten zum Teilen der Seite, zum Export in Ihr Kalenderprogramm oder zum Melden der Seite bei anstößigen Inhalten.

Eigene Veranstaltungen erstellen

Eine Veranstaltung über Facebook zu erstellen und die Einladung der Gäste zu organisieren funktioniert wirklich schnell und bequem. Mit nur wenigen Klicks haben Sie eine Veranstaltung angelegt und Einladungen an Ihre Freunde, Geschäftspartner oder Familie verschickt. Ob Sie ein Familienfest, ein Geschäftsessen oder einen Grillabend organisieren, spielt dabei keine Rolle. Alle diese Veranstaltungen lassen sich über Facebook anlegen.

Abbildung 9.11: Eine Veranstaltung erstellen

Um eine eigene Veranstaltung zu erstellen, gehen Sie folgendermaßen vor:

1. **Klicken Sie auf** +VERANSTALTUNG ERSTELLEN **in der Veranstaltungsübersicht.**

   Es öffnet sich ein kleines Fenster wie in Abbildung 9.11.

2. **Geben Sie den Namen der Veranstaltung und weitere Details ein.**

   Halten Sie sich beim Titel kurz, sodass jeder schnell versteht, worum es geht. Bei den Details können Sie ausführlicher werden. Diese Beschreibung ist eins der ersten Dinge, die ein Gast sieht, wenn er sich Ihre Veranstaltung anguckt und über eine Teilnahme entscheidet. Insofern es eine separate Webseite zu dieser Veranstaltung gibt, können Sie hier den entsprechenden Link einfügen.

3. **Fügen Sie den Ort der Veranstaltung hinzu.**

   Bei der Eingabe eines Namens werden Ihnen bereits bekannte Ortsnamen oder Veranstaltungsorte als Auswahl angeboten. Insofern Ihrer dabei ist, klicken Sie diesen an. Dann wird die hinterlegte Adresse automatisch übernommen. Dies hat für die Eingeladenen den Vorteil, dass sie direkt mehr über diesen Ort erfahren, sie können auf die Karte klicken oder die Route dorthin planen.

4. **Wählen Sie den Tag und die Uhrzeit für Ihre Veranstaltung.**

   Sie können an dieser Stelle auch zusätzlich eine Endzeit festlegen. Durch die Angabe der Zeiten taucht die Veranstaltung automatisch in den jeweiligen Kalendern der Gäste auf.

5. **Legen Sie die Privatsphäre-Einstellungen fest.**

   Sie können bei der Privatsphäre wählen zwischen ÖFFENTLICH, FREUNDE VON GÄSTEN und NUR FREUNDE. So definieren Sie, wer die Veranstaltung sehen kann, unabhängig davon, wen Sie aktiv einladen. Wichtig zu beachten ist dabei, dass jeder, der eine Veranstaltung sehen kann, auch zusagen kann.

6. **Laden Sie ihre Freunde ein.**

   Beim Klick auf den FREUNDE EINLADEN-Link unten öffnet sich Ihre Freundesliste. Sie können dann einzeln alle Personen auswählen, die Sie einladen möchten. Klicken Sie dafür auf die jeweiligen Namen oder suchen Sie die Personen über das Suchfeld. Speichern Sie diese Auswahl und kehren so zum Ausgangsfenster zurück. Die Einladungsliste ist später für alle Eingeladenen sichtbar.

7. **Klicken Sie auf** NEU.

Und voilà! Die Veranstaltung wurde erstellt und die Einladungen versendet. Und Sie mussten dafür noch nicht mal Briefmarken aufkleben. Sie landen danach auf der Startseite der Veranstaltung. Willkommen zu Hause!

Überlegen Sie es sich lieber zweimal, ob Sie eine öffentliche Veranstaltung auf die Beine stellen. Sie haben doch sicher von der Schülerin aus Hamburg gehört, die über Facebook zu ihrer Geburtstagsparty einlud und bei der Privatsphäre öffentlich auswählte. Versehentlich hatte sie so rund 16.000 Gäste auf den Plan gerufen, von denen etwa 1.500 auch tatsächlich erschienen. Im Verlaufe dieses Massenauflaufs kam es zu Ausschreitungen und Verhaftungen. Mittlerweile werden solche Vorfälle von den Medien als »Facebook-Partys« bezeichnet. Seien Sie also vorsichtig.

Die Veranstaltung verwalten

Nachdem Sie die Veranstaltung erstellt haben und die Ersten zusagen, können Sie immer noch eine Menge erledigen. Gehen Sie auf die Veranstaltungsseite. Da Sie der Administrator sind, finden Sie hier verschiedene Möglichkeiten, Veränderungen vorzunehmen, wie Sie in Abbildung 9.12 sehen.

Abbildung 9.12: Eine Veranstaltung bearbeiten

Folgenden Änderungen können Sie hier vornehmen:

✔ **Foto hochladen:** Als ersten Schritt nach dem Anlegen einer Veranstaltung empfehlen wir Ihnen, ein Veranstaltungsfoto hochzuladen. So bekommt Ihre Veranstaltung ein Gesicht.

✔ **Bearbeiten:** Sie müssen die Zeit der Veranstaltung ändern oder zusätzliche Gäste hinzufügen? Das können Sie jederzeit erledigen, indem Sie auf der Seite zur Veranstaltung oben auf BEARBEITEN klicken. Sie finden aber die gleichen Felder vor, wie beim Anlegen der Veranstaltung und können dort alle einzelnen Elemente bearbeiten. Vergessen Sie nur nicht, auf SPEICHERN zu klicken, wenn Sie fertig sind.

✔ **Einstellungen:** Über das Zahnrad-Symbol oben rechts gelangen Sie zu weiteren nützlichen Funktionen, die Ihnen bei der Organisation helfen. Sie können beispielsweise Facebook-Nachrichten an die Gäste schicken, wenn es wichtige Zusatzinformationen gibt, die alle lesen sollten. Wenn es denn leider sein muss, können Sie die Veranstaltung an dieser Stelle auch wieder absagen.

✔ **Pinnwand Einträge:** Nutzen Sie die Pinnwand der Veranstaltung, um Ihre Gäste vor und auch nach der Veranstaltung zu informieren. Alles, was Sie hier schreiben erscheint auch im Newsstream der Gäste, die zugesagt haben. Auf diese Weise haben Sie eine Art Newsletter, den Sie nutzen können, um das Interesse bis zur Veranstaltung hoch zu halten oder auch um sich im Anschluss zu bedanken, Fotos der Veranstaltung hochzuladen oder auf den nächsten Termin hinzuweisen.

Facebook auf dem Smartphone nutzen

10

In diesem Kapitel ...

- Unterwegs auf Facebook zugreifen
- Eine Facebook-App oder Facebook Home nutzen
- An Orten einchecken

Im ganzen Buch zeigen wir Ihnen, wie Facebook Beziehungen bereichern und zwischenmenschliche Interaktionen ermöglichen kann. Doch es stellt sich die Frage: Wie kann Facebook die eigenen Beziehungen bereichern, wenn man *nicht* vor seinem Computer sitzt? Im Leben gibt es unzählige Wochenenden im Park, Spritztouren, Abende in der Stadt, Kinobesuche, Einladungen zum Abendessen und vieles mehr. Wenn Sie die Feinheiten von Facebook auf Smartphones kennen, wird dies tatsächlich eine Bereicherung darstellen. Und zwar genau in dem Moment, in dem Sie es erleben. Mit Facebook können Sie unterwegs Ihren Freunden stolz die neuen Fotos von Ihrem Urlaubsort präsentieren oder – für den Fall, dass sich Freunde in der Nähe aufhalten und vorbeikommen möchten – melden, in welchem Lokal Sie sich gerade befinden.

Die App oder mobile Website

Grundsätzlich können Sie Facebook auf Ihrem Smartphone genau so nutzen, wie auf Ihrem Computer zu Hause. Sie brauchen dafür nur eine Internetverbindung auf Ihrem Gerät. Diese ist in der Regel Teil Ihres Mobilfunkvertrages. Alternativ können Sie aber auch ein WLAN nutzen, wenn Sie ein einem Café, Hotel oder einem Büro sind, das ein WLAN anbietet.

Am schnellsten können Sie starten, indem Sie die Internetseite `m.facebook.com` von Ihrem Smartphone aufrufen. Was Sie dann sehen, ist eine kleine Version von Facebook, die auch »mobile« Website genannt wird.

Abbildung 10.1: Die Startseite der mobilen Website von Facebook auf einem Smartphone

Hier können Sie sich direkt einloggen oder der Aufforderung folgen und die entsprechende App für Ihr Smartphone herunterladen. Die App ist grundsätzlich kostenlos in den Appstores für Apple, Android und Co. verfügbar.

Um sich weiter in das Thema dieses Abschnitts zu vertiefen, können Sie über Ihren Webbrowser auf Ihrem Computer die Seite `m.facebook.com` aufsuchen. Stellen Sie sich einfach vor, der Inhalt würde auf einem Display erscheinen, das nur ein Zehntel der Größe des Bildschirms hätte. So bekommen Sie einen ersten Eindruck, wie Facebook auf Ihrem Smartphone aussehen wird.

Alle grundlegenden Funktionen von Facebook werden gleichermaßen von der mobilen Website und der Facebook App geboten. Allerdings empfehlen wir, die App zu verwenden. Bei der App ist das Einloggen nur beim allerersten Mal nötig. Später brauchen Sie nur das App-Symbol auf Ihrem Smartphone anzuklicken und können so schneller die Funktionen von Facebook nutzen. Teilweise bietet die App auch mehr Funktionen, als die mobile Website.

In der mobilen Version und in der App von Facebook werden Sie auf der Startseite all die Symbole, die Sie von Ihrem Browser kennen, schnell wiedererkennen.

Das »Mini-Facebook« funktioniert prinzipiell genauso, wie wir es schon in den vergangenen Kapiteln erläutert haben. Interessant wird es zusätzlich dadurch, dass Sie hier die Möglichkeit haben, Ihren Freunden ähnlich einer Liveberichterstattung mitzuteilen, was Sie gerade unterwegs erleben oder wo Sie sich aufhalten.

Abbildung 0.1: Die Facebook-Startseite in der App

Die wichtigsten Dinge, die Sie mit Facebook unterwegs tun können, sind folgende:

- ✔ **Neuigkeiten:** Sie möchten auch unterwegs nicht verpassen, was Ihre Freunde auf Facebook gerade schreiben? Dann lesen Sie alle Neuigkeiten Ihrer Freunde einfach unterwegs auf Ihrem Smartphone. Sie scrollen einfach nach unten, um chronologisch die Beiträge anzuschauen. Auch hier können Sie ganz leicht Beiträge kommentieren, auf GEFÄLLT MIR klicken, oder sie in Ihrem eigenen Profil teilen.
- ✔ **Freundschaftsanfragen:** Nehmen wir einmal an, Sie lernen unterwegs jemanden interessantes kennen. Sie brauchen sie oder ihn heutzutage nicht mehr nach einer Telefonnummer fragen. Sie können auch einfach eine Freundschaftsanfrage über die App schicken, insofern Sie den Namen über die integrierte Suchfunktion finden. Auch das Bestätigen von Freundschaftsanfragen ist direkt über die App oder die mobile Seite von Facebook möglich. So erfah-

ren Sie über Ihre neue Bekanntschaft sicherlich viel mehr, als nur eine Nummer und können außerdem leichter in Kontakt bleiben.

- ✔ **Status:** Schreiben Sie unterwegs, was Ihnen gerade so in den Sinn kommt. Auch unterwegs auf Ihrem Smartphone können Sie festlegen, wer Ihre Statusmeldung sehen darf: Alle oder nur Freunde bzw. eine bestimmte Gruppe.
- ✔ **Foto:** Laden Sie Fotos hoch und teilen Sie auf diese Weise Ihre Erlebnisse. Hierfür können Sie entweder Fotos verwenden, die Sie mit dem Smartphone bereits fotografiert haben oder Sie nutzen die Kamerafunktion und halten so Ihre Erlebnisse unmittelbar im Bild fest und teilen Sie auf Facebook.
- ✔ **Personen markieren:** In Abbildung 10.3 sehen Sie, welche Angaben Sie machen können, wenn Sie einen Status schreiben. Wenn Sie mit Freunden an einem besonderen Ort sind, können Sie diese in Ihrer Statusmeldung markieren. Klicken Sie hierfür auf das Personensymbol und wählen sie aus der Liste Ihrer Freunde aus. Sobald Ihre Freunde die Markierung bestätigt haben, erscheinen diese als Link in Ihrem Beitrag.
- ✔ **Orte markieren:** Beim Schreiben eines Beitrages können Sie über die Funktion ORTE mitteilen, wo Sie sich gerade befinden. In Abbildung 10.2 sehen Sie, dass sich der Hamburger Bürgermeister Olaf Scholz gerade auf dem Museumsschiff Rickmer Rickmers befindet und können den Link anklicken, der Ihnen mehr Informationen zu dem Schiff bietet.
- ✔ **Chatten und persönliche Nachrichten schreiben:** Auch die persönlichen Botschaften an Freunde können Sie mit der App austauschen. Hierfür können Sie auch die separate App »Facebook Messenger« verwenden. Wenn Sie vor allem private Nachrichten nutzen, können Sie sich mit dieser App ganz darauf konzentrieren, ohne von all den anderen Dingen auf Facebook abgelenkt zu sein. Auf diese Weise können Facebook-Nachrichten auch die üblichen SMS ersetzen, für die Sie bisher Geld bezahlen mussten.

Die Funktionen der App und der mobilen Seite von Facebook werden ständig erweitert und geändert. Daher gibt es immer wieder Neues zu entdecken. Die oben genannten Funktionen sind aber die am häufigsten genutzten.

Die Inhalte, die Sie auf Ihrem Smartphone und in Ihrem Browser bei Facebook hochladen, landen alle in Ihrem persönlichen Profil. Es gibt also nur ein Profil von Ihnen, auch wenn Sie Facebook auf dem Computer zu Hause und auf dem Smartphone unterwegs nutzen.

Abbildung 10.3: Eine Statusmeldung auf dem Smartphone schreiben

Facebook Home

Im April 2013 startete Facebook einen neuen Service für bestimmte mobile Nutzer. »Facebook Home« integriert die Neuigkeiten und Nachrichten von Freunden noch stärker in das Smartphone. Dabei muss nicht erst die App geöffnet werden. Die Neuigkeiten erscheinen direkt auf dem Startbildschirm des Smartphones. Dadurch bekommt Facebook eine höhere Priorität gegenüber anderen Apps und man kann noch schneller darauf zugreifen. Zum Start wurde Facebook Home zunächst nur für einige wenige Smartphone-Modelle mit dem Android Betriebssystem angeboten. Weitere Smartphones und Tabletcomputer sollen folgen. Mehr Infos zu Facebook Home erhalten Sie auf `www.facebook.com/home`.

Privatsphäre und Benimmregeln

11

In diesem Kapitel ...

- Privatsphäre-Einstellungen vornehmen
- Weitere Konto-Einstellungen
- Regeln und ungeschriebene Gesetze

Leider werden sehr viele Horrorgeschichten über das Internet und vor allem über soziale Netzwerke erzählt. In vielen davon geht es um Jugendliche und Sexualstraftäter, in einigen um Identitätsdiebstahl und in anderen um weit weniger schlüpfrige (aber dennoch reale) Probleme wie etwa das Versenden von Spam und Mobbing. Hier kommt die schlechte Nachricht: Es gibt diese Dinge wirklich. Und hier kommt die gute: Facebook verfügt über einige der detailliertesten Privatsphäre-Einstellungen, die im Internet existieren. Und deswegen können Sie sich hier sicherer fühlen, als ansonsten im Internet.

Facebook hat eine vertrauenswürdige Umgebung geschaffen, die drei wichtige Vorteile mit sich bringt:

- ✔ **Üblicherweise erstellen die Nutzer echte Konten für sich selbst und sind wirklich die Personen, für die sie sich auf Facebook ausgeben.** Das bedeutet, dass dort durch die Allgemeinheit ein gewisses Maß an Realität erzwungen wird. Wenn andere Sie bitten, auf einen mysteriösen Link zu klicken, werden solche Handlungen von der Allgemeinheit gemeldet und die Schuldigen werden von Facebook ausgeschlossen. Es führt außerdem dazu, dass man normalerweise eine echte Person mühelos von einer erfundenen unterscheiden und eine fundierte Entscheidung darüber treffen kann, mit wem man online kommuniziert.
- ✔ **Facebook verfügt über detaillierte Privatsphäre-Einstellungen, die sich für jede einzelne Information, die Sie auf der Webseite erstellen, anwenden lassen.** Wir erklären Ihnen in diesem Kapitel ganz genau, wie das funktioniert. Doch bevor wir dazu kommen, befassen wir uns ein wenig mit Privatsphäre im Allgemeinen und wie Facebook damit umgeht.

- **Facebook bietet Ihnen eine Vorschau auf Ihr Profil, so wie bestimmte Personen es sehen.** Das bedeutet, dass Sie problemlos feststellen können, ob Sie die gewünschten Informationen auch mit der richtigen Personengruppe teilen.

Privatsphäre-Einstellungen – für beide Seiten ein Gewinn

Würden Sie Ihre Telefonnummer auf einer Plakatwand veröffentlichen? Wahrscheinlich nicht. Würden Sie sie aufschreiben, damit Ihre Freunde sie immer vorliegen haben? Wahrscheinlich schon. Bei Facebook hat man festgestellt: Je mehr Kontrolle wir über unsere Daten ausüben können, desto eher sind wir bereit, sie zu teilen. Wenn wir sicher sein können, dass unsere Telefonnummer nur von denjenigen gesehen wird, denen wir sie zeigen möchten, werden wir sie höchstwahrscheinlich auf Facebook veröffentlichen.

Als Einzelner profitieren wir davon, dass unsere Informationen nur von bestimmten, von uns gewünschten und nicht von unerwünschten Personen gesehen werden können. Unsere Freunde profitieren davon, dass sie Zugriff auf mehr Informationen von uns haben. Wenn unsere Freunde bemerken, wie wir etwas veröffentlichen, und sich entscheiden, dasselbe zu tun, haben wir wiederum etwas davon, da wir auf mehr Informationen unserer Freunde zugreifen können. Na ja, und so wird es eben zu einem ewigen Kreislauf.

Behalten Sie dies im Hinterkopf und wählen Sie Ihre Privatsphäre-Einstellungen mit Bedacht. Das ist die beste Methode, um die gewünschten Informationen mit den gewünschten Personen zu teilen. Und so halten Sie diese Daten auch von unerwünschten Personen fern. Da Sie in diesem Bereich die Kontrolle ausüben können, wird Facebook zu einem Medium, in dem Sie sehr persönliche Dinge freigeben können, und dies nicht nur à la »Meine Telefonnummer ist eigentlich geheim«, sondern à la »Sieh dir die Fotos meiner neugeborenen Nichte an«. Aufgrund der Privatsphäre-Einstellungen stellt Facebook für Sie eine Möglichkeit dar, andere ebenso sehr an Ihrem Leben teilhaben zu lassen, wie Sie es in der Wirklichkeit tun.

Die Leserschaft begrenzen

Bei allen Informationen, Fotos, Kontaktdaten und Aktivitäten, die Sie bei Facebook eingeben, haben Sie grundsätzlich immer die Wahlmöglichkeit zwischen verschiedenen Formen der Veröffentlichung. Die einzige Ausnahme bilden Ihr Name und Ihr Profilbild. Diese sind immer für alle sichtbar. Bei allen anderen

Daten können Sie allein bestimmen, wer diese sehen kann. Dabei können Sie Grundeinstellungen vornehmen oder verändern und in Einzelfällen auch von diesen abweichen.

Vor der Eingabe einer Information finden Sie neben der Eingabemöglichkeit ein Pull-Down-Menü mit mindestens vier Optionen, für welchen Leser dieser einzelne Inhalt sichtbar sein soll, sowie eine »maßgeschneiderte« Lösung.

- ✔ **Öffentlich:** Wenn Sie bei Inhalten, die Sie veröffentlichen oder auflisten, die Sichtbarkeit für ÖFFENTLICH freigeben, drücken Sie damit aus, dass es Ihnen egal ist, wer auf Facebook diese Daten von Ihnen kennt. Viele Nutzer zählen ihre Lieblingsbands auf und geben hier den Zugriff für alle frei, da sie diese Information eben auch vor aller Welt bekannt geben würden. Für harmlose Daten ist dies auch eine völlig verständliche Einstellung. Eine Restaurantempfehlung in Ihrer Statusmeldung könnten Sie ebenso für jeden freigeben.
- ✔ **Freunde:** Wenn Sie bei einigen Informationen die Sichtbarkeit für FREUNDE freigeben, bedeutet dies, dass die Einzigen, die hier Einblick bekommen, Ihre Facebook-Freunde sind. So einfach ist das. Auch die Freunde Ihrer Freunde können die entsprechende Information nicht sehen. Da allerdings einige Menschen hunderte Freunde haben, lohnt es sich im Einzelfall diese noch weiter einzuschränken. Dafür helfen Ihnen die Freundeslisten, die wir im Kapitel 9 vorgestellt haben.
- ✔ **Freunde ohne Bekannte**: Insofern Sie unter Ihren Freunden einen oder mehrere als Bekannte gekennzeichnet haben, können Sie diese von bestimmten Informationen ausgrenzen. In der Freundesliste BEKANNTE sollten solche Menschen aufgenommen werden, die Sie eher flüchtig kennen und mit denen Sie nicht alles teilen möchten.
- ✔ **Nur ich**: Vielleicht gibt es Informationen, die Sie schon mal anlegen möchten, aber erst später freigeben möchten. Dann können Sie diese Auswahl treffen. Wie bei allen Informationen, können Sie alle Einstellungen auch nachträglich wieder verändern.
- ✔ **Enge Freunde**: Wählen Sie diese Einstellung, wird die Information nur für denjenigen Ihrer Freunde sichtbar sein, die Sie als Ihre engen Freunde markiert haben.
- ✔ **Benutzerdefiniert:** Die Privatsphäre-Einstellung BENUTZERDEFINIERT ermöglicht Ihnen, Einzelpersonen oder Gruppen von Freunden den Zugriff auf Teile Ihres Profils und Ihrer Inhalte sowohl zu gewähren, als auch zu verweigern. Sie aktivieren die Option Benutzerdefiniert für jeden einzelnen Inhalt, indem Sie – sobald es irgendwo zu sehen ist – auf das kleine Schloss-Symbol klicken

und BENUTZERDEFINIERT, auswählen. Dann erscheint das individuelle Privatsphäre-Dialogfeld, in dem Sie von den vorhandenen Listen einzelne Personen ausnehmen können.

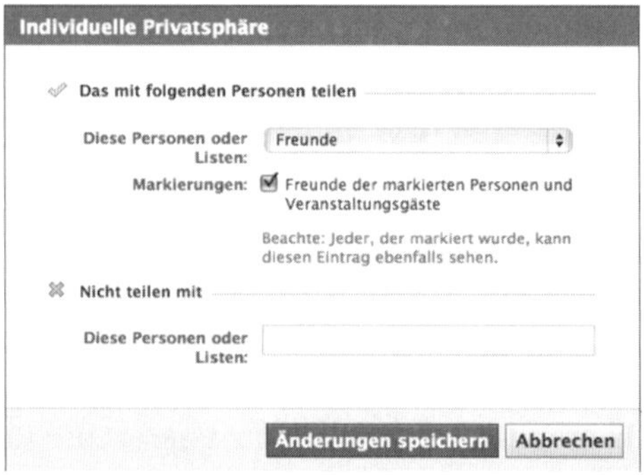

Abbildung 11.1: Fenster zum Einstellen einer benutzerdefinierten Gruppe

- **Weitere Listen:** In der Auswahl werden Sie auch einen Punkt finden, der ALLE LISTEN ANZEIGEN. . . heißt. Wenn Sie diesen Punkt anklicken, werden Ihnen alle weiteren Listen angezeigt, die Sie selbst angelegt haben und die sogenannten Intelligenten Listen. Letztere sind automatisch aufgrund gemeinsamer Merkmale von Facebook angelegt. Hier finden sich die Familienmitglieder, Kollegen oder Menschen aus der Stadt, in der Sie leben. Wollten Sie also auf die Weihnachtsfeier in Ihrer Firma hinweisen, macht es Sinn, diesen Hinweis nur für die Kollegen, mit denen Sie auf Facebook befreundet sind, sichtbar zu machen. Das nennt man dann wohl intelligentes Informationsmanagement.

Ob es sich nun um ein Fotoalbum auf Ihrer Pinnwand oder um Ihr Profil handelt: Ist ein Mitglied einer Freundesliste vom Zugriff auf eine bestimmte Sache ausgeschlossen, wird er sie auch niemals zu sehen bekommen. Falls jemand zu zwei Freundeslisten gehört, von denen eine Zugriff hat und die andere nicht, wird er die Sache auch dann nicht sehen können. Um nachzuprüfen, ob Sie die Privatsphäre-Einstellungen für einen bestimmten Freund auch richtig gesetzt haben, rufen Sie in Ihrem Profil die Freundesliste auf und sehen gleich neben jedem der Namen, welchen Status diese Person bei Ihnen hat. Dort können Sie die Zuordnung zu Listen auch jederzeit ändern.

Die Grundeinstellungen

Wir haben es bereits erwähnt: Facebook legt größten Wert darauf, dass Sie komplett selbst bestimmen können, welche Informationen Sie mit wem teilen möchten. Ein wirklich fantastischer Grundsatz, doch leider hat er einen Nachteil: Es gibt Privatsphäre-Einstellungen in Hülle und Fülle und es braucht seine Zeit, bis man sie verstanden hat und nutzen kann. Die Einstellungen sind standardmäßig alle so eingestellt, dass ein gewisses Maß an Offenheit gegeben ist, das den meisten Nutzern gefällt. Falls Sie über das Teilen allerdings Ihre ganz eigene Meinung haben oder vorsichtig beim Veröffentlichen bestimmter Arten von Inhalten sind, sollten Sie dieses Kapitel vollständig lesen und sich erst in allen hier genannten Punkten sicher fühlen, bevor Sie irgendwelche persönlichen Daten auf Facebook angeben.

Alles, was Sie über die Privatsphäre auf Facebook wissen müssen, findet sich auf einer Seite. Klicken Sie in der großen, blauen Leiste oben rechts auf das Schloss-Symbol. Dies führt zu drei wichtigen Bereichen, die Ihre PRIVATSPHÄRE-EINSTELLUNGEN ausmachen:

- ✔ **Wer kann meine Inhalte sehen?** Hier legen Sie die Grundeinstellung im Herausgeber fest. Alle Beiträge, die Sie schreiben, sind dann zunächst mit der hier festgelegten Einstellung voreingestellt. Nur wenn Sie von dieser einmalig abweichen möchten, brauchen Sie etwas verändern.
- ✔ **Wer kann mich kontaktieren?** In diesem Bereich legen Sie fest, wessen Nachrichten in Ihrem Postfach landen und können Personen, zu denen Sie keinen Kontakt wünschen, von der Möglichkeit ausnehmen, Ihnen eine Kontaktanfrage zu senden.
- ✔ **Wie verhindere ich, dass mich jemand belästigt?** Dies ist die Funktion, mit der Sie Personen grundsätzlich blockieren können. Im Grunde genommen hinterlassen Sie für jemanden, den Sie auf Ihrer Blockierliste hinzugefügt haben, keinerlei Spuren mehr auf Facebook. Sie werden nicht in seinen Neuigkeiten erscheinen. Wenn er ein Foto betrachtet, in dem Sie markiert sind, mag er Sie zwar auf dem Bild erkennen (was sich ja nicht vermeiden lässt), doch er wird nicht sehen können, dass Sie mitsamt Ihrem Namen in einem Foto markiert wurden. Wenn Sie bei anderen an die Pinnwand schreiben, wird dies vor ihm verborgen sein.

Abbildung 11.2: Die wichtigsten Privatsphäre-Einstellungen

Weitere Kontoeinstellungen

Weitere Kontoeinstellungen können Sie vornehmen, indem Sie auf das Zahnrad-Symbol ganz oben rechts in der blauen Leiste klicken. Von hier aus erreichen Sie eine Vielzahl von Einstellungsmöglichkeiten. Teilweise sind diese nur für bestimmte Personen relevant, zum Beispiel wenn Sie Anzeigen schalten oder Anwendungen nutzen. Wir stellen hier deshalb nur die wichtigsten Bereiche vor, die Sie auf jeden Fall anschauen sollten.

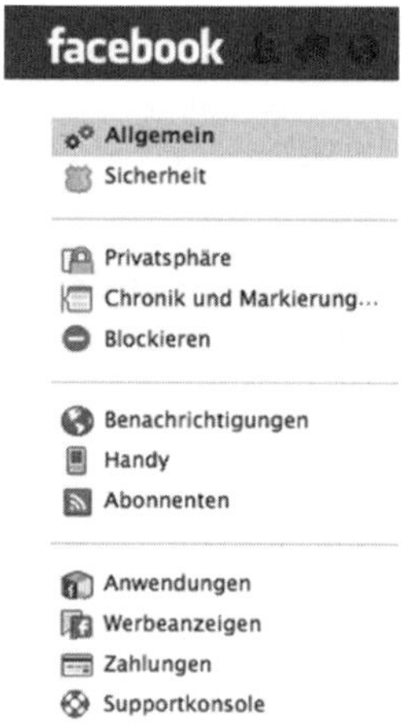

Abbildung 11.3: Optionen bei den Konto-Einstellungen

- **Allgemein:** Hier können Sie Ihr Passwort, Ihren Namen, Ihre E-Mail Adresse oder Ihre Sprache verändern. Wir empfehlen mindestens alle paar Monate Ihr Login-Passwort zu verändern.
- **Chronik und Markierungen:** Legen Sie hier fest, wer in Ihr Profil schreiben darf und wer wiederum diese Beiträge von anderen dann sehen darf. Außerdem regeln Sie hier die Einstellungen für Markierungen. Wir empfehlen, Markierungen nur nach vorheriger Bestätigung von Ihnen zuzulassen. Nur so können Sie verhindern, dass Sie fälschlicherweise auf Fotos oder an Orten markiert werden. Vielleicht möchten Sie auch einfach nicht veröffentlichen, mit wem Sie gerade in einer Bar sitzen.
- **Benachrichtigungseinstellungen:** Die Einstellungen in diesem Bereich helfen Ihnen dabei, die richtige Balance zu finden zwischen dem Wunsch, immer aktuell informiert zu sein und zu großer Informationsflut. Sie können beispielsweise festlegen, ob Sie per E-Mail, SMS oder Push-Benachrichtigung auf Ihr Smartphone über neue Aktivitäten informiert werden möchten. Möchten Sie eine SMS erhalten, wenn Sie eine neue Freundschaftsanfrage erhalten haben? Dann können Sie dies hier einstellen.

Eigenverantwortung übernehmen

Niemand möchte, dass Sie aufgrund einer Ihrer Handlungen auf Facebook zu Schaden kommen. Wir versuchen hier gerade so etwas zu verhindern, indem wir Ihnen die entsprechenden Optionen vorstellen und ihre Funktionsweise erklären. Die Firma Facebook versucht, negative Folgen zu vermeiden, indem sie Ihnen erst einmal all diese Privatsphäre-Einstellungen bietet. Um Ihre eigene Sicherheit auf Facebook zu gewährleisten, müssen Sie sich bemühen, im Internet clever vorzugehen und sich dort sicher zu bewegen.

Und was ist jetzt Ihre *eigentliche* Aufgabe? Sie besteht darin, sich bewusst zu machen, was Sie im Internet und auf Facebook veröffentlichen, indem Sie sich selbst einige Fragen stellen:

- Sind die von mir auf Facebook veröffentlichten Inhalte legal oder illegal?
- Wäre es mir vor einer bestimmten Person unangenehm, wenn sie diese Daten sieht?
- Wird der Leserkreis, mit dem ich diese Daten teile, sie auf vertrauenswürdige Weise verwenden?

Sie müssen derjenige sein, der entscheidet, ob das Zurschaustellen irgendeiner einzelnen Information auf Facebook riskant ist. Ist dies der Fall, müssen Sie derjenige sein, der sich die passende Privatsphäre-Einstellung dafür überlegt, um diese Information den von Ihnen gewünschten Personen – und nicht den unerwünschten – zu zeigen.

Ihre Aufgabe hier entspricht der Rolle, die Sie auch im täglichen Leben spielen, um für die eigene Sicherheit zu sorgen: Sie wissen, durch welche dunklen Gassen Sie nachts nicht gehen sollten, wann Sie sich anschnallen müssen, wann die Haustür abzuschließen ist. Fügen Sie Folgendes noch hinzu:

- ✔ Ich wähle meine Privatsphäre-Einstellungen mit Bedacht.
- ✔ Ich achte sorgfältig darauf, welche Informationen ich für eine große Personengruppe freigebe.

Unangemessene Inhalte melden

Ein Beitrag, den Sie (und alle anderen Nutzer von Facebook) leisten können, damit die Webseite auch weiterhin ein sicherer, jugendfreier Ort bleibt, sind Meldungen über Spam, Belästigung, unpassende Inhalte und gefälschte Profile. Bei Facebook geht man davon aus, dass Ihre Freunde nichts Schlimmes veröffentlichen. Wenn Sie sich allerdings Inhalte von Personen, zu denen Sie keinen direkten Bezug haben, anschauen, sollte unterhalb ein kleiner MELDEN-Link zu finden sein. Sie finden ihn unter anderem bei Fotos, Profilen, Gruppen, Links, Anwendungen und Seiten. Wenn Sie darauf klicken, gelangen Sie auf eine Seite zum Melden.

Je nachdem, was Sie melden möchten (beispielsweise kein Foto, sondern eine Nachricht), werden Sie eventuell verschiedene Optionen dafür gezeigt bekommen.

Wenn Sie etwas gemeldet haben, prüft die Facebook-Abteilung, die sich um die Nutzeroperationen kümmert, ob hier gegen die Nutzungsbedingungen verstoßen wurde. Das bedeutet: Pornografische Inhalte werden entfernt, gefälschte Profile deaktiviert und Personen, die Spam versenden, erhalten eine Warnung. Manchmal kann es allerdings sein, dass ein von Ihnen als anstößig empfundener Inhalt nicht gegen die Nutzungsbedingungen verstößt. Er wird daher nicht von der Website entfernt. Aufgrund der Datenschutzrestriktionen kann es sein, dass die entsprechende Abteilung Sie nicht informieren kann, welche Maßnahmen infolge Ihrer Meldung getroffen wurden. Sie können aber sicher sein, dass jede Meldung bearbeitet wird.

Wissen, was auf Facebook nicht geht

Auf Facebook sollen sich echte Personen vorstellen. Außerdem soll man sich dort sicher fühlen. Viele der dortigen Teilnahmebedingungen sind aus diesen beiden Gründen eingeführt worden.

Sie dürfen sich nicht als jemand anderes ausgeben

Na gut, können Sie schon, sollten Sie aber nicht. Und schon gar nicht in Bezug auf die grundlegenden Angaben. Wenn Sie bei Ihrer Identität schwindeln, gilt dies als Verstoß gegen die Nutzungsbedingungen von Facebook und führt zu einer Deaktivierung Ihres Profils. Obwohl viele es versuchen, lässt die Firma Facebook nicht zu, dass sich jemand unter einem eindeutig falschen Namen wie etwa Nina Hagen oder Max Mustermann registriert. Diejenigen, die noch nicht bei der Überprüfung des Namens auffallen, werden höchstwahrscheinlich feststellen, dass ihr Konto ausfindig gemacht und deaktiviert wurde.

Sie dürfen nicht zwölf sein

Oder sogar noch jünger. Ernsthaft. Facebook nimmt die Regel, dass man mindestens 13 Jahre alt sein muss, um für sich selbst im Internet ein Profil einzurichten, sehr ernst. Mit dieser Vorschrift soll die Sicherheit von Minderjährigen gewährleistet werden. Dies ist eine Sicherheitsvorschrift, die von Facebook ganz und gar nicht auf die leichte Schulter genommen wird. Falls Sie selbst oder jemand auf Facebook, den Sie kennen, jünger als 13 ist, sollten Sie das Konto umgehend deaktivieren (oder es denjenigen deaktivieren lassen). Falls man Sie bei der Facebook-Abteilung, die sich um die Nutzeroperationen kümmert, meldet, wird Ihr Konto sofort gelöscht.

Sie dürfen niemanden belästigen

Bei Facebook geht es um echte Personen und echte Verbindungen. Man kann einem gemeinsamen Freund oder auch mal einem Fremden eine Nachricht schicken. Sobald die von Ihnen angeschriebenen Personen aber ein Problem damit haben, dass Sie sie unaufgefordert kontaktieren, hat man Sie im Visier. Hören Sie damit nicht auf, wird Ihr Konto deaktiviert.

Stellen Sie sich mal vor, Sie gingen in ein Café und stellten sich dort bei jedem Einzelnen, der lieber für sich sein möchte, vor. Genau so wird bei Facebook das Versenden von unerwünschten Nachrichten aufgefasst.

Sie dürfen keine illegalen Inhalte hochladen

Ganz unabhängig von den eigenen Ansichten der Firma Facebook über Pornografie (dort, wo Minderjährige sie sehen können), urheberrechtlich geschütztes Material, Volksverhetzung, Gewaltdarstellung und andere anstößige Inhalte, muss sie das Gesetz befolgen. Die Beachtung dieser Bestimmungen stimmt allerdings auch mit Facebooks Wertvorstellung überein, einen sicheren und amüsanten Ort für jedermann (der älter als zwölf Jahre alt ist) zu bieten. Verwechseln Sie das bitte nicht mit Zensur. Bei Facebook geht es in erster Linie um Meinungsfreiheit und Selbstdarstellung. Doch sobald diese die Sicherheit anderer beeinträchtigt oder gegen ein Gesetz verstößt, werden rechtliche Schritte eingeleitet.

Duzen oder siezen?

In sozialen Netzwerken wie Facebook und anderen herrscht meist ein lockerer Umgangston. Man hat dort in der Regel mit persönlichen Kontakten zu tun, die man aus dem privaten Umfeld kennt. Wenn jemand auf Facebook um einen Tipp für ein neues Smartphone bittet oder einen Kinofilm empfiehlt, beginnen diese Beiträge meist mit den Worten »Habt ihr…«. Die Freunde auf Facebook werden also in der Regel geduzt.

Aber keine Regel ohne Ausnahme. Denn in letzter Zeit hat die berufliche Nutzung von Facebook zusätzlich zur privaten an Bedeutung gewonnen. In Kapitel 3 konnten Sie über einige dieser Nutzungsmöglichkeiten lesen. Sollten Sie also mit Kollegen, Kunden, Partnern oder Ihrem Chef auf Facebook befreundet sein, die Sie im wahren Leben siezen, stellt sich die Frage, ob Sie dies auf Facebook auch so tun sollten. Sollten Schüler ihren Lehrer auf Facebook duzen? Sollten Mitarbeiter eines Unternehmens den wichtigen Kunden duzen?

Auch wenn das Duzen auf Facebook üblich ist, sollten Sie nicht ohne weiteres zum Du wechseln, nur weil Sie auf Facebook befreundet sind. Ein Tipp: Sprechen Sie denjenigen einfach beim nächsten Mal persönlich auf das Thema an. Wenn Sie es leichter haben wollen, vermeiden Sie einfach auf Facebook die persönliche Ansprache dieser Person. Eine grundsätzliche Entscheidung aber kann natürlich immer nur individuell getroffen werden. Folgen Sie dabei einfach Ihrem Gefühl.

Persönliche Nachrichten auf Abwegen

Ein typischer »Anfängerfehler« von Nutzern auf Facebook ist es, wenn eine persönliche Nachricht direkt auf der Profilseite der Person in das Eingabefeld geschrieben wird. Dabei wird zumeist vergessen, dass diese Botschaft auch von allen anderen Besuchern dieses Profil mitgelesen werden kann. Nachrichten wie »Wie hat dir mein Geschenk gefallen?« oder »Warum willst du heute nicht mitkommen?« gehören aber normalerweise nicht zu der Sorte von Fragen, die man öffentlich stellen oder beantworten möchte. Eine Gratulation zum Geburtstag dagegen möglicherweise schon.

Daher beachten Sie unbedingt die folgende Regel: Für private Nachrichten, die nur zwischen Ihnen und dem Empfänger gelesen werden sollen, nutzen Sie immer die Nachrichtenfunktion. Diese erreichen Sie über den Link NACHRICHTEN in der linken Spalte. In Kapitel 9 erklären wir Ihnen detailliert, welche unterschiedlichen Möglichkeiten Sie haben, mit Freunden über Facebook in Kontakt zu bleiben.

Teil III

Intensiver mit Facebook arbeiten

»Und das ist der Teil unseres Lebens, der nicht auf Facebook zu finden ist.«

In diesem Teil ...

Facebook bietet viel mehr Möglichkeiten sich zu amüsieren, zu informieren, zu kommunizieren oder sich beruflich oder privat zu engagieren, als das all dies in nur ein Buch passen würde. In den ersten Teilen haben wir Sie über die grundsätzliche Funktionsweise aufgeklärt und Sie bei den ersten und weiteren Schritten an die Hand genommen. Im dritten Teil nun wollen wir Ihnen ein paar Funktionen näher bringen, die möglicherweise darüber hinaus für Sie interessant sein könnten.

Wir zeigen Ihnen in diesem Teil, wie Sie noch mehr spannende Informationen aus Ihrer Gegenwart und Vergangenheit in der Facebook Chronik teilen können. Außerdem wie Sie andere mit Hilfe von Seiten oder Gruppen für bestimmte Themen oder Ihr eigenes Unternehmen begeistern können. Und zu guter Letzt bringen wir Ihnen noch das Thema Applikationen näher, mit denen Sie Angebote und Services anderer Unternehmen innerhalb von Facebook nutzen können.

Die Chronik mit Fotos und Co. füllen

12

In diesem Kapitel ...

- Erschaffen Sie das Fotoalbum ihres Lebens
- Fotos mit Datum markieren
- Die Vergangenheit lebendig werden lassen

Denken Sie mal an die Zeit, als Fotos noch analog fotografiert wurden und es das Internet noch nicht gab (insofern Sie schon etwas älter sind, können Sie sich vielleicht daran erinnern). Wie hat man in dieser Zeit seinen Freunden Fotos präsentiert? Die schönste Form um Foto-Abzüge des letzten Urlaubes oder des ersten Nachwuchses zu zeigen, waren und sind die Fotoalben aus dieser Zeit. Auch heute noch sind Fotoalben eine vergnügliche Reise in die Vergangenheit unabhängig davon, ob Sie die Fotos analog oder digital fotografiert haben.

Was aber macht nun ein gutes Fotoalbum aus? Die tollen Bilder haben eine passende Beschreibung. Die Personen auf den Fotos sind beschrieben (oder bekannt) und das Datum erinnert daran, wann das Bild entstanden ist. Und: Sie finden in Ihrem Bücherregal das Album chronologisch sortiert neben weiteren Alben aus anderen Jahren.

Jetzt stellen Sie sich einmal vor, Sie könnten eine ähnlich gute Sammlung Ihrer Fotos aus allen Zeiten Ihres Lebens nicht nur den Besuchern bei Ihnen zu Hause zeigen. Wie wäre es, wenn diese Fotosammlung von jedem Computer aus sichtbar wäre. Dies ist mit Facebook jetzt möglich. Ähnlich den ordentlich sortierten Fotoalben in Ihrem Regal, gibt es bei Facebook in jedem Personenprofil eine Zeitleiste – etwas versteckt – in der rechten Spalte. Dort finden Sie die Fotos und Ereignisse aus der Vergangenheit. Abbildung 12.1 zeigt Ihnen, wie diese Zeitleiste aussieht.

Probieren Sie die Chronik-Leiste einfach einmal in dem Profil von einem Ihrer Facebook-Freunde aus. Klicken Sie auf eine Jahreszahl. Wenn es in dem Jahr mehrere Fotos gibt, können Sie auch einen bestimmten Monat auswählen. Ihnen wird dann möglicherweise ein Foto wie in Abbildung 12.2 angezeigt.

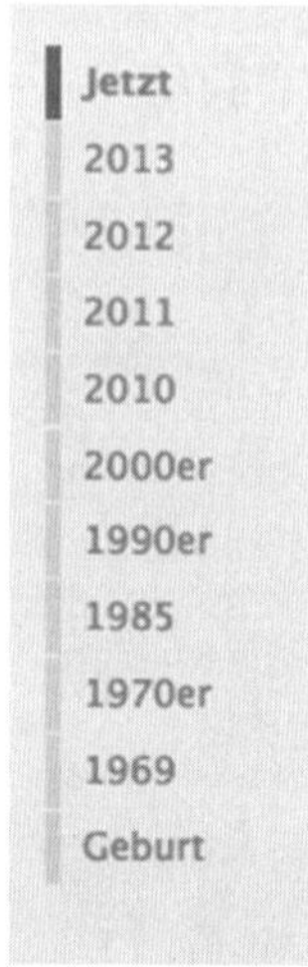

Abbildung 12.1: Die Chronik-Leiste in der rechten Spalte im Personenprofil

Abbildung 12.2: Ein »historisches« Foto in der Chronik von Sebastian Schroer

Fotos einem früheren Datum zuweisen

Leider bietet Facebook nicht die Möglichkeit, einem Foto oder Album direkt beim Hochladen ein vergangenes Datum zuzuweisen. Wenn Sie also ein Foto aus der Vergangenheit an der richtigen Stelle in Ihrer Chronik einsortieren möchten, folgen Sie einfach diesen Schritten:

1. **Laden Sie das Foto im Herausgeber hoch.**

   An dieser Stelle können Sie bereits die weiteren Personen (insofern diese auf Facebook sind) markieren. Außerdem können Sie hier den Ort hinzufügen, an dem das Foto aufgenommen wurde. Facebook bietet Ihnen fast alle Städte, Dörfer, berühmte Gebäude und Sehenswürdigkeiten an, wenn Sie die ersten Buchstaben in das Suchfeld eingeben. Dies hat den Vorteil, dass Ihr Foto auch in dem Bereich ORTE in Ihrem Profil erscheint. Dies ist eine weitere spannende Möglichkeit, die eigenen Bilder auffindbar zu machen. Wenn Sie mit diesem Schritt fertig sind, klicken Sie auf POSTEN.

2. **Das Foto ist nun auf Ihrem Profil sichtbar. Klicken Sie es an, um es im nächsten Schritt zu bearbeiten.**

3. **Klicken Sie auf den BEARBEITEN Link oben rechts neben dem Foto.**

4. **Geben Sie jetzt ein Datum über die Auswahl von Jahr, Monat und Tag ein.**

   Sogar die Zuweisung einer Uhrzeit ist hier möglich. Danach klicken Sie auf FERTIG BEARBEITET. Ab jetzt wird dieses Foto in dem entsprechenden Jahr in der Chronik auftauchen.

Wenn Sie Fotos ohne Datumsangabe bei Facebook hochladen, werden diese automatisch dem Zeitpunkt zugewiesen, an dem Sie sie hochladen. Auf diese Weise werden alle Foto und Fotoalben zu Ihrer Chronik zugewiesen. Insofern das Datum der Aufnahme aber nicht identisch mit dem Tag ist, an dem Sie es bei Facebook hochgeladen haben, sollten Sie dies im Nachhinein anpassen. Ein altes Jungendfoto von Ihnen gehört also auch in das entsprechende Jahr, in dem es aufgenommen wurde.

Abbildung 12.3: Einem Foto ein Datum zuweisen

Weitere Lebensereignisse in der Chronik

Nicht nur Fotos sind über die Jahreszahlen in der Chronikleiste auffindbar. Auch andere Angaben, die Sie bei der Registrierung oder später Ihrem Profil zugefügt haben, tauchen in Ihrer Chronik auf, wie Sie in Abbildung 12.4 und 12.5 sehen. Ihr Geburtsdatum haben Sie bei der ersten Registrierung angeben. Dieses findet sich verständlicherweise in der Chronik ganz am Anfang bzw. unten. Wenn Sie nicht möchten, dass Ihr genaues Datum angezeigt wird, können Sie dies aber auch ausblenden. Wie dies funktioniert, erklären wir in Kapitel 5.

Weitere Angaben, die zu Ihrer Chronik hinzufügt werden, sind diejenigen zu Arbeit und Ausbildung in Ihrem Profil. Wenn Sie in diesem Bereich den Zeitraum Ihrer Ausbildung oder Arbeit in dem einen oder anderen Unternehmen eingeben, tauchen diese ebenso an der richtigen Stelle in Ihrer Chronik auf.

Abbildung 12.4: Damit fängt alles an: Ihre Geburt in der Chronik

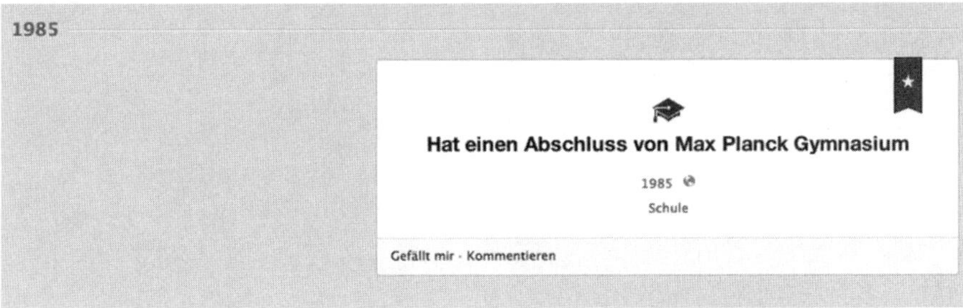

Abbildung 12.5: Ein Karriere-Meilenstein in der Chronik

Seiten und Gruppen nutzen

13

In diesem Kapitel ...

- Gruppen nutzen und neu anlegen
- Seiten für Unternehmen nutzen
- Werbung schalten

Gruppen und Seiten sind eine wunderbare Gelegenheit, sich mit anderen Menschen auf Facebook zu vernetzen, die ein gemeinsames Interesse teilen. Und dies ist unabhängig davon, ob es sich um ein privates, gesellschaftliches, sportliches, politisches oder unternehmerisches Interesse handelt. Gruppen und Seiten bieten Ihnen die Möglichkeit, zu diesen Menschen – oder auch Unternehmen und Marken – in Kontakt zu kommen und sich auszutauschen. Soweit zu den Gemeinsamkeiten von Gruppen und Seiten. Worin besteht aber der Unterschied?

- ✔ **Seiten:** Sie dienen in der Regel der Darstellung von Unternehmen und Organisationen. Diese haben mit ihrer eigenen Seite auf Facebook einen Ort auf dem sie Kunden, Fans oder Mitglieder über Neuigkeiten informieren können. Hier können sie sich mit den »Fans« austauschen und Fragen beantworten. Es handelt sich also bei den Seiten um Orte, an denen es einen klaren Absender gibt, der in der Regel keine Person ist. Ausnahme dieser Regel sind Prominente, die meist auch eine Seite betreiben. Siehe hierzu auch Kapitel 3. Um zu verfolgen, was auf einer Seite passiert, klicken Sie einfach auf GEFÄLLT MIR.
- ✔ **Gruppen:** Hier geht es stärker um den Austausch von Menschen untereinander zu einem bestimmten Thema. Dabei ist jedes Mitglied gleichberechtigt und kann eigene Inhalte beitragen. Oftmals organisieren sich Gruppen von Schülern oder Vereinsmitgliedern in Form von Gruppen. Dabei werden geschlossene Gruppen angelegt, wenn die Mitglieder »unter sich« sein und Informationen, Termine oder auch Dokumente austauschen möchten. Um zu verfolgen, was in einer Gruppe passiert, klicken Sie auf DER GRUPPE BEITRETEN.

Die inhaltlichen Themen von Seiten und Gruppen überschneiden sich oftmals, denn vielen Betreibern sind diese Unterschiede nicht wirklich bekannt. Wenn Sie beispielsweise nach einer politischen Partei suchen, werden Sie diverse Gruppen und Seiten finden. Es lohnt sich also, beides einmal auszuprobieren, um die Unterschiede selbst zu erleben.

Gruppen verstehen und gründen

Um zu verstehen, worum es bei Facebook-Gruppen geht, tritt man am besten einer davon bei. Wir sehen uns als Beispiel die Gruppe »Beatles Fans Around the World« an, in der sich knapp 1.000 Mitglieder zusammengefunden haben.

Folgen Sie diesen Schritten, um auf die Seite dieser Gruppe zu gelangen:

1. **Geben Sie »Beatles Fans Around the World« in das Suchfeld ein und drücken Sie die Eingabetaste.**

   Beachten Sie, dass verschiedene Gruppen auf Facebook manchmal ähnliche oder sogar identische Namen haben können. Für den Fall, dass Sie Schwierigkeiten haben, sie zu finden, hilft hier die Webadresse: `www.facebook.com/group.php?gid=2204708817`. Abbildung 13.1 zeigt diese Gruppe.

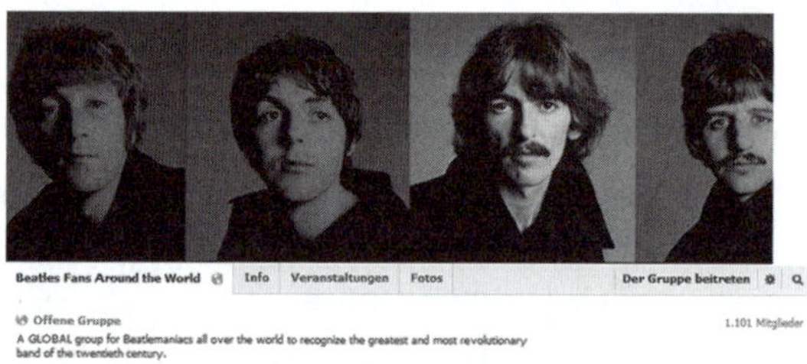

Abbildung 13.1: In der Gruppe »Beatles Fans Around the World« durchleben die Fans noch einmal gute Musik und Erinnerungen

2. **Klicken Sie auf die Der Gruppe beitreten-Schaltfläche oben auf der Seite und werden Sie Teil dieser Gruppe.**

Machen Sie sich keine Sorgen, dass Sie Ihr Haar für alle Ewigkeit zu einem Pilzkopf kämmen müssen: Sie können die Gruppe jederzeit wieder verlassen.

Wenn Sie einer Gruppe beitreten, bedeutet das nicht, dass dadurch Personen, die bisher keinen Zugriff auf Ihr Profil hatten, diesen nun bekommen. Ab diesem Zeitpunkt werden Sie aber die aktuellen Meldungen dieser Gruppe in Ihren Neuigkeiten auf Ihrer Startseite vorfinden. Hinzu kommt, dass eine Meldung über Ihren Beitritt in den Neuigkeiten Ihrer Freunde auftauchen könnte.

Der Aufbau einer Gruppe

Das Erste, was Sie beim Besuch einer Gruppe sehen, ist deren Startseite. Ganz oben sehen Sie das Titelbild der Gruppe. Genau wie man in Ihrem Profil an dieser Stelle eine Zusammenfassung über Sie findet, bietet diese Seite einen Überblick darüber, was sich kürzlich in der Gruppe getan hat und zeigt eine Momentaufnahme der neuesten Fotos, Videos und Kommentare der Mitglieder.

Je nachdem, welche Privatsphäre-Einstellungen für eine Gruppe gewählt werden, können Sie eventuell vor Ihrem Beitritt alle dortigen Inhalte betrachten, obwohl Sie selbst noch keine neuen hinzufügen können. Bei der Gruppe »Beatles Fans Around the World« ist dies der Fall, da der Administrator sich für die am wenigsten eingeschränkten Einstellungen entschieden hat.

In vielerlei Hinsicht ähnelt eine Gruppe einem Profil, das sich die Mitglieder teilen. In der großen Spalte in der Mitte finden Sie die Beiträge der Mitglieder. Dabei kann es sich um einige der neuesten Fotos oder Gesprächsthemen handeln. Die Gruppe besteht aus folgenden Bereichen:

- ✔ **Pinnwand:** Die Pinnwand, die Sie sehen, wenn Sie die Seite aufrufen, dient dem gleichen Zweck und eignet sich hervorragend für zwanglose und beliebig gestaltbare Kommentare. In der Gruppe »Beatles Fans Around the World« verwenden Mitglieder die Pinnwand häufig, um in leidenschaftlichen Worten ihren Dank für mehr als 50 Jahre guter Musik auszudrücken. Jeden dieser Beiträge können die Mitglieder der Gruppe – wie Sie es von Facebook gewohnt sind – kommentieren oder teilen.
- ✔ **Info:** In diesem Abschnitt finden Sie die grundlegende Beschreibung der Gruppe. Falls die Facebook-Gruppe eine Organisation repräsentiert, die es tatsächlich gibt (wie zum Beispiel die Deutsche Knochenmarkspenderdatei), können im INFO-Reiter auch die Kontaktdaten dieser Organisation wie etwa die Anschrift oder die Webadresse enthalten sein. In diesem Bereich finden Sie auch alle Facebook-Nutzer, die zur Gruppe gehören. Sollten irgendwelche Ihrer Freunde Mitglieder der Gruppe sein, werden diese zuerst aufgelistet. Hier können Sie auch auf PERSON HINZUFÜGEN klicken, um weitere Freunde zu dieser Gruppe einzuladen.
- ✔ **Veranstaltungen:** Hier finden Sie die Namen und die Daten der bevorstehenden Veranstaltungen. Sie können zusagen oder sich die bisherigen Zusagen anschauen. Über einen Klick auf das Zahnrad-Symbol können Sie sich auch alle vergangenen Veranstaltungen anzeigen lassen.

- **Fotos:** Wie Sie sich wahrscheinlich schon gedacht haben, enthält dieser Reiter Fotos, die einen Bezug zur Gruppe haben. Im vorliegenden Fall haben Beatles-Fans fast unendlich viele Lieblingsbilder ihrer heißgeliebten Band oder von Fanartikeln hinzugefügt.

  Manchmal zeigen die Bilder Gruppenmitglieder, die vor langer Zeit mit der Band abgelichtet wurden. Viele Facebook-Gruppen sind für das Teilen von Fotos geradezu bekannt. Sehen Sie sich beispielsweise mal Gruppen an, die sich ums Wandern drehen. Dort werden Sie Mitglieder finden, die Bilder ihrer neuesten Bergbesteigung teilen. Andere Gruppenmitglieder können dann die Fotos kommentieren, genauso wie auch Ihre Freunde Kommentare zu Bildern, die Sie Ihrem Profil hinzugefügt haben, hinterlassen können.

Beachten Sie: Der Beitritt zu einer Gruppe hat keinen Einfluss auf das grundlegende Privatsphäre-System von Facebook. Sie werden also das Profil eines anderen Gruppenmitglieds nicht sehen können, wenn derjenige nicht bereits zu Ihren Freunden zählt.

Seinen Senf dazugeben

Die ersten Schritte in einer Gruppe unternimmt man am besten, indem man sich an den Diskussionen beteiligt, die bereits unter den Mitgliedern geführt werden. Bitte beachten Sie, dass Diskussionsforen nur noch in vor längerer Zeit gegründeten Gruppen vorhanden sind. Klicken Sie im DISKUSSIONEN-Reiter auf ein Thema, das sich interessant anhört, und versenken Sie sich darin. Sollte keins der Themen Ihre Fantasie anregen, klicken Sie einfach oben auf + NEUES THEMA BEGINNEN und erstellen Sie Ihr eigenes.

Nachdem Sie auf ein bereits vorhandenes Thema geantwortet oder ein neues Thema begonnen haben, hilft Ihnen Facebook auf verschiedene Weise, bei der Diskussion auf dem Laufenden zu bleiben:

- Facebook sendet Ihnen eine Benachrichtigung, sobald eine Antwort auf einen Ihrer Diskussionsbeiträge eingeht. Standardmäßig ist es so eingestellt, dass die Benachrichtigung nicht nur auf Facebook, sondern auch per E-Mail eingeht. Falls Ihnen das nicht gefällt, können Sie es ausschalten.
- Und wie immer bietet auch Ihre STARTSEITE, und hier vor allem die NEUIGKEITEN, eine tolle Möglichkeit, sich über Ereignisse in Ihrer Facebook-Welt auf dem Laufenden zu halten.

Nach Gruppen suchen

Sollte Ihnen bereits ein Thema vorschweben, ist dies die schnellste Methode, um Gruppen aufzustöbern, die sich damit befassen:

1. **Klicken Sie in das SUCHFELD.**

   Das SUCHFELD befindet sich in der großen, blauen Leiste ganz oben auf jeder Facebook-Seite. Sie erkennen das Suchefeld an dem Satz »Suche nach Personen, Orten und Dingen«.

2. **Fangen Sie an, den Namen einer Gruppe einzutippen, die Sie finden möchten wie zum Beispiel »Katzenliebhaber«. Wählen Sie danach entweder innerhalb der erscheinenden Liste mit Möglichkeiten aus oder klicken Sie unten im Menü auf WEITERE ERGEBNISSE FÜR <*SUCHBEGRIFF*> ANZEIGEN.**

   Die Suchergebnisse enthalten Inhalte aus allen Bereichen von Facebook wie etwa den Profilen, Gruppen, Seiten oder Veranstaltungen.

3. **Wählen Sie links auf der SUCHE-Seite die Kategorie GRUPPEN und klicken Sie im entsprechenden Bereich auf eine beliebige Gruppe, um mehr über sie zu erfahren.**

Wenn ein Administrator eine Gruppe erstellt, kann er durch die Änderung der Zugangsstufe von *geschlossen* zu *geheim* den Zugriff auf die Gruppe einschränken. Mit Letzterem befassen wir uns im Abschnitt »Eigene Gruppen erstellen« weiter hinten in diesem Kapitel. Facebook zeigt Ihnen in der Liste der Suchergebnisse nur die Gruppen an, die Sie auch sehen dürfen.

In vielen Facebook-Gruppen beziehen Nutzer bei umstrittenen Themen wie etwa Abtreibung oder Atomkraft ganz klar Stellung. Um neutral zu bleiben und die Diskussion anzuregen, werden von der Firma Facebook keine Gruppen entfernt, bloß weil Sie mit den dort genannten Äußerungen nicht einverstanden sind.

Eigene Gruppen erstellen

Falls Sie auf Facebook die gewünschte Gruppe nicht finden oder zwar eine finden, diese aber anders gestaltet werden oder eine andere Mitgliederliste aufweisen soll, können Sie gerne eine eigene erstellen. Als Gründer einer Gruppe werden Sie standardmäßig zum *Gruppenadministrator* ernannt, tragen also die Gruppeninformationen ein, legen die Privatsphäre-Einstellungen fest und sorgen dafür, dass allgemein alles reibungslos abläuft. Sie können außerdem andere Mitglieder der

Gruppe zu Administratoren ernennen, damit sie die gleichen Rechte erhalten. Diese können Ihnen danach bei den oben genannten Aufgaben behilflich sein.

Um eine Gruppe zu erstellen, gehen Sie in folgenden Schritten vor:

1. **Klicken Sie auf Ihrer Startseite in der Navigationsleiste links auf GRUPPE GRÜNDEN, im Bereich GRUPPEN.**

   Es erscheint ein eigenes Fenster, wie Sie es in Abbildung 13.2 sehen.

2. **Wählen Sie einen Namen für Ihre Gruppe.**

3. **Suchen Sie nach Mitgliedern, die Sie zum Start einladen möchten.**

4. **Wählen Sie eine der drei Gruppenarten aus. Sie können eine offene, geschlossene oder geheime Gruppe gründen, je nachdem welche Art von Öffentlichkeit Sie mit Ihrer Gruppe suchen.**

5. **Klicken Sie auf ERSTELLEN. Fertig ist Ihre Gruppe und Sie sind der Administrator.**

Bei der Erstellung einer Gruppe müssen Sie mindestens zwei Schritte befolgen: den Gruppennamen angeben und mindestens ein Gruppenmitglied hinzufügen. Nachdem Sie die Gruppe erst einmal erstellt haben, können Sie noch weitere Mitglieder hinzufügen und verschiedene Einstellungen vornehmen. Sie können

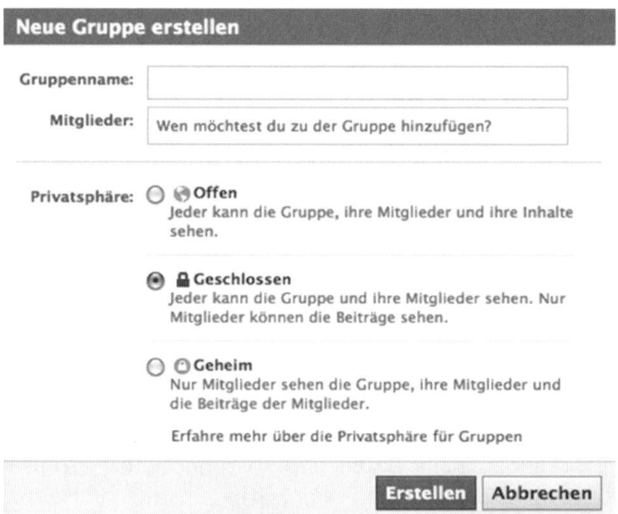

Abbildung 13.2: In diesem Fenster machen Sie alle nötigen Angaben zur Gründung einer Gruppe

sämtliche Eigenschaften der Gruppe auch nach der Erstellung jederzeit bearbeiten. Sie müssen sich also keine großen Sorgen machen, wenn Sie nicht gleich zu Beginn alles korrekt angeben.

Eine von Ihnen erstellte Gruppe können Sie zwar nicht selbständig löschen, doch Facebook löscht automatisch alle Gruppen, die keine Mitglieder aufweisen. Sollten Sie das einzige Mitglied sein, verlassen Sie die Gruppe einfach und puff – weg ist sie. Falls weitere Mitglieder vorhanden sind, können Sie diese über die MITGLIEDER-Konsole aus der Gruppe entfernen. Mehr dazu im Abschnitt »Eine Gruppe verwalten« weiter hinten im Kapitel.

Eine Gruppe verwalten

Nachdem Sie die Erstellung abgeschlossen haben, werden Sie wahrscheinlich eine Reihe von Dingen tun wollen: noch mehr Freunde hinzufügen, erste Beiträge posten, eine Veranstaltung anlegen oder Fotos und Dateien hochladen. Da man all diese Dinge jederzeit erledigen kann, gehören sie offiziell nicht zur Erstellungsphase einer Gruppe. Falls Sie schon ganz erpicht darauf sind, dass sich Nutzer innerhalb der Gruppe unterhalten und sich dort treffen, könnten Sie ebenso gut wenigstens Freunde hinzufügen. Sie können die meisten der Optionen jederzeit über einen Klick auf das Zahnrad-Symbol am rechten Bildrand und dann auf GRUPPENEINSTELLUNGEN BEARBEITEN erreichen. Es erscheint das Auswahlmenü, wie in Abbildung 13.3 zu sehen. Folgende Dinge können Sie jetzt bearbeiten:

- ✔ **Die Privatsphäre-Einstellung ändern.**
- ✔ **Bestätigungs-Einstellungen festlegen:** Wer soll neue Mitglieder bestätigen können? Nur Sie als Administrator oder auch andere Gruppenmitglieder.
- ✔ **Gruppenadresse einrichten:** Hier können Sie eine individuelle E-Mail-Adresse anlegen. E-Mails an diese Adresse erreichen immer alle Gruppenmitglieder.
- ✔ **Beschreibung ändern.**
- ✔ **Erlaubnis zum Posten:** Legen Sie fest, ob nur Sie als Administrator Beiträge schreiben dürfen oder alle Mitglieder der Gruppe.
- ✔ **Beitrag bestätigen:** Wenn Sie mögen, können Sie Beiträge von Mitgliedern vorab lesen und dann entscheiden, ob diese veröffentlicht werden.

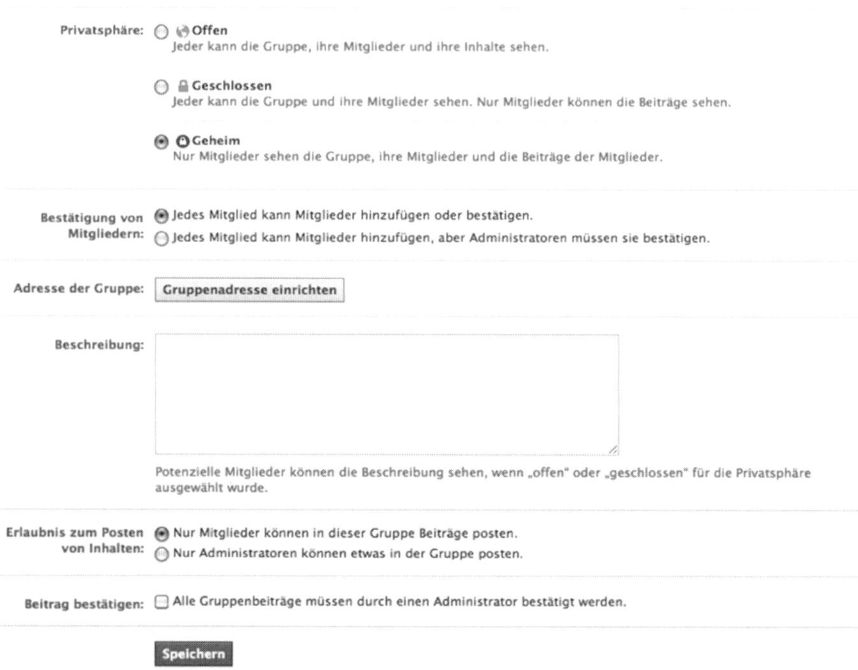

Abbildung 13.3: Einstellungen der Gruppe bearbeiten

Die Mitgliederliste der Gruppe verwalten

Wenn Ihre Gruppe einige Mitglieder hat, können Sie die Mitgliederliste verwenden, die Sie über den INFO Reiter erreichen.

Hier können Sie:

- ✔ Neue Mitglieder hinzufügen.
- ✔ Nachrichten an Mitglieder schreiben.
- ✔ Vertrauenswürdige Mitglieder zu Administratoren befördern oder derzeitige Administratoren (falls vorhanden) zu regulären Mitgliedern degradieren. Hierfür klicken Sie auf das Zahnrad-Symbol neben dem Foto der Person.
- ✔ Unerwünschte Mitglieder entfernen.

Meine Gruppen wiederfinden

Für alle Gruppen, in denen Sie Mitglied sind, oder die Sie selbst gegründet haben, gibt es eine gute Übersichtsseite. Dorthin gelangen Sie, indem Sie auf der Facebook-Startseite in der Linken Spalte auf GRUPPEN klicken. Dann sehen Sie gleich die Liste aller Gruppen. Außerdem die Informationen, wann Sie zuletzt die Gruppe besucht haben und die Anzahl der neuen Beiträge.

Abbildung 13.4: Ihre Gruppen-Übersicht.

Seiten verstehen und erstellen

Wir helfen Ihnen in diesem Kapitel, die Welt der Facebook-Seiten zu verstehen. Falls Sie nur mal wissen möchten, was das eigentlich für Dinge sind, bei denen Sie auf GEFÄLLT MIR geklickt haben und die in Ihrem Profil und in Ihren Neuigkeiten erschienen sind, dann lesen Sie den nächsten Abschnitt »Seiten und Sie«. Falls Sie Ihr Kleinunternehmen, Ihre Marke, Band oder irgendetwas anderes auf Facebook darstellen möchten, sollten Sie mit dem Abschnitt »Wozu eine Facebook-Seite erstellen« anfangen und von dort aus weiterlesen.

Seiten und Sie

Wenn Sie darüber nachdenken, auf irgendeine Weise mit Seiten zu interagieren, müssen Sie vor allem eins im Hinterkopf behalten: Seiten sind wie die Profile Ihrer Freunde aufgebaut und weisen dazu nur einen Unterschied auf. Wenn Sie eine Seite »adden«, werden dadurch Ihre persönlichen Daten nicht für die Seite freigegeben. Sie können mit Seiten viele Dinge anstellen, die Sie auch mit Ihren Freunden tun können, zum Beispiel an ihre Pinnwände schreiben, sie in Beiträgen markieren und vieles mehr.

Der Aufbau von Seiten sollte Ihnen eigentlich ziemlich bekannt vorkommen, denn sie wurden bewusst ähnlich wie Profile gestaltet. Abbildung 13.5 zeigt anhand der Seite der *Frankfurter Allgemeinen Zeitung* ein Beispiel für eine Facebook-Seite.

Abbildung 13.5: Die Facebook-Seite der Frankfurter Allgemeinen Zeitung

Oben von links nach rechts sehen Sie:

- ✔ **Profil- und Titelbild:** Genau wie Sie und Ihre Freunde wählen auch Seiten ein Profilfoto und ein (freiwilliges) großes Titelbild, das sie überall auf der Website repräsentieren soll.
- ✔ **GEFÄLLT MIR-Schaltfläche**: Bevor Sie ein Fan werden, sehen Sie eine GEFÄLLT MIR-Schaltfläche unter dem Namen der Seite. Klicken Sie darauf, um sich mit der Seite zu verbinden. (Im nächsten Abschnitt erfahren Sie mehr über dieses Thema.)

- **Pinnwand (und Herausgeber):** Die Pinnwand ist der Mittelpunkt einer Seite. An dieser Stelle können die Administratoren Statusmeldungen veröffentlichen und Fans können dort meist Pinnwandeinträge und Kommentare hinterlassen. Beachten Sie, dass Sie hier – genau wie in den Profilen all Ihrer Freunde – fast immer einen Herausgeber und einen Filter finden, mit denen die Pinnwand besser sichtbar wird. Sie können dann wählen, ob nur Beiträge der Seite selbst oder die der Fans angezeigt werden.
- **INFO-Link:** Dem INFO-Link kommt bei Seiten keine ganz so große Bedeutung zu, doch wenn Sie irgendwann einmal grundlegende Daten wie etwa die Öffnungszeiten oder die Anschrift eines Unternehmens wissen möchten, stellt er eine nützliche Informationsquelle dar.
- **Links für verschiedene Anwendungen:** Durch die Nutzung von Anwendungen werden, genau wie in Ihrem eigenen Profil, Links für alle möglichen Anwendungen hinzugefügt. Dazu gehören zum Beispiel die Links VERANSTALTUNGEN und FOTOS. Fans können darüber hinaus mühelos weitere Inhalte oder Neues finden. Hier finden Sie auch oftmals individuell erstelle Anwendungen, wie beispielsweise Gewinnspiele oder Stellenangebote.
- **Anzeige, wie vielen Personen diese Seite gefällt:** Die Anzahl der Personen, denen diese Seite gefällt, umgangssprachlich auch als *Fans* bezeichnet, wird hier angezeigt.

In der rechten Spalte sehen Sie:

- **Freunde, denen die Seite gefällt:** Nicht ganz uninteressant ist es zu erfahren, welchen Ihrer Freunde diese Seite auch gefällt.
- **Gefällt mir-Angaben:** Nicht zu verwechseln mit der bereits beschriebenen GEFÄLLT MIR-Schaltfläche oben, die Sie anklicken, um Fan der Seite zu werden, finden Sie hier Angaben über fremde Seiten, bei denen der Administrator der vorliegenden Seite selbst auf GEFÄLLT MIR geklickt hat.
- **Chronik:** Ganz rechts finden Sie die Jahreszahlen und Monate. Hier können Sie gezielt nach älteren Beiträgen der Seite suchen.

Verbindung und Interaktion mit Seiten

Überall auf Facebook-Seiten und an vielen anderen Stellen im Internet sehen Sie Links und Schaltflächen, die Sie auffordern, auf GEFÄLLT MIR zu klicken. Sie können Gefallen an Fotos, Statusmeldungen, Kommentaren, Artikeln, Websites, Videos und vielem mehr finden.

Sie können auch bei Seiten auf GEFÄLLT MIR klicken. Dadurch sind Sie auf dem besten Wege, ein *Fan* zu werden, sprich eine Person, der eine bestimmte Seite gefällt. Fan werden bringt folgende Dinge mit sich:

- ✔ **Aktualisierungen/Neuigkeiten abonnieren:** Durch den Klick auf GEFÄLLT MIR bei einer Seite abonnieren Sie die *Aktualisierungen*, also im Grunde die Nachrichten der Seite. Sie sehen also deren Statusmeldungen und andere Beiträge in Ihren eigenen Neuigkeiten.

- ✔ **Zugriff auf die Pinnwand:** Wenn Sie bei einer Seite auf GEFÄLLT MIR klicken, können Sie, genau wie nach dem Hinzufügen eines Freundes, an die entsprechende Pinnwand schreiben und dort meist auch noch Fotos, Links und Videos veröffentlichen. Natürlich nur, wenn der Administrator der Seite es erlaubt hat.

Was das jetzt alles für Sie bedeutet? Es ist im Grunde so: Wenn Sie bei einem Objekt auf GEFÄLLT MIR klicken, gehen Sie damit eine Verbindung ein, die Sie nach eigenem Ermessen entweder sehr aktiv durch Ihre Interaktionen oder eben passiv gestalten können. Häufig werden Nutzer Fans von vielen Seiten, weil sie damit etwas aussagen oder den Banner in Ihrem Profil haben möchten. Bloß weil Sie bei der Seite *Das aktuelle Sportstudio* auf GEFÄLLT MIR geklickt haben, heißt das noch lange nicht, dass Ihnen Artikel darüber oder Interviews mit den Moderatoren wichtig sind. Kein Problem. Wenn Sie solche Texte allerdings gerne lesen oder mit anderen Fans auf der Pinnwand kommunizieren möchten, können Sie das auch tun. Das ganze System ist ziemlich flexibel gestaltet.

Wozu eine Facebook-Seite erstellen?

Bevor wir Ihnen eine Antwort darauf geben, weshalb Sie eine Facebook-Seite erstellen sollten, denken Sie am besten erst einmal darüber nach, womit Sie noch zum Erfolg Ihres Unternehmens beitragen können:

- ✔ **Bieten Sie ein hochwertiges Produkt oder eine hochwertige Dienstleistung.** Wenn Sie sich mit Ihren Produkten von anderen abheben, locken Sie Stammkunden an und werden weiterempfohlen.

- ✔ **Betreiben Sie Ihr Geschäft in einer belebten Straße oder einem Einkaufsviertel mit vielen Läden.** An stark frequentierten Orten schenkt man Ihnen mehr Aufmerksamkeit und Ihr Geschäft ist besser erreichbar.

- ✔ **Bringen Sie Ihren Laden auf Hochglanz und dekorieren Sie ihn, bauen Sie Ihre Website sorgfältig auf und schmeißen Sie sich für Vorführungen in Schale.** Durch eine hochwertige Präsentation schaffen Sie Vertrauen bei Ihren Kunden.

Letzten Endes sind dies alles Beispiele dafür, was Firmen unternehmen, um für Wachstum zu sorgen, und zwar Wachstum bei ihrem treuen Kundenstamm. Wenn Sie mit Ihrem Unternehmen auf Facebook präsent sind, verfolgen Sie im Grunde den gleichen Zweck: das Wachstum vorantreiben.

Ein wichtiger Vorteil: Facebook-Seiten sind kostenlos. Sie benötigen lediglich einen Computer, einen Internetzugang, jemanden, der sich mit der Nutzung von Facebook auskennt, und ein bisschen Zeit. Je nachdem, wie ausgefeilt die Seite für Ihr Unternehmen ausfallen soll, können Sie sie innerhalb von fünf Minuten oder mehreren Stunden erstellen. Das klingt abschreckend? Dann denken Sie daran, dass es mehrere Stunden dauern würde, bis man Flyer erstellt, ausgedruckt und verteilt hat. Die Erstellung einer Website, eines Films oder eines Werbespots dauert sogar noch viel länger.

Hier finden Sie mehrere Ziele, die Sie mit Ihrem Unternehmen auf Facebook möglicherweise verfolgen.

- ✔ Kunden regelmäßig und auf fesselnde Weise mit einbeziehen. Wenn sie an Ihre Branche denken, haben sie Ihre Firma vor Augen. Wenn sie Ihre Firma vor Augen haben, haben sie das Gefühl, Sie zu kennen. Selbst wenn Sie einen Großkonzern repräsentieren, haben sie das Gefühl, Einblick in die menschliche Seite genommen zu haben.
- ✔ Kunden und potenziellen Kunden eine fehlerfreie Informationsquelle zum Unternehmen bieten, die zum Beispiel die E-Mail-Adresse, Produktinformationen oder die Öffnungszeiten anzeigt.
- ✔ Neue Werbeaktionen, Produkte und aktuelle Informationen vor so vielen Kunden wie möglich bekannt geben und dabei gleichzeitig so wenige Kunden wie möglich verstimmen.
- ✔ Kunden dazu ermutigen, sowohl positive als auch negative Rückmeldungen abzugeben, damit Sie Ihr Unternehmen kontinuierlich verbessern können.
- ✔ Kunden die Möglichkeit geben, sich untereinander über Ihr Unternehmen, Ihr Produkt oder Ihren Verein auszutauschen.
- ✔ Kunden derart beeindrucken, dass sie Sie immer wieder besuchen und auch ihren Freunden dazu raten.

Facebook-Seiten bieten Ihnen ein ganzes Paket an Features, die Ihnen in Kombination dabei helfen, diese Ziele zu erreichen. Falls Sie in Sachen Werbung in einer Firma Entscheidungsträger sind und auch nur eins der oben genannten Ziele verfolgen, dann kann die Erstellung einer Facebook-Seite für Sie von Vorteil sein.

Seiten, Profile oder Gruppen nutzen?

Im wahren Leben interagieren und kommunizieren wir mit unseren besten Freunden, den Lieblingsbands oder der örtlichen Nachbarschaftsinitiative jeweils auf unverwechselbare Weise. Zudem stellen Personen im Gegensatz zu Band-Managern und im Gegensatz zu dem Organisator einer Gruppe ganz andere Anforderungen, was das Verbinden und Teilen angeht. Aus diesem Grund findet man bei Personen, Unternehmen und Gruppen auch eine unverwechselbare Art der Präsenz auf Facebook. Die Unterschiede, die im wahren Leben bestehen, werden auf Facebook durch die Art und Weise, wie Nutzer mit diesen Einheiten interagieren, widergespiegelt. Da Seiten, Profile und Gruppen unterschiedliche Features und Funktionen aufweisen, möchten wir, dass Sie jede einzelne Art von Präsenz verstanden haben. Entsprechend Ihrer konkreten Unternehmensziele können Sie dann später die Präsenz (beziehungsweise Präsenzen) wählen, die sich am besten eignet. Bevor wir die genauen Unterschiede zwischen den Funktionen auf Facebook hervorheben, sollten Sie sich die Unterschiede zwischen Personen, Unternehmen und Gruppen im wahren Leben vor Augen führen:

- ✔ **Kommunikation:** Wenn Sie mit einem Freund kommunizieren, handelt es sich meistens um ein Gespräch, in dem der eine etwas sagt und der andere antwortet und so weiter. Solche Gespräche sind häufig etwas sehr Persönliches und beide Gesprächspartner tragen gleichermaßen dazu bei. Mit einem Unternehmen ist die Kommunikation jedoch oft einseitig, zum Beispiel, wenn Ihre Lieblingsband Sie über die Veröffentlichung eines neuen Albums informiert oder wenn Ihr Lieblingsgeschäft einen Schlussverkauf ankündigt. Im Vergleich dazu ist die Kommunikation innerhalb einer Gruppe unter den Mitgliedern eher fließend. Dort sind alle Mitglieder gleichberechtigt und die Themen sind für alle von Belang und von Interesse.
- ✔ **Zugriff:** Während der angegebenen Öffnungszeiten werden Sie ermutigt, jederzeit ein Café oder einen Buchladen zu besuchen, und werden dort willkommen geheißen. Ganz anders sieht es dagegen aus, wenn Sie unangemeldet einen Freund zu Hause besuchen. Hinzu kommt, dass sich eine Gruppe üblicherweise an einem vorher abgesprochenen Zeitpunkt, der mit allen Mitgliedern (oder dem Vorstand) abgestimmt wurde, an einem Veranstaltungsort trifft, der für alle zugänglich ist.
- ✔ **Informationen:** Als Person ist man sehr wählerisch, für welche anderen Personen welche Informationen über einen selbst freigegeben werden. Je nachdem, um was für eine Gruppe es sich handelt, findet man hier jeweils unterschiedliche Stufen der Privatsphäre. Man kann Gruppen in Bezug auf das Teilen von Informationen jedoch im Allgemeinen in zwei Kategorien eintei-

len: Gruppen, die Daten nur für Mitglieder freigeben, und jene, die die Öffentlichkeit teilhaben lassen. Unternehmen zielen für gewöhnlich darauf ab, dass die Öffentlichkeit möglichst viel über sie und ihre Produkte erfährt – mit Ausnahme von strategischen Zukunftsplänen und einigen Finanzdaten.

Aufgrund der vorliegenden Unterschiede im wahren Leben unterscheiden sich auf Facebook auch die Präsenzen für Personen, Gruppen und Seiten in ihrem Aufbau und ihren Funktionen.

In Tabelle 13.1 werden die Unterschiede zwischen diesen Präsenzen auf Facebook genau beschrieben.

Profile	Gruppen	Seiten
Haben einen Administrator: Sie.	Können mehrere Administratoren haben. Diese werden beliebig vom Gründer oder anderen Administratoren ernannt.	Können mehrere Administratoren haben. Diese Personen müssen offizielle Vertreter des Unternehmens sein.
Repräsentieren eine real existierende Person.	Können mit Ausnahme von urheberrechtlich geschütztem oder volksverhetzendem Material alles Mögliche repräsentieren. Wirklich.	Repräsentieren zum Beispiel ein real existierendes Unternehmen, eine Organisation, eine Marke, ein Produkt, eine Band oder einen prominente Persönlichkeit.
Haben Freunde. Freundschaften müssen von beiden Parteien bestätigt werden.	Haben Mitglieder. Je nach Einstellungen der Gruppe können Beitrittsanfragen entweder überprüft oder automatisch bestätigt werden. Bei geheimen Gruppen können Mitglieder hinzugefügt werden.	Haben Fans (auch genannt: PERSONEN, DENEN DEINE SEITE GEFÄLLT). Für jeden sind die gleichen Informationen verfügbar.
Können Nachrichten an andere Nutzer und an bis zu 20 Freunde senden. Freunde können sich untereinander immer Nachrichten senden.	Administratoren können Nachrichten an bis zu 500 Mitglieder senden. Mitglieder können dem Gruppenadministrator antworten. Mitglieder müssen die Gruppe verlassen, um keine Nachrichten mehr zu erhalten.	Administratoren können Massensendungen an alle Fans senden. Nutzer können nicht auf diese Nachrichten antworten, diese aber abbestellen beziehungsweise verbergen.

Profile	Gruppen	Seiten
Die Person, zu der das Profil gehört, kann festlegen, ob (überhaupt) irgendwelche Inhalte für alle sichtbar sein sollen.	Können die Privatsphäre auf Mitglieder begrenzen oder festlegen, dass Inhalte für alle sichtbar sind.	Können die Privatsphäre anhand des Alters und ähnlicher Faktoren einschränken. Inhalte sind aber ansonsten immer für alle sichtbar.
Können Personen aufgrund unangemessenen Verhaltens blockieren.	Können Personen aufgrund unangemessenen Verhaltens blockieren.	Können Personen aufgrund unangemessenen Verhaltens blockieren.
Können Inhalte veröffentlichen, Anwendungen nutzen und über zusätzliche Links eine individuelle Anpassung vornehmen.	Können Inhalte veröffentlichen, Anwendungen nutzen und mit zusätzlichen Informationen eine individuelle Anpassung vornehmen.	Können Inhalte veröffentlichen, Anwendungen nutzen und über zusätzliche Links eine individuelle Anpassung vornehmen.
Haben keinen Zugriff auf zusammengefasste Informationen über die Anzahl der Aufrufe des Profils oder die Interaktionen.	Verfügen über keine zusammengefassten Informationen über die Anzahl der Seitenaufrufe oder die Interaktionen mit der Gruppe.	Verfügen über detaillierte, zusammengefasste und nach Demografien unterteilte Statistiken über die Art und Weise, wie Nutzer eine bestimmte Facebook-Seite aufrufen und damit interagieren.

Tabelle 13.1: Vergleich zwischen Personenprofilen, Gruppen und Seiten

Wer sollte eine Facebook-Seite erstellen?

Kurz gesagt: Jeder, der im Bereich Werbung Entscheidungsträger ist, kann eine Facebook-Seite erstellen. Kleinunternehmer, Veranstaltungs-Promoter und Werbeagenturen können eine Seite auf Facebook erstellen, um die Aufmerksamkeit von Nutzern zu erlangen und diese mit einzubeziehen. Facebook-Seiten wurden für seriöse Unternehmen, die auf seriöse Weise auf sich aufmerksam machen möchten, konzipiert und optimiert.

Beliebt sind unter anderem die folgenden Kategorien für Unternehmensprofile:

- ✔ **Lokales Unternehmen oder Ort:** Zum Beispiel Restaurants, Bars, Vereine, Geschäfte oder Erholungsgebiete.
- ✔ **Marke oder Produkt:** Jene, die Produkte vertreiben oder eine Dienstleistung anbieten, Beispiele sind Starbucks, Deutsche Telekom AG und Coca-Cola.

- **Unternehmen, Organisation oder Institutionen:** Zum Beispiel religiöse Gemeinschaften oder Schulen.
- **Künstler, Band oder öffentliche Person**
- **Unterhaltung:** Unternehmen aus der Nachrichten-, Medien- und Unterhaltungsbranche können Seiten für ihre Marken oder diverse Angebote wie etwa Filme, Fernsehsendungen oder Zeitschriften erstellen.

Die oben aufgeführte Liste zeigt, dass Seiten sich ebenso für Unternehmen wie für ihre Produkte eignen. Der Deutsche Fußball-Bund hat beispielsweise eine eigene Facebook-Seite sowie eine für die Frauen-Nationalmannschaft erstellt. Das ZDF verfügt über eine Seite der ZDF-Heute-Redaktion und über mehrere für einzelne Sendungen. Viele Firmen werben mit mehreren Facebook-Seiten für sich, da Nutzer sich möglicherweise mit einzelnen Teilen, jedoch nicht mit dem kompletten Unternehmen identifizieren. Um die Nutzer maximal miteinzubeziehen ist es wichtig, separate Seiten für die einzelnen Objekte zu erstellen, mit denen sie sich verbinden könnten. Im Umkehrschluss bedeutet das aber auch, dass Sie Ihre Fans nicht zu sehr aufsplittern sollten. Beispielsweise muss das Phantasialand keine Seiten für die einzelnen Achterbahnen erstellen, die Toten Hosen keine für jedes Album und Starbucks keine für jedes einzelne Getränk.

Facebook-Seiten erstellen

Eine Facebook-Seite ist nicht das Gleiche wie ein Konto. Es handelt sich stattdessen um ein Objekt auf Facebook, das von mehreren Personen von ihren eigenen Konten aus verwaltet werden kann.

Falls Sie noch kein persönliches Facebook-Konto erstellt haben, empfehlen wir Ihnen, dies als Erstes zu tun. Damit Sie eine Seite erstellen können, benötigen Sie dieses Personenprofil. Somit werden Sie der Administrator dieser Seite. Sie können später weitere Administratoren hinzufügen, wenn Sie das möchten.

Wir empfehlen Ihnen, bevor Sie anfangen, unter der URL `www.facebook.com/terms_pages.php` die Nutzungsbedingungen für Facebook-Seiten zu lesen. In den Nutzungsbedingungen werden zunächst einmal einige der Erwartungen, die an Seiteninhaber gestellt werden, geklärt und es wird verdeutlicht, wer eine Seite für sein Unternehmen erstellen kann. Sie finden auch einige Anmerkungen dazu, wer nach der Erstellung der Seite Ihre Inhalte sehen kann. Wir gehen im vorliegenden Kapitel auf all diese Themen ein, doch die Nutzungsbedingungen dienen schon mal als praktische Zusammenfassung. Wenn Sie gegen die Nutzungsbedingungen verstoßen, könnte

Ihre Seite deaktiviert werden und das wäre sehr nachteilig für Ihr Unternehmen.

Jetzt kann es losgehen mit Ihrer Seite auf Facebook. Dies sind die ersten Schritte beim Anlegen einer Seite:

1. **Klicken Sie auf der Startseite links im Bereich** SEITEN **auf** SEITE ERSTELLEN.
2. **Es erscheint ein Auswahlmenü. Wählen Sie darin eine der Seitenkategorien.**

   Hier können Sie wählen zwischen:

   - Lokalen Unternehmen (wenn der Ort wichtig ist)
   - Unternehmen, Organisationen oder Institutionen
   - Marke oder Produkt
   - Künstler, Band oder öffentliche Person
   - Unterhaltung
   - Guter Zweck oder Gemeinschaft
3. **Wählen Sie eine der am besten passenden Unterkategorie aus.**

   Geben Sie jetzt die benötigten Informationen ein. Je nachdem, welche Wahl Sie getroffen haben, können Sie noch eine Unterkategorie auswählen und weitere Daten, wie Adresse, Telefonnummer eingeben. Dann geben Sie den Namen der Seite ein.
4. **Aktivieren Sie das Feld neben** ICH STIMME DEN RICHTLINIEN FÜR FACEBOOK-SEITEN ZU **und klicken Sie auf** LOS GEHT'S.
5. **Im nächsten Schritt ergänzen Sie weitere Informationen, wie die Beschreibung und die Internetadresse und laden ein Profilbild hoch.**
6. **Jetzt können Sie eine Facebook-Internetadresse einrichten.**

   Dies ist ein wichtiger Schritt. Denn an dieser Stelle (siehe Abbildung 13.7) legen Sie einmalig fest, unter welcher Adresse Ihre Seite später aufrufbar sein wird. So könnte die Adresse der Kuchenfabrik Meyer beispielsweise `www.facebook.com/KuchenfabrikMeyer` lauten oder auch `www.facebook.com/MeyerKuchen`.

   Wenn Sie sich nicht ganz sicher sind, können Sie diesen Schritt aber auch überspringen und erst einmal in Ruhe darüber nachdenken.

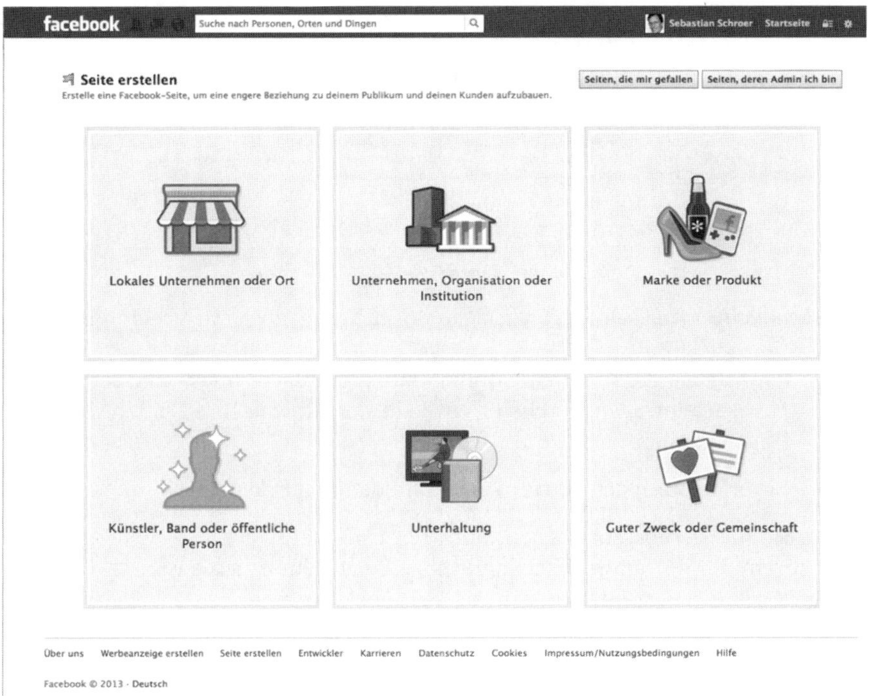

Abbildung 13.6: Wählen Sie eine der sechs vorgegebenen Kategorien aus.

Entgegen fast allen Angaben, die Sie auf Facebook machen, können Sie die Festlegung der Internetadresse später nicht mehr verändern! Achten Sie also unbedingt auf korrekte Schreibweise und wählen Sie einen möglichst kurzen Namen, der sich auch für Ihre Werbung gut eignet. Wenn Sie beim Anlegen der Seite diesen Punkt überspringen, können Sie die Adresse auch später noch bestimmen. Gehen Sie hierfür auf die Seite `www.facebook.com/username` und legen die Adresse für Ihre Seite endgültig fest.

7. **Jetzt haben Sie es geschafft. Sie gelangen jetzt auf Ihre neu angelegte Seite.**

Es gibt zwei Gründe dafür, weshalb Sie hier bei den Kategorien eine genaue Wahl treffen sollten:

- Die Facebook-Seite weist je nach gewählter Kategorie einen sehr speziellen Satz an Feldern und Funktionen auf. Wenn Sie beispielsweise angeben, dass es sich bei Ihrem Unternehmen um ein Restaurant handelt,

Abbildung 13.7: Legen Sie eine eindeutige und leicht zu merkende Adresse an.

können Sie die genauen Öffnungszeiten einfügen, und wenn Sie sich als Musiker eintragen, erscheint ein Feld, in dem Sie Ihre Plattenfirma eintragen können.

- Sie erleichtern den Nutzern das Auffinden und Erkennen.

Wenn Sie mit den beschriebenen Schritten Ihre erste Facebook-Seite erstellen, wird Ihrem Konto automatisch eine neue Anwendung namens SEITEN hinzugefügt. Halten Sie, wenn Sie sich bei Facebook angemeldet haben, danach im Menü auf der linken Seite der Startseite Ausschau und klicken Sie auf den entsprechenden Link, um auf Ihre Seite zuzugreifen, sie zu bearbeiten und zu verwalten. Über diesen SEITEN-Link gelangen Sie zur Übersicht all Ihrer erstellten Seiten. Wählen Sie die gewünschte aus und klicken Sie danach auf die SEITE BEARBEITEN-Schaltfläche. Dort können Sie unter anderem die Statistiken über die Interaktionen der Nutzer einsehen.

Die Seite mit Inhalt füllen

Seit seinen Anfängen hat Facebook ein anderes Prinzip verfolgt als seine Mitstreiter. Auf vielen anderen Websites werden Nutzer ermutigt, ihre Webpräsenz mit Hintergründen, Farben, Layouts und Liedern so zu gestalten, dass sie damit ihrer eigenen Individualität Ausdruck geben können. Bei Facebook werden die Nutzer ermutigt, dies über ihre veröffentlichten Inhalte und nicht über visuelle Darstellungen zu tun. Dasselbe gilt für Facebook-Seiten. Die individuelle Anpassung Ihrer Seite erfolgt vor allem darüber, was Sie schreiben, wohin Sie verlinken und was Sie veröffentlichen. In Firmen, in denen man es gewohnt ist, seinen Websites seinen Stempel aufzudrücken und sie individuell anzupassen, mag man das als Einschränkung empfinden, doch führen Sie sich mal die Gegenleistung vor Augen. Potenzielle Kunden, die Ihre Facebook-Seite besuchen, wissen ganz genau, wie sie an die gesuchten Daten kommen und wie man mit einer Seite interagiert, da sie mit dem Format bereits vertraut sind. Facebook-Seiten wurden mit einem einheitlichen Erscheinungsbild konzipiert, um die Navigation zu erleichtern und für ein makelloses Nutzererlebnis zu sorgen. Anstatt diese Einschränkungen als Nachteil anzusehen, sollten Sie darauf abzielen, dass Ihre Seite durch ihre lebendigen und fesselnden Inhalte und Funktionen hervorsticht.

Nachdem Sie die Schritte aus dem Abschnitt weiter vorne durchgeführt haben, werden Sie eine Facebook-Seite vor sich sehen, die noch unausgefüllt ist. Abbildung 13.8 zeigt ein Beispiel. Man kann dort den oberen Teil der Seite erkennen. Oben steht der Name Ihres Unternehmens, Ihrer Marke, Ihrer Band oder etwas Ähnlichem und darunter finden sich mehrere Felder, die nur so darauf warten, mit lebendigen, informativen und fesselnden Inhalten gefüllt zu werden.

Abbildung 13.8: Eine neu geborene Facebook-Seite, die noch mit Leben gefüllt werden muss

Nutzer verbinden sich mit Ihrer Seite auf ähnliche Weise wie mit anderen Nutzern, und zwar indem sie auf eine GEFÄLLT MIR-Schaltfläche neben dem Namen klicken. Es ist standardmäßig so eingestellt, dass Personen, die auf diese Schaltfläche klicken, ab diesem Zeitpunkt Ihre Beiträge in den Neuigkeiten auf ihren Startseiten empfangen. Wir nennen das *abonnieren*. Als Synonym für Ihre Fans verwenden wir die Bezeichnungen »Verbindungen« und »Kunden«. Wir meinen damit immer die Personen, die Ihre Beiträge in ihren Neuigkeiten sehen, nachdem sie sich angemeldet haben.

Wenn Sie sich auf Ihrer frisch gebackenen Seite umsehen, auf der noch alles ganz ungelenk wirkt und viele freie Flächen zu sehen sind, wird Ihnen vielleicht etwas auffallen. Sie sieht genauso aus wie ein Nutzerprofil.

Wichtigster Unterschied ist allerdings der oberhalb des Profilfotos befindliche Administrationsbereich. Er dient Ihnen als Administrator der Verwaltung und Bearbeitung der Seite. Vor allem finden Sie hier immer Ihre Statistiken über Reichweite und Fans der Seite. Der Administrationsbereich ist aber nur für Sie (oder später hinzugefügte weitere Administratoren) sichtbar. Alle anderen sehen nur all das, was sich unterhalb dieses Bereiches befindet.

Profil- und Titelbild

Wir empfehlen Ihnen als Allererstes, ein Profilfoto und ein großes Titelbild auf Ihre Seite hochzuladen. Dadurch wird Ihre Seite lebendig und Ihre Fans können leichter erkennen, dass es sich um Sie handelt, wenn sie Sie über eine Suche finden oder in den Neuigkeiten ihrer Freunde über Sie lesen. Fügen Sie Ihr Bild ein, indem Sie auf die entsprechenden Links klicken (wie in Abbildung 13.8. zu sehen ist) und folgen Sie dann den Anweisungen zum Hochladen eines Fotos. Das Profilbild sollte ein quadratisches Format haben und idealerweise 180 mal 180 Pixel groß sein. Normalerweise wird hier das Logo der Firma oder Organisation verwendet. Sollte dies aber ein extremes Querformat haben, eignet es sich in der Regel nicht so ideal. Dann sollten Sie nach einem wiedererkennbaren Symbol, z.B. einer Bildmarke oder Symbolbild suchen, das Ihr Unternehmen leicht wiedererkennbar macht.

Das Titelbild ist eher dekorativer Natur. Es wird häufig aber auch für wechselnde Aktions-Motive verwendet, z.B. aktuelle Angebote. Ihre Fans werden in ihrem Nachrichtenstrom über die Änderung eines Titelbildes informiert. Daher können Sie mit einem neuen Titelbild zusätzlich Aufmerksamkeit erzeugen. Das Format beträgt 851×315 Pixel. Achten Sie bei der Auswahl des Bildes darauf, dass es im unteren linken Bereich teilweise von dem Profilfoto überdeckt wird. Abbildung 13.9 veranschaulicht dies anhand der Seite vom Otto Versand.

Info-Link

Bei Seiten kann der Administrator entscheiden, welche Informationen hier angegeben werden. Die meisten geben an dieser Stelle die wesentlichen Daten zum Unternehmen ein. Bands listen zum Beispiel ihre Bandmitglieder auf, lokale Geschäfte ihre Adresse und bei bekannten Markennamen findet man die Website. Die Daten erscheinen im INFO-Link unterhalb des Profilfotos.

Abbildung 13.9: Das Profilfoto und Titelbild der Seite von OTTO

Ganz oben auf der Seite werden Sie außerdem aufgefordert, die zu Beginn gewählte Kategorie Ihrer Seite zu bestätigen. Wenn Sie hier genauere Angaben machen, werden speziell für die Art Ihres Unternehmens geeignete Informationsfelder hinzugefügt. Bands geben hier an, durch wen ihre Musik beeinflusst wurde, Diskotheken veröffentlichen ihren Dresscode und Filmstudios listen die Auszeichnungen auf, die ihnen für bestimmte Filme verliehen worden sind.

Durch einen Klick auf den INFO BEARBEITEN-Link in der Mitte sollten alle Bereiche, die Sie bearbeiten können, angezeigt werden. Je mehr Felder Sie ausfüllen, desto mehr werden Nutzer über Sie erfahren. Jedes nicht von Ihnen ausgefüllte Feld erscheint auch nicht, wenn andere Ihre Seite besuchen.

Beachten Sie nach deutschem Recht die Pflicht zur Angabe eines Impressums. Der richtige Ort dafür ist der INFO-Link. Sie können hier alle entsprechenden Angaben machen. Da dies oftmals sehr viele Informationen sind, reicht es auch aus, wenn Sie an dieser Stelle den Link zum Impressum Ihrer Website einfügen. So kommen Sie Ihrer Pflicht zur Angabe eines Impressums nach.

Die Pinnwand

Auf dem INFO-Link erfahren Nutzer die wesentlichen Dinge über Sie. Auf der Pinnwand, auf die man über den PINNWAND-Link gelangt, lernen sie dagegen Ihr wahres Ich kennen. Falls Sie bereits über ein persönliches Konto mit einem Profil verfügen, werden Sie sich auf der Pinnwand gleich wie zu Hause fühlen.

Nutzer, die sich mit Ihnen verbunden haben, landen beim Besuch Ihrer eigentlichen Seite standardmäßig auf der Pinnwand. Ihre Beiträge, die Sie an Ihrer Pinnwand veröffentlichen, erscheinen außerdem auf den Startseiten dieser Nutzer. Anders ausgedrückt: Es handelt sich hier um eine sehr wichtige Stelle, an der Sie durch regelmäßige Statusmeldungen auf ehrliche und fesselnde Weise repräsentiert werden.

In Kapitel 7 beschreiben wir die einzelnen Elemente der Pinnwand sehr detailliert und erklären, wie sie ineinandergreifen, um Ihre Geschichte wiederzugeben. Und selbst wenn Sie irgendein Unternehmen repräsentieren, muss diese Geschichte immer noch für Sie erzählt werden. Die Nutzer werden Neuigkeiten von Ihnen lesen und mehr über Sie erfahren wollen, und um sich dahingehend zu informieren, werden sie Ihre Pinnwand aufsuchen.

Als Seitenadministrator müssen Sie auf der Pinnwand in erster Linie den *Herausgeber* verstanden haben. Im Herausgeber, der in Abbildung 13.10 sehr gut zu erkennen ist, erstellen Sie und Ihre Fans Beiträge, die tatsächlich an der Pinnwand erscheinen.

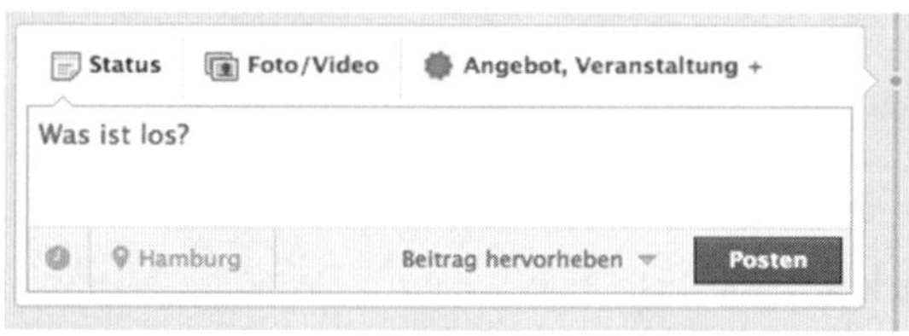

Abbildung 13.10: Verwenden Sie den Herausgeber, um Beiträge für Ihre Fans zu veröffentlichen

Dies sind die grundlegenden Schritte bei der Verwendung des Herausgebers:

1. **Klicken Sie in das Textfeld.**

   Dadurch erscheinen zusätzlich einige Felder unterhalb des Textfeldes.

2. **(Wenn Sie möchten) Wählen Sie das** FOTO/VIDEO-**Symbol, wenn Sie diese hinzufügen möchten.**

3. **Tippen Sie Ihren Text ein, um entweder das Foto oder Video zu erklären oder einfach nur bekannt zu geben, was Ihnen gerade durch den Kopf geht.**

   Hier können Sie auch Links zu externen Seiten einfügen, die dann als Voransicht später leicht für Ihre Fans zu erreichen ist.

4. **(Wenn Sie möchten) fügen Sie einen Ort oder eine Uhrzeit hinzu.**

   Hierfür nutzen Sie Schaltflächen unterhalb des Textfeldes.

5. **(Wenn Sie mögen) nutzen Sie weitere Optionen.**

   Unter dem Link ANGEBOTE, VERANSTALTUNGEN + finden Sie vier weitere standardisierte Formen von Beiträgen, die möglicherweise sehr spannend für Ihre Fans sind.

   - ANGEBOTE bieten ein Format, mit dem Sie konkrete Kaufangebote machen können. Diese könne Ihre Kunden leicht nutzen und weiterempfehlen.
   - VERANSTALTUNG. Wie im Kapitel 9 genau erklärt, können Sie auch als Seiten-Administrator Veranstaltungen erstellen, Freunde einladen und Beiträge dazu schreiben.
   - MEILENSTEIN. Damit fügen Sie ein besonderes Ereignis zu der Chronik Ihrer Seite hinzu.
   - FRAGE: Mit dieser Funktion können Sie eine Umfrage unter Ihren Fans machen. Sie schreiben eine Frage und können mehrere anklickbare Antworten erstellen. Wie in einer Art Mini-Markforschung erhalten Sie auf diese Weise eine Rückmeldung zu Produkten, Ideen oder Meinungen – und das ohne dafür ein Marktforschungsinstitut beauftragen müssen.

6. **(Wenn Sie mögen) heben Sie Ihren Beitrag hervor.**

   Hier können Sie gegen Bezahlung eines selbst festgelegten Budgets sicherstellen, dass der Beitrag häufiger angezeigt wird, als ein »normaler« Beitrag. Klicken Sie hierfür auf BEITRAG HERVORHEBEN und geben Sie den entsprechenden Betrag ein.

7. **Klicken Sie auf POSTEN.**

Glückwunsch! Ihr Beitrag wurde nun offiziell veröffentlicht. Beiträge, die Sie hier erstellen, werden als Neuigkeiten an Ihre Fans versandt, damit diese sich daran erfreuen können.

Fotos

Verwenden Sie die FOTOS-Anwendung, um Fotoalben zu veröffentlichen, an denen Ihre Fans sich erfreuen können. Falls Sie Restaurantbesitzer sind, möchten Sie vielleicht Fotos von Ihren beliebtesten Gerichten machen und dann je ein Album für Frühstück, Mittagessen und Abendessen erstellen. Bands könnten Alben von verschiedenen Konzerten und anderen Veranstaltungen hinzufügen. Markenhersteller könnten stolz Bilder vorzeigen, auf denen jemand sich gerade mit ihren Produkten beschäftigt. Nike könnte Damen in Nike-Turnschuhen zeigen, Starbucks ein Kind, das Schlagsahne an der Nase hat, und bei einer Videothek wären Freunde, die gemeinsam einen Film ansehen, denkbar. Fügen Sie Fotos hinzu, indem Sie auf das Foto-Symbol im Herausgeber klicken. (Denken Sie daran, dies im Herausgeber Ihrer Seite und nicht in dem Ihres Profils zu tun.)

Wenn Sie möchten, können Sie die FOTOS-Anwendung so einrichten, dass Ihre Fans Fotos auf Ihrer Seite hinzufügen können. Diese Bilder werden in einem anderen Bereich als die von Ihnen veröffentlichten angezeigt, damit Interessierte Ihre Inhalte besser von denen der anderen Fans unterscheiden können. Das Hinzufügen von Fotos eignet sich häufig sehr gut, um an der Pinnwand stets für eine bunte Mischung zu sorgen und um interessante Beiträge zu erzeugen, die in den Neuigkeiten der Fans auftauchen.

Umgang mit Kritik

Ihre Fans werden möglicherweise an Ihre Pinnwand schreiben. Sollte sich eine Gelegenheit ergeben, können Sie sich daran gerne beteiligen. Falls jemand auf Ihrer Pinnwand beschreibt, wie er schlechte Erfahrungen gemacht hat, sollten Sie den Beitrag nicht löschen, sondern darauf antworten! Sie können ebenso leicht Ihre eigenen Beiträge (oder die von Fans) wie Ihre eigene Seite kommentieren. Wenn jemand schlechte Erfahrungen gemacht hat, könnten Sie sich entschuldigen und demjenigen ein kostenloses Essen oder eine Ermäßigung auf eine Dienstleistung anbieten, wenn er Sie das nächste Mal aufsucht. Andere Nutzer, die diesen Dialog verfolgen, werden beeindruckt sein, was für ein hohes Maß an Service Sie bieten.

Sollten Sie Schuhverkäufer sein und es erkundigt sich jemand bei Ihnen nach dem perfekten Schuh, dann klären Sie ihn darüber auf. Bei so einem öffentlichen Dialog werden praktischerweise auch gleich andere Kunden, die die gleiche Frage haben, informiert. Jedes Mal, wenn Sie an die Pinnwand einer von Ihnen verwalteten Seite schreiben, werden Ihre Kommentare im Namen Ihres Unternehmens und nicht dem Ihrer Person veröffentlicht. Dadurch erfahren Interessierte von Ihren Kompetenzen, und Ihr persönliches Konto wird für niemanden freigegeben.

Die Seite administrieren

Sie als Administrator der Seite sehen oberhalb des Titelbildes einen Bereich der sich ADMINISTRATIONSBEREICH nennt. Nur Sie – oder weitere von Ihnen ernannte Administratoren – können diesen Bereich sehen und nutzen. Er ermöglicht Ihnen, die Seite zu bearbeiten und Einstellungen vorzunehmen.

Abbildung 13.11: Der Administrationsbereich einer Facebook-Seite

- ✔ **Beiträge:** Sie können hier ablesen, wie viele Menschen Sie mit den vergangenen Beiträgen erreicht haben. Über den Link BENACHRICHTIGUNGEN können Sie nachvollziehen, was Ihre Fans zuletzt auf Ihrer Seite getan haben.
- ✔ **Nachrichten:** Seiten können genau wie Personen Nachrichten erhalten. Im Administrationsbereich können Sie diese lesen und auch direkt im Namen der Seite beantworten. Als Administrator erhalten Sie zusätzlich eine E-Mail, wenn eine neue Nachricht eingegangen ist, sodass Sie keine Angst haben brauchen, etwas zu verpassen.
- ✔ **Statistiken:** Hier sehen Sie auf einen Blick, was sich auf Ihrer Seite getan hat. Wie viele Menschen Sie erreicht haben, wann Sie Beiträge geschrieben haben und wie oft darüber gesprochen wurde. Wenn Sie den Link ALLE ANZEIGEN anklicken, gelangen Sie zu ausführlichen Statistiken. Sie werden dort erfahren, wie die Alters- und Geschlechterverteilung Ihrer Fans ist, aus welchen Ländern und Städten diese stammen und den zeitlichen Verlauf.
- ✔ **Freunde einladen:** Die schnellste Möglichkeit, Fans für Ihre Seite zu gewinnen, ist die Einladung an Ihre Freunde. Mit Freunden sind hierbei die Freunde im persönlichen Profil gemeint, da Seiten keine Freunde haben. Jeder Administrator einer Seite kann diese Funktion nutzen. Sie können dabei auswählen, welche Freunde über Ihre Seite per E-Mail informiert werden sollen.

- ✔ **Verbergen:** Vielleicht möchten Sie nicht ständig den Administrationsbereich sehen. Oben rechts finden Sie daher den Link VERBERGEN um genau diesen Bereich zu minimieren.

Administratoren hinzufügen

In den meisten Unternehmen ist mehr als eine Person für die Werbung verantwortlich. Vielleicht sind Sie ja Mitinhaber Ihres Restaurants oder gehören zu einem Marketing-Team, das für mehrere Firmen zuständig ist, oder Sie sind Schlagzeuger einer Band, deren Mitglieder genug davon haben, dass der Leadsänger das Sagen hat. Wir haben gute Nachrichten für Sie: Jede Facebook-Seite kann bis zu 25 Administratoren haben, die die Seite über ihre persönlichen Konten verwalten können. Somit muss niemand dasselbe Passwort verwenden und es müssen keine gefälschten Konten erstellt werden. Derjenige, der die Seite ursprünglich erstellt hat, muss einfach nur alle entsprechenden Personen, die beim Verwalten helfen sollen, hinzufügen. Und das funktioniert so:

1. **Besuchen Sie den Administrationsbereich Ihrer Seite.**
2. **Klicken Sie auf SEITE BEARBEITEN und dann auf ADMINISTRATORENRECHTE VERWALTEN.**

   Dadurch gelangen Sie auf den ADMINISTRATOREN VERWALTEN-Bereich (unter dem momentan nur Sie gelistet sind).
3. **Fügen Sie Personen hinzu, die Sie zu Administratoren Ihrer Seite machen möchten.**

   Sie können jede Person, die bereits über ein Facebook-Konto verfügt und mit der Sie auf Facebook befreundet sind, als Administrator hinzufügen. Geben Sie dazu den entsprechenden Namen ein. Der frischgebackene Administrator wird darüber später auf seiner Startseite benachrichtigt. Sie können auch die E-Mail-Adresse einer Person eintippen, mit der Sie nicht auf Facebook befreundet sind. Jeder Administrator kann die Seite von seinem eigenen Facebook-Konto aus über die SEITEN-Anwendung (auf die man über den SEITEN-Link auf der Startseite zugreift) verwalten.

Für die Seite werben

Sobald Sie Ihre Facebook-Seite mit Leben gefüllt haben, ist es Zeit auch Ihre Kunden und weiteren beruflichen Kontakte darüber zu informieren. Nutzen Sie dabei alle Kanäle, die Sie haben.

Integrieren Sie den Link zu Ihrer Facebook-Seite in Anzeigen und auf Broschüren. Falls Sie bereits über eine Website oder eine Mailingliste verfügen, möchten Sie dort vielleicht einen entsprechenden Link einfügen oder eine Nachricht versenden, um derzeitigen Fans oder Kunden mitzuteilen, dass sie Sie ab sofort auf Facebook finden können. Diejenigen unter Ihren Fans, die bereits ein Facebook-Konto haben, werden wahrscheinlich feststellen, dass es weitaus praktischer ist, sich auf Facebook mit Ihnen zu verbinden, als daran zu denken, regelmäßig Ihre Website aufzusuchen. Und wenn diese Personen sich mit Ihrer Facebook-Seite verbunden haben, hindert sie das nicht daran, auch weiterhin Ihre Website zu besuchen. Eine Facebook-Seite verschafft Ihnen viel eher eine zusätzliche Gelegenheit, Fans über Änderungen und Neuerungen auf Ihrer Website zu informieren.

Werbeanzeigen erstellen

Eine sehr zielgerichtete Möglichkeit bestehende Facebook-Nutzer auf Ihre neue Seite aufmerksam zu machen, ist die Schaltung von kostenpflichtigen Anzeigen, die Sie immer in der rechten Spalte sehen. Um dies zu tun gehen Sie folgendermaßen vor:

1. **Klicken Sie im Administrationsbereich auf PUBLIKUM ERWEITERN und dann auf WERBEANZEIGE ERSTELLEN.**

2. **Geben Sie ein Tagesbudget ein, welches Sie maximal ausgeben möchten.**

3. **Geben Sie Ihre Zahlungsinformationen ein.**

4. **Legen Sie einen Text für Ihre Anzeige fest.**

5. **Wählen Sie das Zielpublikum für die Anzeige aus.**

   Sie haben bei der Auswahl Ihres Zielpublikums die Möglichkeit, nach regionalen und demografischen Kriterien (zum Beispiel Alter, Geschlecht oder Wohnort) zu selektieren. Darüber hinaus können Sie aus einer großen Menge von weiteren Kriterien und Interessensgebieten auswählen. Bereits beim Auswählen dieser Kriterien sehen Sie auf der rechten Seite, wie sich die Anzahl der potenziell erreichbaren Facebook-Nutzer verändert. Abbildung 13.12 zeigt ein Beispiel hierfür.

6. **Klicken Sie auf BESTELLUNG AUFGEBEN.**

Sobald Sie eine Werbung erstellt haben, können Sie diese jederzeit beobachten und verändern. In der linken Spalte taucht nun ein neuer Auswahlpunkt auf. Über diesen WERBEZEITENMANAGER können Sie nun nachvollziehen, wie sich Ihre Kampagne entwickelt und weitere Anzeigetexte oder Kampagnen hinzufügen oder die Anzeige kurzfristig bearbeiten, pausieren oder wieder löschen.

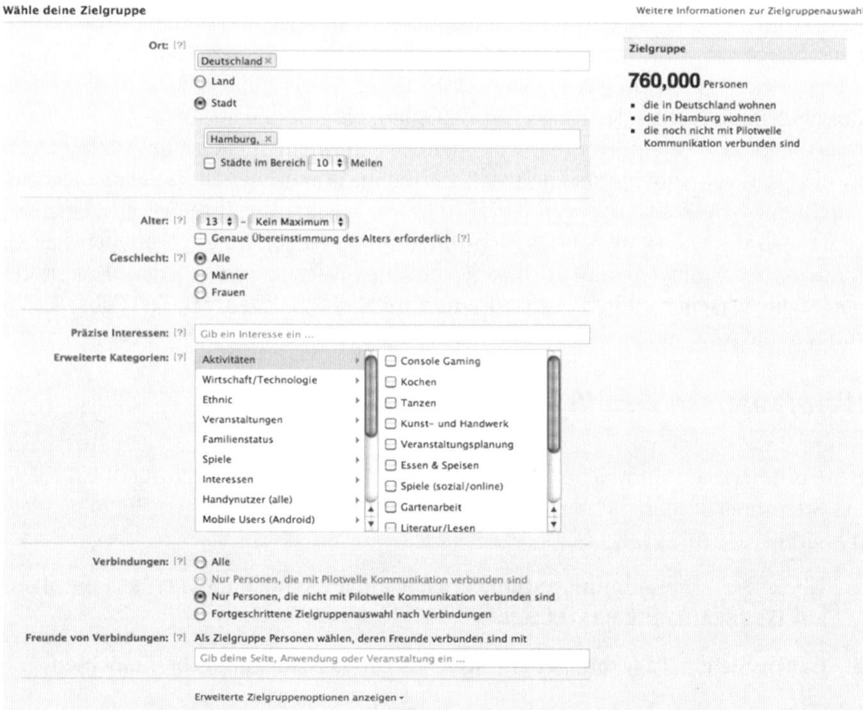

Abbildung 13.12: Zielgruppenauswahl für Werbeanzeigen

Die umfangreichen Möglichkeiten zielgenauer Werbung auf Facebook wird Ihnen unter dem Link `www.facebook.com/advertising` im Detail näher gebracht. Hier gibt es auch diverse Hilfestellungen und persönliche Kontaktmöglichkeiten zu Facebook Deutschland.

Applikationen nutzen

14

In diesem Kapitel ...

- Applikationen verstehen
- Genehmigungen erteilen
- Mit Facebook auf anderen Webseiten registrieren
- Das App-Zentrum nutzen

Mit Applikationen meinen wir hier Spiele oder Online-Services, die von Firmen oder Personen außerhalb von Facebook entwickelt wurden, aber auf Facebook verwendet werden. Facebook dient diesen externen Firmen oder Personen mit diesen Anwendungen sozusagen als Bühne. Darüber hinaus sind dies andere Webseiten, die Facebook nutzen, damit Sie sich dort leichter registrieren können.

In den Kapiteln 8, 9 und 13 gehen wir detailliert auf einige Facebook-Anwendungen ein, die von Facebook entwickelt worden sind und sozusagen auf Facebook zu Hause sind. Der größte Unterschied zwischen diesen Anwendungen und jenen von externen Entwicklern, die Sie nutzen und mögen werden, besteht darin, dass Ihnen FOTOS, GRUPPEN und VERANSTALTUNGEN bereits bei Ihrer Registrierung auf der Webseite zur Verfügung standen. All die Teile, die dafür sorgen, dass diese Anwendungen funktionieren – Markieren, Benachrichtigungen, Beiträge an Ihrer Pinnwand und so weiter –, waren bereits für Sie unsichtbar im Hintergrund aktiv.

Wenn Sie Anwendungen nutzen, müssen Sie sich im Hinblick auf deren Funktionsweise ein wenig wie ein Bühnenmeister verhalten. Als Sie die Privatsphäre- und andere Einstellungen für die unterschiedlichen von Facebook entwickelten Anwendungen festgelegt haben, haben Sie für diesen Moment geprobt. Der Vorhang wird sich nun gleich öffnen und Sie sind bereit, das Kommando über all diese Aspekte jeder einzelnen Anwendung zu übernehmen.

Anwendungen auf Facebook nutzen – weshalb?

Nun ja, für ein absolut wundervolles und lebendiges Facebook-Erlebnis müssen Sie keine Anwendungen nutzen. Wenn Sie kein Freund davon sind oder bis jetzt noch keine Anwendung gefunden haben, die Ihnen nützlich oder passend erschien, brauchen Sie sie auch nicht. Und Sie werden durch sie auch nicht zum Facebook-Fachmann. Viele der Facebook-Profis verwenden wenn überhaupt nur ganz wenige Anwendungen. Doch davon abgesehen gibt es einige gute Gründe für die Nutzung von Anwendungen:

- **Sie bieten Funktionen, die Facebook selbst nicht bietet.** Auf Facebook ist vorgeschrieben, dass man Profile nur für echte Personen erstellen darf, und manch ein Tierfreund musste im Laufe der Jahre zu seinem Missvergnügen feststellen, dass Bellos Profil deaktiviert wurde. Durch die Anwendung DOGBOOK, bei der Sie innerhalb Ihres eigenen Profils eins für Ihren Hund erstellen können, haben Nutzer die Möglichkeit, diesen wichtigen Teil ihres Lebens auf Facebook darzustellen, ohne gegen die Nutzungsbedingungen von Facebook zu verstoßen. Auf ähnliche Weise sind durch Anwendungen im Bereich Musik oder eines Studienfachs auch bestehende Missstände für bestimmte Personengruppen auf Facebook beseitigt worden.
- **Sie sparen sich die Registrierung auf Webseiten außerhalb von Facebook.** Immer mehr Online-Dienste bieten die Möglichkeit, sich über Facebook zu registrieren, so beispielsweise der Fotodienst PINTEREST. Damit sparen Sie sich eine aufwändige Registrierung und verbinden diese Webseite automatisch mit Ihrem Facebook-Konto. Sie können auf diese Weise leichter Ihren Freunden auf Facebook mitteilen, was Sie dort tun. Darüber hinaus können Sie auch feststellen, wenn sich jemand Ihrer Facebook-Freunde auch dort registriert.
- **Sie können wirklich Spaß haben.** Gefällt Ihnen das Spiel WORD SCRAMBLE? Schreiben Sie gerne auf der Maschine? Würden Sie gern so tun, als wären Sie Restaurantbesitzer? Mögen Sie TEXAS HOLD'EM? Im Grunde werden alle erdenklichen Spiele als Facebook-Anwendung angeboten und während der Nutzung genießen Sie einerseits Ihr Lieblingsspiel und stehen andererseits in einem mörderischen Wettbewerb, wie es ihn nur unter Freunden geben kann. Ein simples Spiel zum Maschineschreiben wie etwa TYPING MANIAC wird sehr viel unterhaltsamer, wenn Sie mit einem guten Freund um den ersten Platz wetteifern.
- **Sie schaffen zwischen sich und Personen, die Ihnen wichtig sind, eine ganz neue Art der Verbindung.** Durch alle Anwendungen auf Facebook können Sie mehr über andere erfahren und mit ihnen auf verschiedene Arten in Kontakt bleiben. Ob Sie nun darüber Bescheid wissen, zu welchen Konzerten ein Freund am anderen Ende von Deutschland geht oder über seine Bestleistung in seinen Spielen erfahren – all diese Informationen bereichern Ihre Beziehungen in kleinen Schritten und auf unaufdringliche Weise.

Erste Schritte

Bevor Sie die meisten Anwendungen auf Facebook nutzen können, erteilen Sie diesen erst einmal die Genehmigung, mit Ihrem Profil, Ihrem Konto und Ihren Daten interagieren zu dürfen. Dies erfolgt in der Regel über die Seite der Anwendung, die in Abbildung 14.1 zu sehen ist. In der rechten Spalte wird angezeigt, welche Informationen aus Ihren Facebook-Daten verwendet werden.

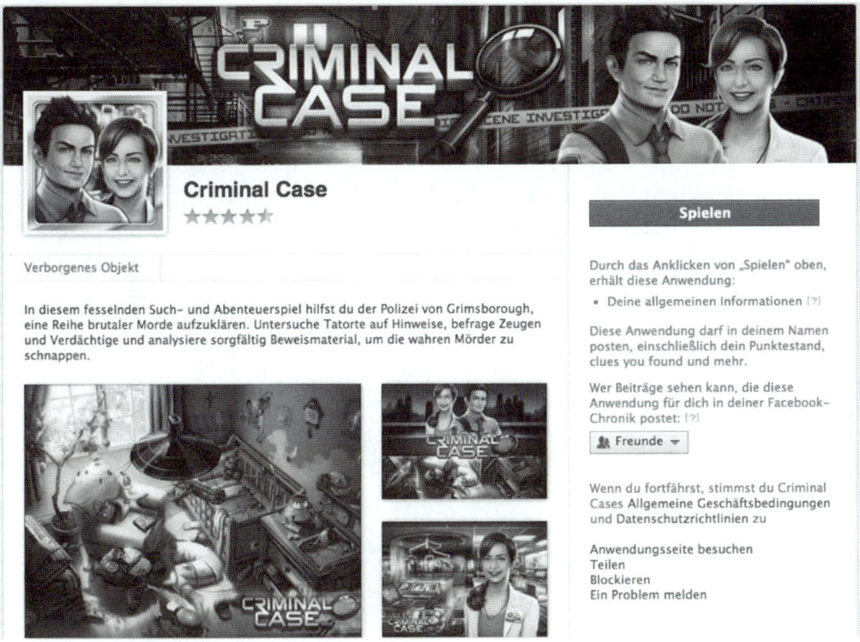

Abbildung 14.1: Eine Anwendung bittet um Genehmigung

Genehmigungen erteilen

Sie erteilen die Genehmigung durch den Klick auf SPIELEN. Eine Genehmigung der App-Seite, hier am Beispiel der Spiele-Anwendung CRIMINAL CASE, kann aus bis zu vier Bereichen bestehen:

- ✔ **Auf meine allgemeinen Daten zugreifen:** Ihre *allgemeinen Daten* sind jene Informationen, die auf Facebook immer angezeigt werden müssen: Ihr Name, Ihr Profilbild und die Nutzerkennnummer. Außerdem werden alle Informationen, die für jeden sichtbar sind, dazugezählt. Falls Sie dieser Anwendung die Genehmigung erteilen, wird sie auf all diese Daten zugreifen können.

- **Mir E-Mails schicken:** Standardmäßig ist es so eingestellt, dass die Anwendung CAUSES Ihre E-Mail-Adresse in ihren Servern speichern kann. Im Gegensatz dazu kann sie auf Ihre restlichen Daten nur über die Server der Firma Facebook zugreifen. Auf diese Weise können Sie eine direkte Verbindung zu der Anwendung aufbauen, denn die Anwendung kann jederzeit mit Ihnen Kontakt aufnehmen, ohne dass Facebook als Vermittler auftritt.

  Wenn Sie einer Anwendung vertrauen, ist das im Allgemeinen eine praktische Sache. Sie können E-Mail-Newsletter und andere Aktualisierungen direkt von der Quelle beziehen, ohne sich dabei bei Facebook anmelden zu müssen.

  Falls Sie irgendwann Ihre E-Mail-Adresse nicht mehr für eine bestimmte Anwendung freigeben möchten, können Sie dies nicht über *Facebook* abwickeln, sondern müssen sich aus *deren* Verteiler austragen.

- **An meine Pinnwand posten:** Mit dieser Genehmigung erlauben Sie einer Anwendung, Statusmeldungen, Fotos und andere Inhalte an Ihrer Pinnwand zu veröffentlichen. Ein Pinnwandeintrag könnte beispielsweise so wie in Abbildung 14.2 aussehen. Dort fragt die Anwendung FRONTIERVILLE gerade an, ob Barbara Mistol ihren Facebook-Freunden stolz ihren neuen Level vorzeigen möchte. Wenn die Anwendung später Ihre Pinnwand verstopft, können Sie die Genehmigung hinterher wieder entfernen.

Abbildung 14.2: Pinnwandeinträge lenken die Aufmerksamkeit auf Sie und die Anwendung

- **Auf meine Profilinformationen zugreifen:** Als *Profilinformationen* werden von Facebook alle Teile Ihres Profils oder Kontos definiert, deren Sichtbarkeit auf irgendeine Weise eingeschränkt ist. Anders ausgedrückt: Alle, bei denen die gewünschte Privatsphäre auf weniger Personen als »Alle« eingestellt wurde. Im Beispiel der Anwendung CAUSES möchte die Anwendung Ihr Geburtsdatum wissen. Achten Sie darauf, für welche Felder eine Anwendung um

Zugriff bittet, und ob die betreffenden Felder auch mit dem Inhalt der Anwendung übereinstimmen. Sehen Sie, dass CAUSES weder nach Ihren Fotos, dem GEFÄLLT MIR-Bereich und Ihren Interessen noch nach anderen unnötigen Feldern fragt? Andererseits benötigen Anwendungen wie GROUPCARD, über die man digitale Grußkarten bestellen kann, Zugriff auf einige dieser Daten, um personalisierte Karten für Ihre Freunde erstellen zu können.

Wenn Sie sich die erbetene Genehmigung angesehen haben, der Anwendung vertrauen und am liebsten gleich loslegen möchten, klicken Sie auf SPIELEN.

Schnellzugriff auf Anwendungen

Auf Ihrer Startseite werden links Verknüpfungen zu verschiedenen Bereichen von Facebook angezeigt: Nachrichten, Freunde, Fotos und so weiter. Für jede neue Anwendung wird dort automatisch eine Verknüpfung für den Schnellzugriff hinzugefügt. Falls Sie die gewünschte Anwendung nicht gleich entdecken können, müssen Sie eventuell auf den MEHR-Link klicken.

Beiträge von Anwendungen teilen

Anwendungen lassen Sie nicht nur leichter mit Freunden über bestimmte Themen, Spiele oder andere Inhalte ins Gespräch kommen. Viele von ihnen werden Sie auch auffordern, Beiträge an Ihre Pinnwand hinzuzufügen. Allerdings können die Anwendungen dies erst tun, wenn Sie auf TEILEN klicken. Abbildung 14.3 zeigt ein Beispiel für einen solchen Beitrag. Hier hat Sebastian Schroer etwas über die Anwendung GLÜCKSNUSS geteilt. Dadurch wurde ein Pinnwandeintrag erstellt, den jeder, der sich seine Pinnwand ansieht, vorfindet.

Abbildung 14.3: Ein Pinnwandeintrag, der durch eine Anwendung erstellt wurde

Andere Genehmigungen

Es gibt eine Reihe weiterer einmaliger Genehmigungen, die Sie erteilen können und die normalerweise nur bei ganz bestimmten Anwendungsarten oder aus besonderen Gründen notwendig sind. Bei einer Desktop-Anwendung wird beispielsweise meist eine besondere Genehmigung dafür erforderlich sein, auch dann auf Ihre Daten zugreifen zu können, wenn Sie gerade nicht im Internet surfen.

Vergessen Sie eines nicht: Auch wenn wir hier nur wenige Anwendungen als Beispiele anführen, könnte doch alles ganz anders aussehen, wenn Sie Anwendungen ausprobieren. Verschiedene Anwendungen könnten häufiger Inhalte veröffentlichen wollen oder Ihnen dringend empfehlen, Freunde einzuladen. Hier sollten Sie vor allem im Hinterkopf behalten, dass Sie allein bestimmen, was eine Anwendung tun darf. Sie müssen keine Beiträge veröffentlichen, wenn Sie nicht möchten. Scheuen Sie sich nicht, Ihren Anwendungen zu zeigen, wer das Sagen hat.

Das App-Zentrum

Als zentralen Einstiegsbereich für alle Anwendungen gibt es bei Facebook das App-Zentrum. Es zeigt Ihnen die gesamte Bandbreite und Möglichkeiten von Anwendungen (die auch Apps genannt werden) auf. Sie erreichen das App-Zentrum über den Link in der linken Spalte oder über die Adresse `www.facebook.com/appcenter`.

Die Welt, die sich Ihnen hier auftut, ist in verschiedene Bereiche unterteilt.

- **Spiele:** Sie finden in der linken Spalte bereits die unterschiedlichen Rubriken von Spielen. Jede Rubrik ist dabei zur besseren Orientierung noch unterteilt in die Bereiche VORGESCHLAGEN, AM BESTEN BEWERTET, AUFSTEIGEND und FREUNDE. Ebenso finden sich die Spiele, die Ihre Freunde spielen in der rechten Spalte des App-Zentrums. Ist es nicht viel spannender mit seinen Freunden gemeinsam nach Rekorden zu streben und diese mit Hilfe von Facebook herauszufordern? Dies unterscheidet das Spielen auf Facebook von den meisten anderen Spielen, die Sie im Internet finden.
- **Anwendungen:** Dieser mit einem Werkzeugschlüssel markierte Bereich listet all diejenigen Dienste auf, die nicht direkt auf Facebook genutzt werden. Diese Dienste, wie beispielsweise SPOTIFY, SKYPE oder der Sportler-Dienst RUNTASTIC sind externe Webseiten, die aber mit der Registrierung von Facebook

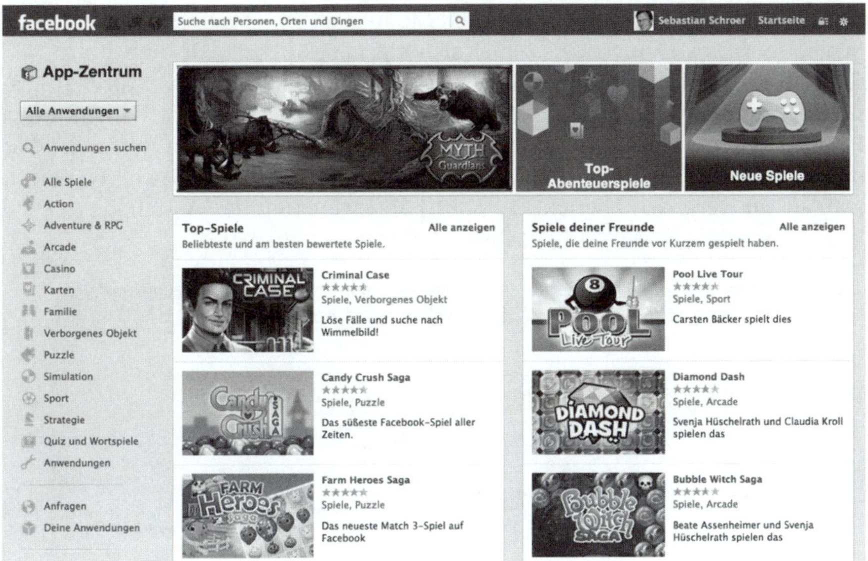

Abbildung 14.4: Das App-Zentrum

arbeiten. Somit geben Sie Ihnen die Möglichkeit, über die Dinge, die Sie dort tun auf Facebook zu kommunizieren und diese Dinge mit Ihren Freunden zu teilen.

- ✔ **Anfragen:** Wenn Freunde mit Ihnen gemeinsam Spiele spielen möchten, können sie Ihnen Einladungen schicken. Sie können diese dann annehmen oder ablehnen.
- ✔ **Deine Anwendungen:** Hier finden Sie alle Anwendungen, die Sie bisher nutzen. Das können gleichermaßen Anwendungen auf Facebook oder externe Webseiten sein. Hier können Sie auch die Einstellungen und insbesondere die Zugriffsrechte dieser Anwendungen verändern oder die Anwendung wieder entfernen.

Einstellungen verändern

Innerhalb des App-Zentrums können Sie die Einstellungen der von Ihnen genutzten Anwendungen verändern. Wenn Sie eine Vielzahl von internen und externen Anwendungen nutzen, macht es Sinn, hier ab und an vorbeizuschauen. Sie werden erstaunt sein, wie schnell Sie sich an die Nutzung von Anwendungen gewöhnen und sich im Bereich DEINE ANWENDUNGEN eine große Anzahl an Anwendungen wiederfindet, an die Sie sich gegebenenfalls nicht einmal erinnern.

Zum Ändern der Einstellungen klicken Sie neben dem jeweiligen Anwendungs-Symbol auf Einstellungen. Es öffnet sich ein neues Fenster. In Abbildung 14.5 sehen Sie, wie dieses Fenster für das Spiel TOP ELEVEN – FUßBALLMANAGER aussieht. In diesem Fall wurde die Genehmigung erteilt, in Ihrem Namen einen Punktestand und weitere Informationen in Ihrem Profil zu posten. Wenn Sie dies nicht möchten, können Sie diese Einstellung rückgängig machen. Weiterhin können Sie verändern, welche Personen Ihre Nutzung der Anwendung sehen können und Sie können die Benachrichtigungen ausschalten.

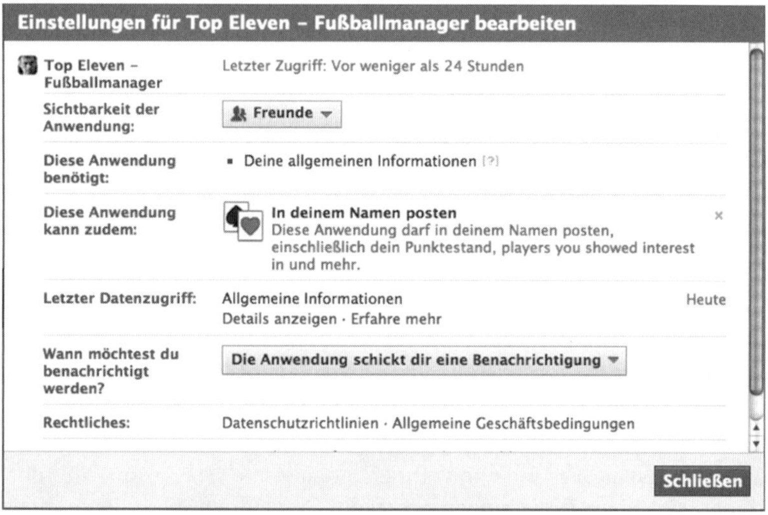

Abbildung 14.5: Die Anwendungseinstellungen

Vielleicht nutzen Sie die eine oder andere Anwendung gar nicht mehr aktiv. Dann können Sie die jeweilige Anwendung auch wieder löschen. Hierfür:

1. **Öffnen Sie das App-Zentrum.**
2. **Klicken Sie auf DEINE ANWENDUNGEN.**
3. **Gehen Sie mit der Maus über die zu löschende Anwendung und klicken Sie das kleine X oben rechts an. Schon ist die App nicht mehr in diesem Ordner und die erteilten Genehmigungen wurden zurückgezogen.**

Wie man vertrauenswürdige Anwendungen erkennt

Auf der Facebook-Seite einer Anwendung (siehe das Beispiel in Abbildung 14.1) finden Sie jede Menge Informationen, die Ihnen einen besseren Einblick darüber verschaffen, ob die vorliegende Anwendung anständig mit Ihren Daten und Freunden umgehen wird. Sie möchten ja schließlich keine Anwendungen nutzen, die Ihre Fotos auf unerwünschte Weise verwendet und die Ihren Freunden bei der klitzekleinsten Handlung Ihrerseits unerwünschte Beiträge zuschickt. Auf Folgendes sollten Sie bei den Anwendungen achten:

- ✔ **Sie wird von Ihren Freunden verwendet:** Das erste Anzeichen für eine gute Anwendung besteht darin, dass sie von Ihren Freunden genutzt wird. So etwas lässt für gewöhnlich darauf schließen, dass sie amüsant, nützlich und allgemein gut ist. Um das mal klarzustellen: Wenn wir von Ihren Freunden sprechen, meinen wir in diesem Fall jene, *mit denen Sie auf Facebook am meisten interagieren*. Falls dieser Typ, den Sie bloß ein einziges Mal getroffen haben (alias »der Dingenskirchen«), Ihnen eine Einladung sendet und Sie dabei denken: »Komisch, mit dem Dingenskirchen hatte ich auf Facebook ja seit ewigen Zeiten nix mehr zu tun«, handelt es sich höchstwahrscheinlich um eine schlechte Anwendung, die sich unehrlicher Methoden bedient, um Einladungen versenden zu können.
- ✔ **Die Bewertungen sind im Allgemeinen positiv:** Unterhalb des Namens der Anwendung im App-Zentrum finden Sie die Bewertungen nach dem bekannten Muster mit einem bis zu fünf Sternen. Wer nur zwei oder weniger Sterne hat, ist möglicherweise nicht vertrauenswürdig oder wenig hilfreich.
- ✔ **Man hilft Ihnen auf irgendeine Art weiter:** Sei es durch einen Häufig-gestellte-Fragen-Bereich oder durch Antworten auf Ihre Pinnwandeinträge – die Betreiber guter Anwendungen respektieren ihre Nutzer und versuchen zumindest, ihnen ein wenig weiterzuhelfen, wenn sie nicht weiterkommen. Da einige Anwendungen eventuell von Einzelpersonen in der heimischen Garage erstellt wurden, könnte die angebotene Hilfe dort zwar weniger umfangreich ausfallen als bei einer Anwendung, die von einem Großkonzern entwickelt wurde, doch es ist allein die Geste, die hier eine gute Anwendung kennzeichnet.

Teil IV

Der Top-Ten-Teil

»Vergiss mal die Finanzdaten des Unternehmens und sieh dir lieber an, was auf der Facebook-Seite des Chefs unter ›25 Dinge, die das Finanzamt nicht von mir weiß‹ steht.«

In diesem Teil ...

In den ersten Teilen des Buches beschäftigen wir uns in erster Linie mit Optionen und angenommenen Szenarien. Damit Sie auch ein paar konkrete Beispiele für das, was auf Facebook vor sich geht, kennen, kommt hier der »Top-Ten-Teil«.

Wir stellen in diesem Teil keine Behauptungen darüber auf, was auf Facebook *allererste Sahne* ist. Wenn Sie unsere Lieblingsanwendungen ausprobieren, werden Sie möglicherweise feststellen können, wie sehr Ihr Geschmack dem unseren ähnelt. Und für den Fall, dass Ihnen irgendetwas von dem, was Sie bereits gelesen haben, entfallen ist (es stimmt, es ist eine Menge Input), nennen wir Ihnen die zehn gängigsten Fragen, die uns von Familienmitgliedern und Freunden gestellt werden.

Zehn tolle externe Anwendungen

15

In diesem Kapitel ...

- Spiele auf Facebook
- Spannendes und Nützliches
- Twitter und mehr mit Facebook verbinden

Üblicherweise hat man sich bei Facebook immer darauf konzentriert, die gebräuchlichsten Arten von Funktionen anzubieten, die fast jeder nützlich findet. Doch in der Realität sieht es anders aus: Jeder hat andere Bedürfnisse und Wünsche. Einige Laufsportler tauschen sich über Ihre schnellsten Zeiten aus, andere über die Höchststände von packenden Spielen. Da die Firma Facebook es jedem recht machen möchte, hat sie es der breiten Masse gestattet, all jene speziellen Funktionen hinzuzufügen, die aus dem normalen sozialen Netzwerk Facebook ein besonderes, maßgeschneidertes Werkzeug machen können, mit dem man die eigene Lebensweise verwalten kann – ganz egal, wie diese aussieht. Wenn Sie die Startseite einer Anwendung besuchen, wird Ihnen oben angezeigt, welche Ihrer Freunde diese Applikation bereits verwenden.

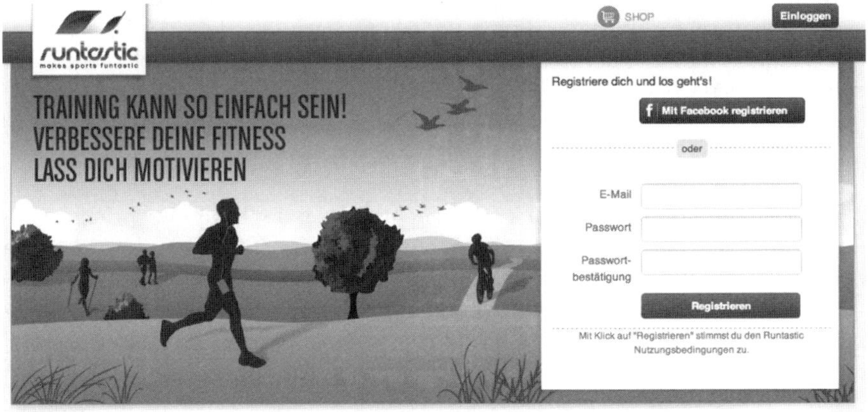

Abbildung 15.1: Runtastic ist eine von unzähligen Webseiten, die Sie mit Facebook verbinden können.

Runtastic

Wenn Sie ein sportlicher Läufer oder Fahrradfahrer sind, wird RUNTASTIC für Sie nützlich sein. Es bietet Ihnen die Möglichkeit, Ihre Routen und Zeiten mit Hilfe eines Smartphones mit GPS aufzuzeichnen und später über Facebook mit Ihren Freunden zu teilen. Sie können die Entwicklung Ihrer Zeiten und Strecken über die Zeit verfolgen und somit laufend Ihre Motivation für Fitness und Gesundheit steigern. Die in der Basisversion kostenlose Anwendung ist erreichbar unter `www.runtastic.com`. Wenn Sie sich über Facebook registrieren, können Sie jederzeit Ihre neuesten Ergebnisse auf Facebook Ihren Freunden mitteilen und diese auch zum Sport motivieren.

Typing Maniac

Die eigene Schnelligkeit beim Schreiben mit der Computertastatur zu messen – das klingt zunächst einmal so, als ob es nur für professionelle Stenografen interessant wäre. Bei TYPING MANIAC, einem englischsprachigen Spiel auf Facebook, können Sie allerdings überprüfen, ob diese These wahr ist. Auf Ihrem Bildschirm sehen Sie Wörter heruntergleiten, die Sie abtippen müssen, bevor sie den Boden berühren. Je mehr Level Sie bewältigen, desto länger werden die Wörter und desto schneller bewegen sie sich abwärts.

Das Lustigste an dem Spiel ist natürlich, dass man seine Fortschritte mit denen von Freunden vergleichen kann. Da die TYPING MANIAC-Anwendung Ihren Fortschritt beim Aufstieg vom so genannten »Caveman« zum »Alien« auf Ihrem Profil veröffentlicht, wissen Ihre Freunde Bescheid und können zum Wettkampf gegen Sie antreten. Wir raten Ihnen unbedingt davon ab, dieses Spiel als kurze Entspannung während der Arbeit zu spielen, denn Sie würden einfach nicht mehr damit aufhören wollen.

Twitter

TWITTER ist ähnlich wie Facebook nicht mehr aus den täglichen Nachrichtensendungen wegzudenken. Der Kurznachrichtendienst dient immer mehr Menschen dazu Ihre aktuellen Erlebnisse und Meinungen öffentlich mitzuteilen und Journalisten nutzen Twitter immer häufiger, um sich über die Reaktionen der Menschen zu bestimmen Themen und Ereignissen zu informieren. Twitter hat sich als erste Plattform für tages- oder auch stundenaktuelle Botschaften etabliert.

Im Gegensatz zu Facebook haben Sie bei Twitter allerdings nur 140 Zeichen zur Verfügung, um Ihre Botschaft zu formulieren. Jeder Ihrer Tweets ist dabei für jedermann öffentlich sichtbar und über die Suche oder bestimmte Suchbegriffe (sogenannte Hashtags) auffindbar. Möglicherweise nutzen Sie Twitter um andere Beiträge als bei Facebook zu schreiben oder andere Menschen zu erreichen. Immer mehr Menschen nutzen aber beides, um die gleichen Botschaften in die Welt zu bringen. Und genau dann wird die Verbindung zwischen Facebook und Twitter interessant. Wer seine Tweets nicht nur auf Twitter verbreiten will, sondern auch gleichzeitig auf seinem Facebook-Profil oder seiner Facebook-Seite, kann dafür die offizielle Facebook App von Twitter nutzen. Dazu suchen Sie in der Facebook Suche nach Twitter. Oder Sie gehen auf `www.facebook.com/twitter` und stellen diese automatische Verbindung zu Ihrem bestehenden Twitterkonto her. Das spart Zeit, denn Sie müssen nur noch an einer Stelle ihre Nachricht schreiben. Ein weiterer Vorteil: auf Twitter finden Sie leichter Freunde, denn mit der Verbindung finden Sie alle Ihre Facebook-Freunde auch auf Twitter, insofern diese dort auch ein Konto haben.

Angry Birds

Bei diesem beliebten Spiel haben Sie die Aufgabe einer Reihe von Vögeln dabei zu helfen, den Diebstahl ihrer Eier durch eine Bande von Schweinen auf spielerische Art zu rächen. Durch eine große Anzahl verschiedener Level begleiten Sie die »wütenden Vögel« bei ihrem Kampf gegen die Schweine. Immer schwieriger ist es die Schweine zu treffen, die sich hinter Gebäuden und Felsen oder im Weltall verstecken. Das Spiel hat auf Smartphones bereits eine riesige Verbreitung gefunden. Kaum eine Spiele-App ist beliebter. Auch auf Facebook kämpfen die Vögel in immer schwierigeren Missionen gegen die ungeliebten grünen Schweine. Wenn Sie über die Facebook-Suche nach ANGRY BIRDS suchen, werden Sie verschiedene Spiele finden, die nach dem immer gleichen, spaßbringenden Prinzip funktionieren: Angry Birds Rio, Angry Birds Space, Angry Birds Star Wars und weitere. Ein Zeitvertreib mit Suchtpotential.

Instagram

INSTAGRAM ist eine der erfolgreichsten Smartphone-Apps für Fotos. Seit 2012 gehört die Firma zu Facebook, existiert aber weiterhin unabhängig davon. Sie bietet eine einfache Möglichkeit, unterwegs aufgenommene Fotos online zu veröffentlichen und mit seinen Freunden zu teilen. Auf Instagram können diese Fotos zusätzlich vor dem Veröffentlichen mit verschiedenen Filtern bearbeitet werden und um Angaben des Ortes und eigene Kommentare ergänzt werden. Freunde können die Fotos »liken« und kommentieren.

Zwar bietet auch die Facebook-App fast die gleiche Funktionalität, aber insbesondere bei jüngeren Menschen hat sich Instagram sehr schnell verbreitet, weil es einfach Spaß macht und einfach zu verstehen ist. Wenn Sie sich über Facebook bei `www.instagram.com` registrieren, können Sie die Fotos zeitgleich auch bei Facebook veröffentlichen und somit die Sichtbarkeit Ihrer Schnappschüsse erhöhen. In Ihrem persönlichen Profil auf Facebook wird ein eigener Bereich für Ihre Instagram-Fotos eingerichtet. Inzwischen können mit Instagram auch kurze Videos erstellt und geteilt werden.

Airbnb

AIRBNB, die Firma mit dem ungewöhnlichen Namen (er bedeutet so viel wie Bed&Breakfast mit Luftmatratze), bietet die Möglichkeit, private Gästezimmer oder Ferienwohnungen zu mieten. Die in Kalifornien gegründete Firma bietet die privaten Unterkünfte inzwischen weltweit an und erfreut sich auch in Deutschland steigender Beliebtheit. Inzwischen gibt es ähnliche Angebote auch von weiteren Firmen, wie 9Flats und Wimdu.

Wenn Sie Ihr eigenes Zimmer oder Ihre Wohnung bei Airbnb anbieten möchten oder Interesse an einer Anmietung haben, müssen Sie sich zuvor auf `www.airbnb.com` registrieren. Wenn Sie dies mit der Facebook-Registrierung tun, hat dies mehrere Vorteile. Sie sehen auf einen Blick, welche Ihrer Facebook-Freunde bereits bei Airbnb registriert sind, so dass Sie diese nach ihren Erfahrungen befragen können. Vielleicht sind diese Freunde aber auch selbst Vermieter von privatem Wohnraum und Sie können Ihre Besucher bei diesen Freunden unterbringen. Oder Sie bieten Ihre eigene Unterkunft an und können auf Facebook dafür werben und somit die Chance erhöhen, gefunden zu werden.

Graffiti

GRAFFITI ist eine einfache und wunderschöne, englischsprachige Anwendung, bei der Nutzer ihre Freunde in die Lage versetzen können, Bilder für sie auf ihren Pinnwänden zu zeichnen. Ein Freund kann ein kleines, visuelles Geschenk für einen anderen Freund hinterlassen und gemeinsame Freunde entdecken das Kunstwerk dann auf ihren Startseiten.

Uns gefällt GRAFFITI, weil das Ganze eine Mischung aus einem Denk-an-dich-Anstupser und dem mühevolleren und zeitaufwendigeren Schreiben und Versenden einer Grußkarte darstellt. Es ist ein schönes Gefühl, eine Graffiti-Zeichnung zu erhalten, denn jemand hat sich in aller Öffentlichkeit Zeit für Sie genommen und dies zeigt allen, dass dieser Jemand sich etwas aus Ihnen macht und Sie den Zeitaufwand wert sind. Ein Gänsehaut-Feeling …

Foursquare

Auch FOURSQUARE ist eine beliebte App für Smartphones. Sie bietet die Möglichkeit seinen Freunden mitzuteilen, an welchem Ort man sich gerade befindet. Egal ob dieser Ort ein Geschäft, ein Restaurant oder ein Kino ist. Alle diese Orte sind auf Foursquare zu finden. Wenn Sie sich mit Ihrem Smartphone an diesem Ort aufhalten, erscheint dieser in der App und Sie können dort »einchecken«. Dies bedeutet, dass Sie mitteilen, dass Sie sich dort gerade aufhalten und Kommentare oder eine Bewertung zu dem Ort abgeben.

Ein besonderes Spaßelement ist dabei die Funktion, dass derjenige, der sich am häufigsten an diesem Ort eincheckt, belohnt wird, indem er oder sie den Status des Bürgermeisters (Mayor) dieses Ortes erhält. Jeder der sich an einem Ort eincheckt, sieht sofort welche Personen sich aktuell an diesem Ort aufhalten oder früher einmal dort waren. Wenn Sie die Registrierung mit Facebook vornehmen, können Sie jederzeit Ihre Check-ins auf Facebook teilen. Vielleicht ist ja gerade einer Ihrer Facebook-Freunde in der Nähe und gesellt sich spontan zu Ihnen. Oder Sie werden über das Check-in eines Freundes auf ein neues oder empfehlenswertes Café aufmerksam, das Sie dann einmal ausprobieren. In Ihrem persönlichen Profil auf Facebook wird ein eigener Bereich für Ihre Foursquare-Orte eingerichtet. Dort finden Sie auch eine Karte mit allen Ihren Check-ins im Überblick.

Spotify

Musik kann man besitzen, indem man sich Alben und einzelne Titel online kauft. Dann besitzt man die entsprechenden Dateien auf dem eigenen Computer. Aber ist das heute noch notwendig? Die neue Art, Musik zu genießen, heißt Streamen, also online und live abrufen. Und eine beliebte Möglichkeit, Musik auf diese Weise zu hören heißt SPOTIFY. Sobald Sie sich die kostenlose Software auf Ihren Computer geladen haben, können Sie fast alle Arten von Musikalben und -stücken finden und sofort abspielen. Sie können eigene Playlisten anlegen oder sich ein zufälliges Radioprogramm einer bestimmten Musikrichtung oder passend zu Ihrem Lieblingsmusiker abspielen lassen. In der kostenlosen Version wird die Musik allerdings von Werbung unterbrochen.

Gerade zum Thema Musik tauscht man sich gerne mit seinen Freunden aus. Wenn Sie dies auch mögen, sollten Sie sich bei Spotify mit Facebook registrieren. Sie können dann jeweils live verfolgen, was Ihre Freunde gerade hören, welche Playlisten sie angelegt haben und überhaupt bekommen Sie einen sehr guten Überblick darüber, welche Musik gerade neu oder angesagt ist. Facebook und Spotify sind einfach eine ideale Kombination.

Lady Gaga

2009 hat Lady Gaga die Welt sozusagen im Sturm erobert. Seitdem macht sich ihr kultureller Einfluss bemerkbar und führt dazu, dass ihre ganz besondere Marke, die sich aus Kunst, Musik und »Ruhm« zusammensetzt, häufig in jedermanns Playlist zu finden ist. Auf ihrer Website (`www.lady-gaga.de`) können Fans sich anmelden und Facebook nutzen und dabei Kommentare hinterlassen, sich in Foren einbringen und sich aufgrund der gemeinsamen Begeisterung für alles, was mit Lady Gaga zu tun hat, mit anderen Fans verbinden. Fans können außerdem betreffende Inhalte auf Facebook teilen und über Lady Gagas Facebook-Seite bei ihren Träumereien auf dem Laufenden bleiben. Auch wenn es sich hier um eine ganz simple praktische Anwendung handelt, sorgt Lady Gagas Nutzung von sozialen Plug-ins doch dafür, dass ihre Fans dauerhaft in Verbindung bleiben und mit ihrer Musik und Person interagieren.

Zehn Fragen, die häufig gestellt werden

16

In diesem Kapitel ...

- Wie überzeuge ich meine Freunde, sich auf Facebook zu registrieren?
- Wie bleibe ich auf dem Laufenden bei neuen Funktionen?
- Kann ich mein Konto löschen?

Facebook ist ein komplexes und leistungsstarkes Netzwerk mit einer Unmenge an fein abgestuften Verhaltensweisen und Gepflogenheiten. Bei vielen davon hat sich noch kein bestimmtes Verhalten eingebürgert. Fragen wie »Wann sollte ich eine Facebook-Nachricht anstelle einer E-Mail senden?« oder »Wann kann ich jemandem ruhig eine Freundschaftsanfrage schicken?« werden häufig gestellt und man kann darauf keine genaue Antwort geben, weil sich die sozialen Normen dafür gerade erst entwickeln. Da wir aber schon vieles von Freunden, unseren Familien und Fremden über die Erfahrungen mit Facebook gehört haben, konnten wir uns eine Meinung bilden und sind in der Lage, Tipps zu einigen der haarigeren Fragen zu Facebook zu geben.

Im Folgenden finden Sie die Fragen, die gegenüber den Autoren dieses Buches am häufigsten von Freunden und Familienmitgliedern geäußert werden.

Merken andere es, wenn ich mir ihr Profil ansehe?

Nein, nein und nochmals nein. Wenn Nutzer Meldungen über ihre Freunde auf der eigenen Startseite sehen, machen sie sich schon mal ein bisschen Sorgen, dass die Firma Facebook jede Handlung jedes einzelnen Nutzers aufzeichnet und dann für alle sichtbar veröffentlicht. Das stimmt nicht. Führen Sie sich mal die zwei Arten von Aktivitäten auf Facebook vor Augen: Man erstellt Inhalte und man sieht sich Inhalte an. Erstellt man Inhalte, hat man mit Absicht etwas hinzugefügt, das andere sich ansehen oder durchlesen können. Denkbar wäre etwa das Hochladen eines Fotos oder Videos oder das Posten einer Statusmeldung. Solche Aktivitäten sind zur Veröffentlichung geeignet. Meldungen darüber könnten in

Ihrem Profil oder den Neuigkeiten Ihrer Freunde auftauchen. Allerdings können Sie unmittelbar bestimmen, wer genau diese Beiträge sehen kann. Bei der zweiten Art der Aktivität auf Facebook sieht man sich Inhalte an und überfliegt zum Beispiel Fotos, sieht sich ein Video an, klickt auf einen Link oder besucht das Profil eines anderen Nutzers. Falls Ihnen dabei nicht gerade jemand über die Schulter sieht, finden solche Aktivitäten immer im Verborgenen statt. Niemand wird jemals direkt darüber benachrichtigt, und in Ihrem Profil oder den Neuigkeiten Ihrer Freunde taucht auch keine Meldung über Ihre Handlung auf. Sie können jetzt also loslegen und sich nach Herzenslust Profile anderer Nutzer ansehen.

Mein Konto ist deaktiviert worden. Warum?

Antwort: So etwas ist neulich zwei Freunden von Leah Pearlman passiert. Der eine hatte sein Konto genutzt, um darüber seine Karriere als Musiker voranzutreiben, der andere hatte darüber in Form von Nachrichten eigene Gedichte an unzählige Freunde verschickt. In diesen Fällen hat sich das Sicherheitssystem der Firma Facebook gemeldet. Wenn von einem Konto plötzlich schnell hintereinander eine ganze Menge Nachrichten versendet werden und diese auch noch Links enthalten, wirkt das für das System wie eine Unmenge an Spam. In den meisten Fällen erhält der Betreffende zunächst eine Warnung, doch wenn er nicht damit aufhört, wird sein Konto deaktiviert. Dies können weitere Gründe für eine Sperrung Ihres Kontos sein:

- ✔ Fortwährendes untersagtes Verhalten nach Erhalt einer Warnung oder mehrerer Warnungen von Facebook.
- ✔ Unerwünschter Kontakt mit anderen zum Zweck der Belästigung, Werbung, Reklame und des Datings oder anderes unangemessenes Benehmen.
- ✔ Verwendung eines falschen Namens.
- ✔ Nachahmung einer Person beziehungsweise Rechtsperson oder eine andere Falschdarstellung von Identitäten.
- ✔ Das Posten von Inhalten, die gegen die Bedingungen verstoßen.

Um dies rückgängig zu machen, bleibt Ihnen nur eines: Sie müssen Facebook über den Hilfebereich anschreiben. Halten Sie Ausschau nach dem Link zur Erhebung eines Einspruchs gegen die Sperrung und folgen Sie den Anweisungen, um eine Reaktivierung anzufordern. Dieser Vorgang kann manchmal mehrere Tage dauern.

Was soll ich tun, wenn ich eine Freundschaftsanfrage nicht annehmen möchte?

Eine knifflige Frage. Soweit wir wissen, gibt es für solche Fälle bis jetzt noch keine Anstandsregel. Die Antwort auf diese Frage müssen Sie also weitestgehend selbst finden. Sie sollten allerdings wissen, dass Sie mehrere Dinge tun können:

- ✔ **Viele lassen die Anfragen ewig unbeantwortet.** Wir können diese Vorgehensweise nicht empfehlen, weil dadurch bloß Ihr Konto »zugemüllt« wird. Treffen Sie lieber eine Entscheidung.
- ✔ **Klicken Sie auf NICHT JETZT.** Obwohl Nutzer nie auf direkte Weise benachrichtigt werden, dass Sie ihre Anfrage ignoriert haben, könnten sie später feststellen, dass Sie beide nicht befreundet sind, und daraus den richtigen Schluss ziehen, nämlich, dass Sie die Anfrage nicht bestätigt haben. Falls Sie eine Anfrage ignorieren, müssen Sie auch auf die Folgen vorbereitet sein, wenn nach dem Grund gefragt wird. Da für einen solchen Fall bis jetzt noch keine Anstandsregel existiert, werden Sie mit den meisten Erwiderungen Erfolg haben. Denkbar wäre zum Beispiel: »Es tut mir leid, aber ich möchte eigentlich nur meine engsten Freunde dabeihaben« oder »Das wird schon nicht so schlimm sein. Ich bin sowieso nicht oft auf Facebook«. Sie könnten es auch hiermit versuchen: »Komisch, da muss bei Facebook was schiefgegangen sein. Ich glaube, die habe ich gar nicht gekriegt.« Danach werden Sie die Freundschaftsanfrage allerdings bestätigen müssen, weil derjenige es wahrscheinlich noch einmal versuchen wird.
- ✔ **Wenn Sie die Anfrage nicht bestätigen möchten, weil Sie keine Meldungen über diese Person in Ihren Neuigkeiten vorfinden wollen, ist das überhaupt kein Problem!** Klicken Sie einfach auf BESTÄTIGEN. Wenn die erste Meldung desjenigen in Ihren Neuigkeiten erscheint, klicken Sie einfach oben rechts neben der Meldung auf das Kreuzchen, das sichtbar wird, sobald Sie mit der Maus darüberfahren. Wählen Sie danach ALLE BEITRÄGE VON <*NAME*> VERBERGEN. Dadurch verbergen Sie die Person dauerhaft aus Ihren Neuigkeiten, und zwar so lange, bis Sie sich entscheiden, sie wieder einzublenden.

Ich kriege ständig Einladungen für irgendwelche Spiele – soll ich die annehmen?

Wir empfehlen Ihnen folgende Vorgehensweise: Nehmen Sie die Einladung an, falls sie von einem Unternehmen oder einer Webseite stammt, die Sie bereits nutzen und mögen, oder falls Sie von Freunden direkt gehört haben, dass eine bestimmte Anwendung lohnenswert ist. Ignorieren Sie die restlichen. Ihre Freunde werden in diesem Fall nicht beleidigt sein. Falls sie doch verstimmt sind und später nachfragen, sagen Sie ihnen einfach, dass Sie nicht sicher waren, um was es dabei geht. (Wenn man eine Ausgabe von *Facebook für Dummies* im Regal stehen hat, fällt es allerdings schwer, sich dumm zu stellen.) Leah Pearlman nutzt selbst nur zwei oder drei Anwendungen und hat wahrscheinlich an die 30 bis 40 Anfragen ignoriert. Man könnte das gesamte Konzept der Anwendungen noch als ein wenig unausgegoren bezeichnen. Wir nehmen an, dass wir eines Tages interessantere Anwendungen entdecken werden, die wir hinzufügen können, doch fürs Erste können Sie gerne alle ablehnen, die Sie verwirrend finden.

Wie überzeuge ich meine Freunde, sich auf Facebook zu registrieren?

Wie wäre es damit: Sie zeigen Ihrem Freund, wie sinnvoll Facebook ist, indem Sie ihm Links zu von Ihnen hinzugefügten Fotoalben schicken oder ihn über seine E-Mail-Adresse zu Veranstaltungen einladen. Sie können ihm auch berichten, auf welche Weise Facebook Ihr Leben bereichert hat. Vielleicht interagieren Sie ja häufiger mit Ihrem Nachwuchs, halten den Kontakt zu längst verloren geglaubten Freunden oder kennen endlich eine Stelle zur Veröffentlichung Ihrer Gedanken und Fotos, die Ihre Freunde tatsächlich besuchen können. Sie können denjenigen auch mal bei Ihrer Nutzung der Webseite zusehen lassen, damit er sich selbst ein Bild machen kann. Sie könnten auch nachfragen, ob es eine bestimmte Person gibt, deren Profil er sich auf Facebook mal ansehen möchte. Je mehr Ihr Freund über Personen erfährt, die ihm am Herzen liegen, desto eher wird er wohl den nächsten Schritt wagen.

Leute, die sich nicht registriert haben, beschweren sich häufig, dass sie »keine Zeit für noch so eine Computer-Geschichte haben«. Diese Sorge kann man ihnen durch die gängige Erwiderung nehmen, dass Facebook ein Efficiency-Tool ist, mit dem man im Vergleich zu althergebrachten Methoden häufig Zeit sparen kann. Facebook-Nachrichten können E-Mails meist ersetzen und Veranstaltungen lassen sich leichter planen. Links lassen sich leichter versenden und empfangen. Restaurantempfehlungen und die Namen der Personen, die sich am Samstag in den Park aufmachen – all das lässt sich schneller und einfacher herausfinden, als wenn man es über E-Mails, Anrufe oder andere Kommunikationsmethoden versucht.

Und schließlich gibt es noch einige Leute, denen nicht nur der Zeitfaktor ein Dorn im Auge ist. Egal, was Sie sagen, sie werden ihre Ohren auf Durchzug stellen und so lange »Mein Name ist Hase – ich weiß von nix!« von sich geben, bis Sie anfangen, über Sport, das Wetter oder den Zirkus, der ab nächste Woche vor Ort gastiert, zu reden. Sie können sie nicht zwingen, sich auf Facebook zu registrieren, sondern müssen warten, bis sie selbst Erfahrungen damit machen. Die Autoren haben im Laufe der Jahre beobachtet, wie viele der Verweigerer schließlich ihre Meinung geändert und den Wert des Netzwerks entdeckt haben. Bei solchen Ewiggestrigen müssen Sie wahrscheinlich einfach Geduld haben.

Und was, wenn ich nicht möchte, dass jeder weiß, was ich so treibe?

Allen, die diese Frage stellen und keine Zeit haben, Kapitel 11 dieses Buches in Ruhe zu lesen, in dem wir detailliert erklären, wie man sich unbemerkt auf Facebook bewegt, möchten wir einfach Folgendes mit auf den Weg geben: Sie können sich problemlos im Geheimen auf Facebook bewegen und dennoch fast ebenso viel erleben wie alle anderen. Sie müssen lediglich lernen, mit den Privatsphäre-Einstellungen umzugehen und all Ihre Informationen und den Zugriff auf Ihr Profil unter Verschluss zu halten, sodass nur vertrauenswürdige Personen Ihre Daten sehen können. Danach können Sie genauso interagieren wie alle anderen Nutzer und müssen nicht das Gefühl haben, dass Ihre Privatsphäre beeinträchtigt wurde.

Beachten Sie: Sie müssen nicht nur den Umgang mit den Privatsphäre-Einstellungen erlernen und sich ein bisschen Zeit nehmen, um Ihre wunschgemäß einzurichten, sondern noch ein bisschen mehr tun, um auf Facebook unbemerkt zu bleiben und gleichzeitig einen ebenso großen Nutzen wie andere daraus zu ziehen. Um Freundschaften zu schließen, werden Sie wahrscheinlich einen etwas größeren Aufwand betreiben müssen, denn je eingeschränkter der Zugriff auf Ihre Daten, umso schwerer fällt es Ihren Noch-Nicht-Facebook-Freunden, Ihr Profil zu finden, und umso schwerer fällt es Ihren Freunden, Sie zu finden, zu identifizieren und sich mit Ihnen zu verbinden. Solange Sie bereit sind, sich die Mühe zu machen, Ihre Freunde selbst zu suchen und sich mit ihnen zu verbinden, wird Ihr Facebook-Erlebnis fast identisch mit dem der anderen Nutzer sein.

Stimmt es, dass all meine Inhalte Facebook gehören?

Rechtlich gesehen: ja. Alle von Ihnen auf Facebook hinzugefügten Inhalte gehören aber auch Ihnen und jedes Mal, wenn Sie irgendeinen davon löschen, wird dieser von der Firma Facebook gelöscht. Die Firma Facebook hat allerdings nicht das Recht, das Eigentum an irgendeinem Ihrer Inhalte auf eine andere Person oder ein anderes Unternehmen zu übertragen. Daher ist es gänzlich unzulässig, dass jemand anders Ihre Inhalte von Facebook entnimmt und für sich selbst oder gewerbliche Zwecke nutzt. Anfang 2009 taten sich viele Facebook-Nutzer zusammen und machten ihrem Unmut über diese gesetzliche Regelung (die übrigens auf jeder Webseite, auf der Sie Inhalte hochladen, greift) Luft. Als Reaktion darauf hat die Firma Facebook die Erklärung der Rechte und Pflichten veröffentlicht, in der festgelegt wird, was sie mit Ihren Daten macht und was nicht. Über diese Verpflichtungen wurde von allen Facebook-Nutzern, die sich daran beteiligen wollten, abgestimmt und darin wird geregelt, wie die Firma jegliches Material, das Sie zur Website hinzugefügt haben, verwenden darf. Unter `www.facebook.com/terms.php` können Sie sich die Rechte und Pflichten im Detail ansehen.

Wie kann ich mein Konto löschen?

Sollten Sie tatsächlich einmal den Wunsch haben, nicht mehr auf Facebook aktiv sein zu wollen, können Sie Ihr Konto selbstverständlich auch löschen oder für eine bestimmte Zeit deaktivieren. Hierfür bietet Facebook zwei Optionen an.

✔ **Deaktivierung:** Wenn Sie Ihr Konto deaktivieren, verschwindet Ihr Profil unverzüglich von Facebook. Andere Nutzer können Sie nicht mehr suchen. Allerdings bleiben einige Spuren von Ihnen erhalten, die Sie nicht löschen können. Dazu gehören beispielsweise die Nachrichten, die Sie an Freunde geschickt haben. Bei der Deaktivierung sind alle Ihre Informationen zwar nicht mehr sichtbar, aber Facebook speichert diese weiterhin für den Fall, dass Sie es sich irgendwann einmal anders überlegen. Sobald Sie sich mit Ihrer E-Mail Adresse und dem Passwort anmelden, sind alle diese Informationen wieder da und Ihr Profil wird vollständig wiederhergestellt (mit Freunden, Fotos und so weiter). Um die Deaktivierung vorzunehmen, klicken Sie auf das Zahnrad-Symbol oben rechts, dann auf KONTOEINSTELLUNGEN. Unter dem Punkt SICHERHEIT finden Sie den Link zum Deaktivieren. Alternativ können Sie auch direkt diese Adresse aufrufen: `www.facebook.com/deactivate.php`.

✔ **Löschung:** Wenn Sie Ihr Facebook-Konto ohne Wiederherstellungsmöglichkeit dauerhaft löschen möchten, gibt es auch dafür eine Möglichkeit. Rufen Sie diese Adresse auf: `www.facebook.com/help/delete_account`. Nur hier wird Ihr Facebook-Konto endgültig gelöscht und kann auch nicht wiederhergestellt werden. Allerdings bleiben auch hier einige Spuren von Ihnen erhalten, die Sie nicht löschen können, beispielsweise die Nachrichten, die Sie an Freunde geschickt haben. Antworten können Ihre Freunde dann allerdings nicht mehr auf diese alten Nachrichten.

Warum finde ich auf anderen Webseiten Facebook-Funktionen?

Immer häufiger begegnet man auf diversen Webseiten nicht nur Links zu Facebook, sondern kann auch direkt eine Facebook-Funktion ausführen. Auf Webseiten von einigen Unternehmen kann man direkt auf GEFÄLLT MIR klicken, ohne dafür erst Facebook öffnen zu müssen. Manchmal sieht man dort sogar bereits, welchen der eigenen Freunde diese Seite auch gefällt.

Abbildung 16.1: Social Plugin auf der Webseite von Allfacebook.de

Viele Nachrichtenseiten bieten darüber hinaus die Möglichkeit, einzelne Artikel direkt auf Facebook zu teilen, zum Beispiel auch `www.spiegel.de`. Dabei spart man sich das Kopieren des jeweiligen Links und das Einfügen in den Herausgeber auf Facebook. Manchmal kann man sogar direkt Facebook-Kommentare auf einer externen Seite eingeben.

Grundsätzlich sind solche Funktionen nützlich, da sie Zeit sparen. Allerdings verführen Sie auch dazu, Facebook häufiger zu verwenden. Wie funktionieren nun diese Dinge? Bei diesen Funktionen handelt es sich um sogenannte »Social Plugins«. Die Facebook-Funktion wird in die externe Webseite integriert, indem im Hintergrund eine Verbindung zu Ihrem Facebook-Konto aufgebaut wird. Voraussetzung für die Verwendung ist daher immer, dass Sie Facebook im Hintergrund geöffnet haben und dort auch eingeloggt sind. Ansonsten öffnet sich zunächst ein Fenster und Sie werden aufgefordert, sich einzuloggen.

Wenn Sie eine Webseite für Ihr Unternehmen oder sich selbst betreiben, können Sie diese Plugins auch verwenden, um diese mit Ihrer Facebook-Seite zu verbinden. Insgesamt werden zwölf verschiedene Arten von Plugins angeboten, die allesamt kostenlos nutzbar sind. Auf die Seite `https://developers.facebook.com/docs/plugins/` erhalten Sie einen Überblick über alle verfügbaren Plugins und eine einfach Anleitung, wie Sie diese relativ schnell in Ihre Website integrieren.

Wie erfahre ich von Veränderungen bei Facebook?

Facebook ist ein lebendiges Angebot. Häufig werden neue Funktionen hinzugefügt oder vorhandene verändert. Möglicherweise haben Sie in diesem Buch auch von Dingen gelesen, die inzwischen etwas anders aussehen. Wenn dies bei Ihnen vorkommen sollte, tut es uns leid. Vielleicht können wir Sie damit entschädigen, dass wir Ihnen ein paar Tipps geben, wie Sie auf dem Laufenden bleiben, was Facebook gerade wieder plant oder welche Funktionen neu hinzugekommen sind.

- ✔ **Facebook-Deutschland:** Die Mitarbeiter von Facebook in Deutschland betreiben (natürlich!) eine eigene Facebook-Seite auf der sie über Neuigkeiten informieren. Klicken Sie auf GEFÄLLT MIR auf der Seite `www.facebook.com/FacebookDeutschland` und erfahren Sie immer, was es gerade Neues gibt.
- ✔ **Facebook News:** Die offiziellen englischsprachigen Pressemeldungen aus der Facebook-Zentrale finden Sie hier: `https://newsroom.fb.com`
- ✔ **Facebook Hilfe:** Wenn Sie Veränderungen auf Facebook bemerken, die Sie verwirren, dann ist die offizielle Hilfeseite die beste Anlaufstelle, um Klarheit zu schaffen. Unter `www.facebook.com/help/` finden Sie zu fast allen Stichworten ausführliche Informationen und Anleitungen. Probieren Sie auch das Suchfeld, wenn Ihnen die einzelnen Rubriken nicht weiterhelfen.
- ✔ **AllFacebook.**de: Wenn Sie eine Facebook-Seite für Ihr Unternehmen betreiben oder auf Facebook werben möchten, könnte diese (vom Unternehmen Facebook unabhängige) Webseite interessant für Sie sein. Hier lesen Sie alle Neuigkeiten, die Unternehmen bei der Nutzung von Facebook wissen sollten. Siehe: `www.allfacebook.de`

Wenn Sie über Veränderungen auf Facebook lesen, kann es sein, dass diese erst zu einem späteren Zeitpunkt umgesetzt werden. Größere Veränderungen werden oftmals auch nicht zeitgleich für alle Nutzer eingeführt. Daher kann es vorkommen, dass Sie bei Freunden Dinge sehen, die bei Ihnen nicht oder noch nicht sichtbar sind. Machen Sie sich keine Sorgen. Sie kommen auch noch an die Reihe.

Stichwortverzeichnis

A

B

C

D

E

F

G

H

I

J

K

L

M

N

O

P

R

S

T

U

V

W

Z

FÜR DUMMIES®

DER SCHNELLE EINSTIEG IN DIE NATURWISSENSCHAFTEN

Anatomie und Physiologie für Dummies
ISBN 978-3-527-70284-8

Anorganische Chemie für Dummies
ISBN 978-3-527-70502-3

Astronomie für Dummies
ISBN 978-3-527-70370-8

Biochemie für Dummies
ISBN 978-3-527-70508-5

Biologie für Dummies
ISBN 978-3-527-70738-6

Chemie für Dummies
ISBN 978-3-527-70473-6

Epidemiologie für Dummies
ISBN 978-3-527-70725-6

Genetik für Dummies
ISBN 978-3-527-70709-6

Mathematik für Naturwissenschaftler
für Dummies
ISBN 978-3-527-70419-4

Molekularbiologie für Dummies
ISBN 978-3-527-70445-3

Nanotechnologie für Dummies
ISBN 978-3-527-70299-2

Organische Chemie für Dummies
ISBN 978-3-527-70292-3

Physik für Dummies
ISBN 978-3-527-70396-8

Quantenphysik für Dummies
ISBN 978-3-527-70593-1

FIT FÜR DEN JOB MIT DEN »POCKETBÜCHERN FÜR DUMMIES«

Arbeitszeugnisse für Dummies
ISBN 978-3-527-70586-3

Assessment-Center für Dummies
ISBN 978-3-527-70464-4

Auf Englisch verhandeln für Dummies
ISBN 978-3-527-70716-4

Das Bewerbungsgespräch für Dummies
ISBN 978-3-527-70491-0

Gedächtnistraining im Beruf
für Dummies
ISBN 978-3-527-70678-5

Körpersprache im Beruf für Dummies
ISBN 978-3-527-70567-2

Meetings auf Englisch für Dummies
ISBN 978-3-527-70715-7

NLP-Grundlagen für Dummies
ISBN 978-3-527-70456-9

Grundlagen des Small Talk für Dummies
ISBN 978-3-527-70608-2

Small Talk auf Englisch für Dummies
ISBN 978-3-527-70722-5

Techniken der Schlagfertigkeit
für Dummies
ISBN 978-3-527-70798-0

Telefonieren auf Englisch für Dummies
ISBN 978-3-527-70652-2

Weitere Titel aus der »... für Dummies«-Reihe finden Sie unter www.fuer-dummies.de und im Buchhandel.